lonely planet

GUADELOUPE

MARIE DUFAY ET ÉMILIE THIÈSE

Sommaire

Préparer son séjour 4

La forêt à l'approche du Grand Étang (p. 123)

Explorer la Guadeloupe 35

Carnet pratique 249

Coups de projecteur

AVERTISSEMENT

Au moment où nous terminions l'édition de ce guide, la pandémie de Covid-19 impactait fortement le monde du voyage. Les informations que vous trouverez dans cet ouvrage sont donc susceptibles de changements.

Renseignez-vous bien avant votre départ, car la situation aura probablement évolué quand vous préparerez votre voyage.

Bienvenue en Guadeloupe

Avec ses deux ailes de papillon, l'île aux belles eaux est riche de sa diversité. Sa Grande-Terre déroule plages de sable blanc – gages de farniente et de glisse –, côtes découpées, mangrove et champs de canne. Revêtue de forêt tropicale, toisée par son volcan et cernée de plages sauvages, sa Basse-Terre est un paradis pour randonneurs… Et plongeurs ! Enfin, ses îles satellites – la Désirade, Marie-Galante et les Saintes – offrent, chacune à sa manière, authenticité et paysages de rêve.

Plage des Raisins-Clairs, Saint-François (p. 75)

Les incontournables

Réserve Cousteau

Cette réserve sous-marine renommée est l'éden des férus de plongée et de randonnée palmée. **p. 144**

Fort Napoléon

Construit au XIXe siècle, il recèle un musée, un jardin botanique et une vue splendide sur la baie des Saintes. **p. 220**

Grand Cul-de-Sac Marin

3 700 ha de mangrove et d'îlots protégés qui se découvrent en kayak, en paddle ou sous l'eau. **p. 96**

La Soufrière

Haut de 1 467 m, ce volcan actif vieux de 200 000 ans fait le bonheur des randonneurs. **p. 126**

© GETTY IMAGES/ISTOCKPHOTO

© PASCAL BERTHELOT ARCHITECTE

Mémorial ACTe

Un lieu qui éclaire les mémoires, et les esprits, sur l'histoire de l'esclavage et la traite négrière. **p. 38**

Pointe des Châteaux

Cette péninsule sauvage, constellée de plages de sable blanc, offre un spectacle de bout du monde. **p. 72**

© MARIE DUFAY

© MARIE DUFAY

Les plages entre Deshaies et Sainte-Rose

Pour les amateurs de plages sauvages et de sublimes couchers de soleil. **p. 164**

Plages

© MARIE DUFAY

De crique sauvage en lagon tropical, les plages guadeloupéennes séduiront amateurs de farniente, de snorkeling ou de glisse. Léché par une mer chaude et limpide, le sable décline une infinie palette de teintes : fin et blanc au sud de Grande-Terre, noir à l'extrémité de Basse-Terre, doré ou gris perle le long de la côte sous le vent...

De paradis

Anse du Mancenillier (p. 75), à Saint-François

La Feuillère (p. 213), à Marie-Galante

Plage Moustique (p. 208), à Marie-Galante

Petite-Anse (p. 227), à Terre-de-Haut

Clugny (p. 167), à Deshaies

Anse à la Perle (p. 165), à Deshaies

Les Salines (p. 73), à la pointe des Châteaux

En famille

La Datcha (p. 57), au Gosier

Bois-Jolan (p. 63), à Sainte-Anne

Grande-Anse (p. 227), à Terre-de-Bas

Porte d'Enfer (p. 99), à Anse-Bertrand

Anse du Souffleur (p. 104), à Port-Louis

Grande-Anse (p. 165), à Deshaies

La Caravelle (p. 62), à Sainte-Anne

Petit-Havre (p. 58), au Gosier

Sportives

Les Salines (p. 58), au Gosier

Malendure (p. 151), à Bouillante

Gros-Sable (p. 63), à Sainte-Anne

Grande-Anse (p. 129), à Trois-Rivières

Anse Laborde (p. 101), à Anse-Bertrand

Plages du Moule (p. 87)

Les Raisins-Clairs (p. 75), à Saint-François

Snorkeling

Îlet du Gosier (p. 57)

Anse à l'Eau (p. 83) et **anse à la Gourde** (p. 73), à la pointe des Châteaux

Leroux (p. 165), à Deshaies

Plage du Souffleur (p. 192), à la Désirade

Grande-Baie (p. 223), à Terre-de-Bas

Pompierre (p. 227), à Terre-de-Haut

Secrètes

Anse Feuillard (p. 199), à Marie-Galante

Anse à Dos (p. 227), à Terre-de-Bas

Histoire et culture

Destination "nature" par excellence, la Guadeloupe est également riche d'un patrimoine historique et culturel qui ne laisse pas indifférent. Plongeant ses racines dans les premiers peuplements amérindiens, elle expose dans ses musées, ses jardins, ses fortifications ou ses habitations sucrières la mémoire d'une histoire coloniale complexe et douloureuse, mais passionnante.

© MARIE DUFAY

Amérindiens

Parc archéologique des Roches gravées (p. 129). Pétroglyphes arawaks.

Musée archéologique Edgar-Clerc (p. 88). Objets amérindiens.

Traditions

Musée des Costumes et des Traditions (p. 57). Us et coutumes caribéens.

Musée de la Vie d'antan (p. 108). Objets domestiques d'autrefois.

Kreol West Indies (p. 84 et p. 202). Histoire des Antilles.

Musée Art et Tradition (p. 206). Objets, poupées...

Patrimoine

Musée du Rhum (p. 174). Rhum, artisanat...

Domaine de Beauport (p. 105). Histoire de la canne à sucre.

Écomusée de la Guadeloupe (p. 174). Usage traditionnel des plantes médicinales.

Habitation Murat (p. 201). Exposition ethnographique sur Marie-Galante.

Architecture militaire

Fort Fleur d'Épée (p. 57). Inspiré par Vauban.

Fort Louis-Delgrès (p. 135, en photo). Témoin des guerres franco-anglaises.

Fort Napoléon (p. 220). Le plus célèbre de Guadeloupe.

Baillif (p. 136). Vestiges militaires.

Mémoire de l'esclavage

Mémorial ACTe (p. 38). L'histoire de l'esclavage et de la traite négrière.

Musée Schœlcher (p. 41). La vie de l'abolitionniste.

Escalier des Esclaves (p. 107). Où l'on célèbre chaque 1er mai l'abolition de l'esclavage.

Arts

Musée Saint-John-Perse (p. 41). L'univers du poète.

Théâtre L'Artchipel (p. 138). Pièces de théâtre.

Habitation Beausoleil (p. 139). Expositions d'art contemporain.

Cuisine créole

MARIE DUFAY ©

La cuisine guadeloupéenne, riche et diversifiée, est le reflet du brassage des cultures amérindiennes, européennes, africaines et indiennes : un heureux mélange qui lui donne ses lettres de noblesse, bien qu'aujourd'hui la plupart des restaurants proposent toujours les mêmes recettes.

Entrées

Les **acras** (beignets, de morue en général) et les **boudins créoles** (épicés) sont presque inévitables, et des incontournables de l'"assiette créole".

Poissons et fruits de mer

Le poisson (**daurade** ou **vivaneau**) est servi en tartare, grillé ou en court-bouillon. Les **fricassées de chatrou** (poulpe local) et de **lambi** (gros coquillage) sont aussi courantes. À des prix plus élevés, vous trouverez de la **langouste** et des **ouassous**, ces grosses crevettes d'eau douce nommées à tort écrevisses. Ceux-ci sont si prisés que leur consommation s'est envolée ces dernières années ; la plupart des langoustes vendues aujourd'hui dans les restaurants sont importées de Cuba ou de Saint-Martin, et les ouassous sont issus d'élevages.

Viande

Les plats de viande se résument souvent à du **poulet** ou du **cabri** (chèvre ou chevreau) préparés en **colombo** (mélange d'épices qui donne son nom à ce plat d'origine indienne) ou grillés au barbecue. Les assaisonnements sont bien sûr pimentés.

Légumes

Viandes et poissons sont accompagnés de salade, de riz et haricots rouges et de **"légumes-pays"** (des racines, généralement) : **manioc**, **igname** (tubercule d'origine africaine), **patate douce**, **chou-chine** ou **dachine** (une variété de taro), **christophine** (légume blanchâtre, mangé cru en salade, à la vapeur ou en gratin), **fruit à pain** (de l'arbre à pain, qui se consomme comme la pomme de terre)...

Desserts

Le **blanc-manger** (entremets à base de noix de coco et de lait aromatisé à la vanille et à la cannelle) est omniprésent, comme le **flan coco**. Également des **bananes flambées au rhum**, des **sorbets** et une ribambelle de fruits exotiques. Parmi les moins connus citons les **caramboles** (fruits jaune-vert acidulés en forme d'étoile), **corossols** (gros, verts, hérissés d'épines et à la chair laiteuse), **caïmites** (sortes de kiwis), **pommes cannelle** (ou anones, fruits verts et bosselés à la chair juteuse et sucrée, avec beaucoup de pépins), **prunes de Cythère**, **tamarins**, **sapotilles**...

Boissons

Le **café** est réputé, les jus de fruits frais sont un délice que l'on trouve quasiment partout, mais c'est le **rhum** qui reste la vedette incontestée des boissons guadeloupéennes (voir p. 14).

Petite restauration

Bokit Delux (p. 44), à Pointe-à-Pitre

Délices saintannais (p. 64), à Sainte-Anne

Chez Gervaise (p. 79), à Saint-François

La Route du Roots and Family (p. 159), à Pointe-Noire

Escale Créole (p. 231), à Terre-de-Haut

Tables créoles

An Tol La (p. 45), à Pointe-à-Pitre

Le Triangle (p. 229), sur Terre-de-Haut

Beach Paradise (p. 119), à Sainte-Marie

La Kaz à Loulouz (p. 61), au Gosier

Cuisine évolutive

O z'épices (p. 154), à Bouillante

Le Ti Maki (p. 59), au Gosier

Chez Margaux (p. 59), au Gosier

La Table du Père Labat (p. 205), à Grand-Bourg

1973 Food and Sound (p. 44), à Pointe-à-Pitre

Tables gastronomiques

Au Bon Vivre (p. 230), sur Terre-de-Haut

Habitation Desmarets (p. 137), à Basse-Terre

Le BranTomé (p. 50), à la marina de Bas-du-Fort

La Table du Poisson Rouge (p. 171), à Deshaies

Ti Kaz La (p. 231), sur Terre-de-Haut

Cuisine de la mer

La Playa (p. 215), à Capesterre

O'Vivier (p. 204), à Grand-Bourg

Lagranlag (p. 189), à Beauséjour

Chez Eugénette (p. 237), sur Terre-de-Bas

Aux plaisirs des marins (p. 211), à Saint-Louis

La Case à Fernand (p. 102), à Anse-Bertrand

Chez Dolmare (p. 45), à Pointe-à-Pitre

Rhum

Le rhum guadeloupéen est la "boisson nationale", titrant entre 50 et 62°C. La canne à sucre, introduite au XVIIe siècle aux Antilles, recouvre aujourd'hui un tiers de la superficie agricole de l'archipel : chaque année, entre février et juin, environ 700 000 tonnes sont récoltées. Et 10 kg de canne sont nécessaires pour produire 1 litre de rhum !

© MARIE DUFAY

Quand la France remplaça le sucre des îles par celui de la betterave, les habitations sucrières se reconvertirent en distilleries. Elles étaient une cinquantaine durant la seconde moitié du XIXe siècle, à l'apogée de l'industrie rhumière, qui déclina à partir des années 1970. Seules 2 usines sucrières subsistent : Gardel, au Moule, et celle de Marie-Galante.

Deux qualités

Le rhum est obtenu par fermentation et distillation du *vesou*, jus obtenu par broyage de la canne : on l'appelle alors "rhum agricole". Le filtrage du *vesou* produit la mélasse, résidu sirupeux de la cristallisation du sucre, dont la distillation produit du rhum industriel, de moindre qualité.

Variété

Le rhum blanc est bu pur, en punchs ou en ti-punchs. Le rhum vieux, qui acquiert sa couleur ambrée en fût de chêne pendant au moins 4 ans, se savoure en digestif, tout comme le rhum hors d'âge (6 ans en fût) et le rhum millésimé (15-20 ans de maturation).

Les distilleries

Bologne (p. 136), à Basse-Terre. Pour son rhum blanc.

Damoiseau (p. 89), au Moule. La seule de Grande-Terre.

Longueteau (p. 118), à Capesterre. La plus ancienne.

Carrère (p. 115), à Petit-Bourg. La plus primée.

Reimonenq (p. 174), à Sainte-Rose. Familiale.

Bellevue (p. 214), à Marie-Galante. La plus écolo.

Bielle (p. 201), à Marie-Galante. Pour son punch au chocolat.

Poisson-Père Labat (p. 202), à Marie-Galante. La plus authentique.

Carnaval

On dit que le carnaval, instauré par les colons catholiques qui voulaient faire la fête avant le carême, est "l'âme du peuple guadeloupéen". Durant les quatre jours précédant le mercredi des Cendres, la Guadeloupe vit au rythme endiablé de cette fête qui atteint son apothéose le Mardi gras. Les rues sont envahies d'une foule joyeuse, de défilés costumés (les vidés), de musiciens et de danseurs, et le rhum coule à flots.

© PHILIPPE GIRAUD/COMITÉ DU TOURISME DES ÎLES DE GUADELOUPE

Le roi Vaval

Le **Dimanche gras**, jour des déguisements, est consacré à la grande parade des reines et à l'apparition du roi "Vaval" – mannequin géant qui symbolise l'esprit du carnaval – et de sa cour. Le **Lundi gras** commence au petit matin par des vidés en pyjama et se poursuit dans l'après-midi par les mariages burlesques, où hommes et femmes se travestissent. Le **Mardi gras** voit défiler les **"diables rouges"**, qui brandissent leur fourche comme pour attiser les flammes du feu de l'enfer – allusion à la religion catholique qui fut imposée aux esclaves. Le carnaval se termine avec le **mercredi des Cendres** et le grand vidé, où les carnavaliers défilent en noir et blanc, en signe de deuil pour l'enterrement de Vaval, qui est brûlé sur les places ou les plages des communes. Les épouses et maîtresses de Vaval, les *guiablesses*, parcourent alors les rues en pleurant et en suppliant Vaval de ne pas les abandonner.

À savoir

Durant la période du carnaval, vous risquez de vous retrouver coincé plusieurs heures à l'entrée d'une ville où il se déroule. Avant de prévoir un trajet en voiture, vérifiez dans le journal les dates des festivités des communes que vous devez traverser.

Activités nautiques

En Guadeloupe, on peut pratiquer les sports nautiques toute l'année. Côté océan Atlantique ou côté mer des Caraïbes, quel que soit votre niveau, des prestataires sérieux vous proposent une infinité de formules sur toutes sortes de supports, du stand-up paddle au catamaran de croisière.

Plaisance

La beauté de l'archipel attire les plaisanciers, surtout de novembre à mai où le flux d'alizés est constant. Les loueurs proposent des **voiliers** habitables, avec ou sans skipper. On les trouve dans les trois marinas de l'île : Bas-du-Fort à Pointe-à-Pitre, la marina de Saint-François, et la marina de Rivière-Sens à Gourbeyre.

La **voile légère** se pratique notamment sur catamaran (multicoque de 3 à 6 m) comme le célèbre Hobie Cat 16. Les 6-12 ans pourront s'initier aux manœuvres sur **Optimist** (dériveur de 2,35 m).

Glisse

Les lagons protégés et ventés du sud de Grande-Terre sont propices à la pratique de la **planche à voile** ou du **funboard**, du **kitesurf** ou encore du wing foil (activité combinant aile tenue à la main et planche avec hydrofoil). **Surf** et **Bodyboard** sont très pratiqués ; on peut s'y initier dès 6 ans. Le Moule, Port-Louis et Anse-Bertrand (Grande-Terre), ainsi que Deshaies et Pointe-Noire (Basse-Terre) offrent de bonnes vagues d'octobre à mai. En été, la houle vient du sud, et c'est à Sainte-Anne, Saint-François et Petit-Havre que les vagues sont optimales, ou au spot de Bananier à Capesterre-Belle-Eau.

Au fil de l'eau

Outre les lagons et les plages, la mangrove est intéressante à découvrir en **kayak de mer**, qui a l'avantage d'être stable et sécurisant, et de respecter la tranquillité de la faune

© JULIEN FRANCESCHI

(enfants dès 10 ans). De même qu'en **stand-up paddle** qui, avec sa position debout, offre une bonne visibilité.

Pêche au gros

Les amateurs de pêche au gros pourront taquiner espadons, thons, requins, marlins bleus, daurades coryphènes... vers Deshaies, Bouillante et Pointe-Noire.

Voile légère

Base nautique de Sainte-Anne (p. 63) et **de Saint-François** (p. 76), **Wanalao** (p. 90) au Moule, **UCPA** (p. 229) aux Saintes, **Cismag** (p. 209) à Marie-Galante

Surf

No Comply Surf School (p. 78) à Saint-François, **Arawak Surf Club** (p. 90) au Moule, **Poyo Surf Club** (p. 90 et 123) au Moule et à Bananier, **Souffleur Polwi Surf Center** (p. 106) à Port-Louis

Kayak

Molem-Gliss (p. 90) au Moule, **Rando Passion** (p. 176) à Sainte-Rose, **Ti Evasion** (p. 111) à Vieux-Bourg, **Gwada Pagaie** (p. 152) à Bouillante, **Cismag** (p. 209) à Marie-Galante, **Caraïbes Escapade** (p. 228) à Terre-de-Haut, **Hanao Kayak** (p. 77) à Saint-François

Kitesurf

Just'In Kite (p. 59) au Gosier, **Easykite** (p. 64) à Sainte-Anne, **Action Kite Caraïbes** (p. 78) à Saint-François, **UCPA** (p. 229) aux Saintes

Pêche au gros

Revenge (p. 170), à Deshaies

Sortie voile

École de voile Luc-Coquelin (p. 49) à la marina de Bas-du-Fort, **Rêve de Nav'** (p. 137) à Basse-Terre

Stand-up paddle

Surf Action (p. 77) à Saint-François, **Supin'Gwada** (p. 90) au Moule, **Sea Step and Sun** (p. 108) à Petit-Canal, **Molem-Gliss** (p. 90) au Moule

Plongée

Jardins coralliens, tombants en pente douce, épaves et grottes... La Guadeloupe recèle les plus beaux paysages sous-marins des Antilles. Les sites sont sécurisants pour effectuer un baptême (dès 8 ans) ; on en compte des dizaines le long des côtes sous le vent. Les eaux y sont claires, protégées de la houle de l'Atlantique, et chaudes (entre 25°C et 28°C).

Les sites

Si la **réserve Cousteau** (p. 144) est l'épicentre de la plongée en Guadeloupe, le reste de l'archipel n'est pas en reste. Le **nord-ouest de la Basse-Terre** totalise une quinzaine de sites, entre Deshaies et Sainte-Rose, présentant des profils variés et adaptés à tous les niveaux. Une quinzaine de sites sont référencés dans le secteur préservé du **Grand Cul-de-Sac Marin** (p. 96). Une petite barrière de corail se déploie près du **Gosier** et à **Saint-François**, permettant des plongées dans le lagon et à l'extérieur du récif. Le **sec Pâté**, aux Saintes, est pour certains la plus belle plongée des Caraïbes.

Snorkeling

Muni d'un masque et d'un tuba, vous pourrez explorer les nombreux récifs coralliens qui bordent les plages, dans une eau peu profonde mais toujours chaude et limpide.

Sous l'eau

Dès la première immersion, le regard est happé par les éponges (cratères, encroûtantes, calices, tubulaires), les gorgones-éventails et plumeaux parés de couleurs chatoyantes. Les massifs coralliens aux formes biscornues sont rois. Anémones, alcyonaires, oursins, crinoïdes et le précieux corail noir complètent le tableau. Les poissons abondent : papillons, chirurgiens, trompettes, anges ou perroquets, demoiselles balistes, gorettes, cardinaux, platax, agoutis, diodons...Dauphins, tortues, raies ou

© JEAN-MICHEL MILLE

barracudas se montrent parfois. Il est rarement nécessaire de descendre en dessous de 20 m, ce qui permet des immersions de 40 à 50 minutes. Le respect de ce biotope par les plongeurs (gare aux coups de palme !) est essentiel.

Basse-Terre

Les Heures Saines et **Plaisir Plongée Karukera** (p. 152), à Bouillante

Anse Caraïbe Plongée (p. 158), à Pointe-Noire

Tropical Sub (p. 169), à Deshaies

An Ba Dlola (p. 158), à Pointe-Noire

Grande-Terre

Bleu Outremer (p. 58), au Gosier

Noa Plongée (p. 77), à Saint-François

Eden Plongée (p. 106), à Port-Louis

Dans les îles

La Dive Bouteille et **Pisquettes** (p. 228), à Terre-de-Haut

Ti'Bulles (p. 203), à Grand-Bourg

Man'Balaou (p. 210), à Saint-Louis

À savoir

- Après une plongée, il faut attendre au moins 18 heures (ou mieux, 24 heures) avant de prendre l'avion, pour éliminer l'azote résiduel dans l'organisme.
- Les eaux de la Guadeloupe n'ont pratiquement pas d'habitants dangereux ; il faut toutefois éviter le corail de feu orange qui provoque des brûlures, les épines des oursins noirs, les méduses, la murène, le barracuda et le poisson-lion.
- La récolte de coraux vivants est interdite.

Randonnée

Avec près de 300 km de "traces", l'archipel guadeloupéen a de quoi satisfaire les amateurs de randonnée. Si certaines se parcourent aisément en famille, d'autres, situées dans le parc national, sont plus difficiles, et requièrent de suivre un certain nombre de recommandations, voire, comme pour le GR®G1, d'être accompagné d'un guide.

Mises en garde

Le camping sauvage est interdit en Guadeloupe. Sur la zone protégée par le **parc national** – soit 17 300 ha de forêt tropicale en Basse-Terre, et 3 200 ha dans le Grand Cul-de-Sac Marin, les îlets Pigeon, Kahouanne et Tête à l'Anglais –, il est interdit de faire du feu et d'installer caravane et camping-car. En cas de pluie soudaine, le bivouac en hamac ou avec une petite tente est toléré. Le parc propose des refuges gratuits, sans réservation : des abris sans électricité ni toilettes ni réserve d'eau, non fermés et non gardés, avec couchettes en bois.

Méfiez-vous des pluies tropicales qui font grossir les petits cours d'eau : vérifiez les **prévisions météo** (☎0 892 680 808 ; www.meteofrance.gp) et ne partez pas si le temps est à l'orage. Prévenez quelqu'un de votre itinéraire et ne vous lancez jamais seul. Partez avant 15h, emportez téléphone portable chargé, vêtement de pluie, ainsi que des vivres et de l'eau (ne buvez pas celle des rivières).

Informations

Pour connaître l'état des traces (que les intempéries peuvent rendre impraticables), renseignez-vous auprès du **parc national** (p. 127) ou sur le site de **Rando Guadeloupe** (www.randoguadeloupe.gp). Vous y trouverez une carte des sentiers de l'archipel et la liste des associations de randonnée. N'hésitez pas à contacter l'antenne guadeloupéenne de la **FF Randonnée pédestre** (☎05 90 20 98 31, guadeloupe.ffrandonnees.fr).

© MARIE DUFAY

Pour une approche écotouristique, visitez le site d'**Esprit parc national** (www.espritparcnational.com).

Pour des itinéraires précis de randonnée, procurez-vous les cartes IGN 4601GT à 4605GT de la Série bleue (1/25 000), qui couvrent tout l'archipel (www.ign.fr).

Prestataires

Vert intense (p. 139), à Saint-Claude

Canopée Forest Adventure (p. 152), à Bouillante

Yalodé (p. 158), à Pointe-Noire

Association Kontakaz (p. 55), aux Grands-Fonds

Le Mapou (p. 223), à Terre-de-Bas

Le Vert de terre (p. 199), à Marie-Galante

Desirando (p. 188), à la Désirade

En famille

La Soufrière (p. 126)

Traces Lavolvaine et de la Pointe-Plate (p. 101)

Trace Mazeau (p. 169)

Trace du morne Morel (p. 228)

Sentiers de la Maison de la forêt (p. 181)

Cascades

Chutes Moreau (p. 118)

Chutes du Galion (p. 127)

Trace du Bassin bleu (p. 136)

Chutes du Carbet (p. 122)

Saut du Bras du Fort (p. 118)

Saut d'Acomat (p. 159)

En bord de mer

Trace des Falaises (p. 100)

Sentier de Mamalier (p. 149)

Trace du Petit Malendure (p. 153)

Sentier de la Grande-Pointe (p. 130)

Sportives

Trace des Alizés (p. 131 et 182)

Boucle Tête Allègre-Sofaïa (p. 175)

Trace des Contrebandiers (p. 158)

Trace de l'Armistice (p. 127)

Flore

Bien qu'environ la moitié de la flore indigène de l'archipel ait aujourd'hui disparu, la végétation guadeloupéenne est très diversifiée et ne se limite pas aux cocotiers, flamboyants, arbres du voyageur et bougainvilliers !

© MARIE DUFAY

Écosystèmes

Sur le littoral, on trouve une végétation adaptée à la salinité et la sécheresse (patate bord de mer). Sur les côtes basses et vaseuses autour de la rivière Salée, la **mangrove** est le royaume du palétuvier jaune, tandis que la **forêt marécageuse** foisonne de figuiers maudits. Sur les côtes accidentées, rochers et falaises accueillent les frangipaniers.

Sur la Grande-Terre, Marie-Galante, la Désirade, les Saintes et la côte sous le Vent, la **brousse sèche** (ou **forêt xérophile**) prédomine : épineux, cactus, campêche, gaïac, bois d'Inde, mapou, ti-baume, raisinier. Entre 250 et 1 000 m d'altitude, on traverse une forêt dense, d'abord **mésophile** (acajou, courbaril, bois de rose), puis **hygrophile** : c'est cette dernière que l'on appelle **forêt tropicale**, qui recouvre plus de 36 000 ha de la Basse-Terre. Elle comprend 300 espèces d'arbres, dont le gommier, l'acomat, le châtaignier ou le résolu, ainsi que d'épaisses forêts de fougères, de lianes et de plantes épiphytes.

Au-delà de 1 000 m d'altitude, c'est le domaine de la **forêt rabougrie** où domine le mangle montagne, puis celui de la **"savane des hauts"** (végétation de palmistes montagne). Enfin, vers 1 450 m d'altitude s'étendent les **tourbières**, constituées de mousses.

Fleurs et plantes

Côté fleurs, admirez les pétales jaunes, rouges ou orange

en épi du **balisier** ; les odorantes fleurs blanches du **jasmin-bois** ; les **orchidées sauvages** d'altitude ; l'**amaryllis** ou lis rouge, qui se rencontre en zone pluvieuse ; l'**ananas rouge montagne** qui forme un bouquet au ras du sol. Sans oublier l'anthurium, la **rose de porcelaine**, l'**allamanda**, l'**alpinia**... Au total, ce sont 2 700 espèces de plantes à fleurs, dont une centaine d'orchidées, et plus de 250 types de fougères que l'on rencontre en Guadeloupe.

Jardins botaniques et parcs floraux

Jardin botanique (p. 169), à Deshaies

Jardin botanique du fort Napoléon (p. 220), sur Terre-de-Haut

Jardin de Valombreuse (p. 115), à Petit-Bourg

Jardin de Cantamerle (p. 121), à Capesterre-Belle-Eau

Découvrir la canopée

Zoo de Guadeloupe (p. 180) et **Le Tapeur** (p. 182), sur la route de la Traversée

Jardins médicinaux et traditionnels

Habitation Murat (p. 201), à Marie-Galante

Jardin pédagogique Éloi-Germain (p. 223), à Terre-de-Bas

Parc des Roches gravées (p. 129), à Trois-Rivières

Jardin de l'Écomusée de la Guadeloupe (p. 174), à Sainte-Rose

Jardin amérindien du musée archéologique Edgar-Clerc (p. 88), au Moule

Sentier pédagogique en forêt

Maison de la forêt (p. 181), sur la route de la Traversée

Méfiez-vous du mancenillier !

Cet arbre *(Hippomane mancinella)* à l'écorce grise, de 5 à 20 m de haut, aux fruits (dont l'ingestion peut être mortelle !) ressemblant à de petites pommes, renferme une sève très toxique. Il est très déconseillé de s'abriter sous son ombre : en cas de pluie, l'eau qui ruisselle sur les feuilles est corrosive. La plupart du temps, les mancenilliers sont signalés par un trait à la peinture orange ou rouge.

Faune

Malgré les ravages de la chasse et du braconnage, la faune guadeloupéenne ravira les amoureux de la nature. Si elle compte peu de mammifères terrestres, les espèces d'oiseaux, d'insectes et de poissons sont très nombreuses.

Faune terrestre

Les **iguanes** communs sont surtout présents en Basse-Terre et aux Saintes. À la Désirade et sur Petite-Terre, on trouve les *Iguana delicatissima*, plus rares et protégés. Symbole du parc national, le **racoon** (voir photo) habite les forêts de la Basse-Terre : ce raton laveur, protégé, sort le soir. La **mangouste** doit sa présence en Guadeloupe aux planteurs, qui l'importèrent pour combattre les rats. Les **lézards** sont omniprésents : l'anolis est le plus commun. On trouve aussi 4 espèces de **grenouilles** (parmi lesquelles *Eleutherodactylus martinicensis*, endémique des Petites Antilles, dont le chant caractéristique rythme les nuits), beaucoup de **crabes** mais pas de serpents venimeux. Seule la **scolopendre** (mille-pattes) peut infliger une morsure douloureuse.

Oiseaux

Pélicans bruns, **frégates**, **balbuzards**, **colibris**, **sucriers à poitrine jaune** et **hérons** sont les oiseaux les plus fréquemment rencontrés. Le **pic noir** (ou tapeur), endémique et protégé, se signale par des coups de bec sur les arbres morts. Le **moqueur corossol** est la plus grosse des grives locales.

Faune marine

Outre les poissons communément ramenés par les pêcheurs (daurade coryphène, thazard, vivaneau, coulirou, colas, thon, bonite, raie...) et les **ouassous** (crevettes d'eau douce),

© MARIE DUFAY

les fonds marins sont peuplés de **tortues**, **langoustes**, **lambis**, **barracudas**, **requins** (bleus, dormeurs, marteaux et citrons), **marlins** et espadons. Les **dauphins** vivent près des côtes, là où évoluent **méduses** et autres **invertébrés**.

En milieu naturel

Baleines et dauphins avec **Évasion tropicale** (p. 151), à Bouillante

Poissons et tortues dans la **réserve Cousteau** (p. 144) et le **Grand Cul-de-Sac Marin** (p. 96)

Iguanes au **fort Napoléon** (p. 220), à **la Désirade** (p. 185) et à **Petite-Terre** (p. 192)

Parcs et zoos

Jardin botanique (p. 169), à Deshaies

Jardin de Valombreuse (p. 115), à Petit-Bourg

Parc aquacole (p. 157), à Pointe-Noire

Maison du Crabe (p. 89), au Moule

Aquarium de la Guadeloupe (p. 48), à Pointe-à-Pitre

Zoo de Guadeloupe (p. 180)

Le lamantin reviendra-t-il ?

Victime d'une chasse intensive, le lamantin a disparu il y a plus d'un siècle des eaux guadeloupéennes. Surnommé "la vache des mers", ce gros mammifère (de 2,50 à 3 m pour 350 à 500 kg), aquatique et herbivore, appartient à l'ordre des siréniens, comme le dugong. Le parc national de la Guadeloupe œuvre depuis plusieurs années à sa réintroduction dans le Grand Cul-de-Sac Marin (p. 97), sans succès pour le moment. Kaï, rescapé du programme lancé en 2016, se refait aujourd'hui une santé au zoo de Paris.

Agenda

Musique, danse et convivialité font partie intégrante de la culture créole. Festivals et manifestations culturelles jalonnent l'année, qui commence très fort avec le carnaval. Les fêtes patronales s'étalent sur plusieurs jours et les traditions populaires donnent lieu à de nombreuses festivités... Tout comme les compétitions sportives.

Janvier-février

Carnaval

Cet exutoire ancestral se prépare dès l'Épiphanie ! Parades costumées spectaculaires, mais aussi concours et fêtes... Les festivités montent en intensité pendant les quatre jours gras précédant le mercredi des Cendres, et atteignent leur apogée le Mardi gras. Si le carnaval "officiel" a lieu à Pointe-à-Pitre et à Basse-Terre, toutes les villes ont le leur. Voir aussi p. 15.

Festival régional et international du cinéma de Guadeloupe (FEMI)

femifestival.com Depuis 1992, ce festival francophone de cinéma d'art et d'essai offre, pendant 8 jours fin janvier, un coup de projecteur aux films et cinéastes caribéens (et internationaux) émergeants.

Nuits caraïbes

www.nuits-caraibes.com Sur dix jours en février, concerts de musique classique, baroque, jazz ou flamenco se font entendre sur tout l'archipel, de Basse-Terre à Pointe-à-Pitre, en passant par Terre-de-Haut.

Mai

Festival Terre de Blues

www.terredeblues.com Durant le week-end de Pentecôte, Marie-Galante célèbre en grande pompe les musiques d'inspiration africaine. Manu Dibango, Miriam Makeba, Steel Pulse, Keziah Jones ou Anthony B s'y sont produits.

Wole Kréyól Art Festival (WKAF)

Porté par l'association Artiste en mouvement, ce jeune et prometteur festival de street art anime au mois de mai les rues de Pointe-à-Pitre.

Juin

Pool Art Fair Guadeloupe

www.poolartfair.com Performances, conférences et chaque année un pays invité... Cette foire d'art contemporain réputée met à l'honneur les artistes de la Caraïbe et d'ailleurs. En juin, au terminal de croisières de Pointe-à-Pitre.

Juillet

Festival de Gwo Ka

www.ville-sainteanne.fr Depuis 1987, Sainte-Anne célèbre le gwo ka, ce tambour traditionnel hérité des ancêtres africains. Concerts, chants et danses, mais aussi expos, conférences et ateliers sont organisés.

Traditour

Pendant une dizaine de jours, tout ce que "l'île papillon" compte de marins passionnés participe au Tour de Guadeloupe de voile traditionnelle (voir photo).

Août

Fête des Cuisinières

Le samedi le plus proche du 10 août, Pointe-à-Pitre fête saint Laurent, patron des cuisinières. Messe, procession et dégustations de spécialités locales, le tout en musique, et dans la bonne humeur ! Voir p. 46.

Tour cycliste international de la Guadeloupe

Événement sportif majeur de l'île, le Tour compte près de 300 participants et 9 étapes, et dure 10 jours (première quinzaine d'août).

Fête des Marins-Pêcheurs

Du 14 au 16 août, à Saint-François, au Moule, à la Désirade et aux Saintes, les marins-pêcheurs fêtent la Vierge Marie, leur protectrice. Les célébrations s'achèvent toujours par un banquet et un bal où le rhum coule à flots !

Octobre

Festival Bleu Outremer

www.festivalbleuoutremer.com Un festival transdisciplinaire qui explore, à travers la musique, la danse et les arts visuels, la diversité et les complexités des "outremers".

Novembre

Toussaint et jour des Défunts

Les 1er et 2 novembre, familles et amis se rassemblent pour manger autour des tombes, illuminées, pour l'occasion, de milliers de bougies. Un spectacle irréel qui prend toute sa dimension au cimetière de Morne-à-l'Eau (p. 109).

© MARIE DUFAY

Route du Rhum

www.routedurhum.com Cette course en solitaire mythique, qui rallie Saint-Malo à Pointe-à-Pitre, est fêtée avec autant d'enthousiasme au départ qu'à l'arrivée. Tous les 4 ans, de fin octobre à début novembre.

Décembre

Chanté Nwel

De l'Avent à la nuit de Noël, on se regroupe pour danser et chanter des cantiques (en créole et accompagnés du gwo ka) dans les salles municipales ou églises, puis de maison en maison. La liesse est générale, et contagieuse !

Biennale d'art contemporain de Guadeloupe

Lors de nos recherches, une biennale d'art contemporain d'envergure internationale était en cours d'organisation dans l'archipel guadeloupéen... Le coup d'envoi de la 1re édition devrait être donné fin 2021. Renseignez-vous !

La Guadeloupe en 4 itinéraires

© FRANK KUSCHMIERZ/ISTOCK

Reposez-vous du voyage sur les plages de **Sainte-Anne** (p. 62) ou de **Saint-François** (p. 75). Au programme : activités nautiques et bons restaurants. Pour une ambiance de bout du monde, passez une journée à la **Désirade** (p. 185) ou aux îlets de Petite-Terre (p. 192), faites un tour à la **pointe des Châteaux** (p. 72) et à la **pointe de la Grande-Vigie** (en photo, p. 99), d'où vous rejoindrez **Anse-Bertrand** (p. 100) et **Port-Louis** (p. 104). Partez ensuite explorer la mangrove du **Grand Cul-de-Sac Marin** (p. 96), puis empruntez la **route de la Traversée** (p. 180) pour découvrir Basse-Terre, ses plages, sa **réserve Cousteau** (p. 144) et le **volcan de la Soufrière** (p. 126).

© MARIE DUFAY

Dès votre arrivée, faites cap sur **Marie-Galante** (en photo, p. 197), où authenticité et douceur de vivre sont de mise. De retour en Guadeloupe, filez vers **Trois-Rivières** (p. 129) en Basse-Terre. À vous les **chutes du Carbet** (p. 122) et **Moreau** (p. 118), la **Soufrière** (p. 126) et l'**archipel des Saintes** (p. 218). Remontez ensuite tranquillement la côte sous le vent jusqu'à **Deshaies** (p. 169), en ménageant plusieurs haltes, dont une à la **réserve Cousteau** (p. 144). Consacrez vos derniers jours à Grande-Terre en suivant l'itinéraire précédent, sans manquer de flâner dans les rues de **Pointe-à-Pitre** (p. 36) et de visiter le **Mémorial ACTe** (p. 38).

Guadeloupe tonique et nature (1 à 2 semaines)

© JULIEN FRANCESCHI

Commencez votre périple en Basse-Terre : le parc national y offre de nombreuses possibilités de randonnées, notamment autour de la **Soufrière** (p. 126), mais aussi des sorties kayak ou plongée dans le **Grand Cul-de-Sac Marin** (p. 96) et à la **réserve Cousteau** (p. 144). Mordus de glisse ? Voile, surf et kitesurf vous attendent sur Grande-Terre, à **Sainte-Anne** (p. 62), **Saint-François** (p. 75), **Le Moule** (p. 86) et **Port-Louis** (p. 104)… Les adeptes de sensations fortes pourront aussi s'y adonner au parachutisme et au parapente. Pour un condensé d'activités : randonnée, plongée, kayak et SUP se pratiquent aussi aux **Saintes** (p. 218) et à **Marie-Galante** (p. 197) !

Route des gourmets (1 à 2 semaines)

© ÉMILIE THIÈSE

Suivez votre propre "route du rhum" au cœur des distilleries de **Marie-Galante** (p. 197), celle de **Longueteau** (p. 118) et de **Bologne** (p. 136), ou en faisant halte au **Comptoir du Nouveau Monde** (p. 233). Initiez-vous aux secrets du café, du cacao, de la vanille et de la banane, à la **Maison de la banane** (p. 129), au **domaine de Vanibel** (p. 147), à l'**habitation La Grivelière** (p. 147), au **musée du Café** (p. 147), à la **Maison du cacao** (p. 157), chez **Gwakako** (en photo, p. 158) et à l'**écomusée La Manon** (p. 157). Enfin, ne manquez pas les **marchés de Basse-Terre** (p. 135) et de **Pointe-à-Pitre** (p. 43), et, en août, la **fête des Cuisinières** (p. 46) !

Les basiques

Pour plus d'informations, voir le *Carnet pratique* (p. 248).

Haute saison

Elle court de décembre à fin avril ; pendant la moyenne et basse saison, les prix baissent de 20 à 40%.

Argent

Les cartes bancaires sont acceptées partout sauf dans certains petits établissements. Ce n'est pas toujours le cas des chèques "hors-place" (venant de métropole) !

Téléphones portables

La plupart des forfaits des opérateurs hexagonaux incluent les DROM. Attention toutefois, dans certaines îles proches de la Dominique, vous pouvez basculer sur le réseau international.

Heure locale

GMT -4

Dans votre valise

N'oubliez pas votre veste de pluie ! Les averses peuvent être soudaines et violentes.

Budget quotidien

Moins de 100 €

Hébergement double en gîte : 50-80 €

Repas d'un bokit 5 € ou dans un lolo : 8-20 €

Location de kayak ou de paddle : 20-30 €

De 100 à 250 €

Hébergement double dans un gîte ou hôtel moyen de gamme : 90-150 €

Menu dans un restaurant de catégorie moyenne : 20-30 €

Une plongée : 50-55 €

Plus de 250 €

Hébergement double dans un gîte ou hôtel haut de gamme : à partir de 200 €

Repas dans un restaurant gastronomique : à partir de 50 €

Excursion en voilier : 80-95 €

Sites Internet

Lonely Planet (www.lonelyplanet.fr). Infos sur la destination, forum des voyageurs...

Comité du tourisme des îles de Guadeloupe (www.lesilesdeguadeloupe.com). Site officiel.

Guadeloupe.net (guadeloupe.net). Guide communautaire des restaurants, hébergements et loisirs de l'archipel.

Esprit Parc National (www.espritparcnational.com). Hébergements et activités dans une démarche durable.

Arriver en Guadeloupe

Situé à 3 km de Pointe-à-Pitre, l'**aéroport Guadeloupe Pôle Caraïbes** (05 90 21 14 72/05 90 21 14 00 ; www.guadeloupe.aeroport.fr) n'est desservi que par deux bus menant au Gosier, mais de nombreux hôtels et gîtes organisent les transferts. Autre option : les taxis et les navettes privées, comme **KaribTours** (05 90 99 73 80/06 90 30 46 48 ; www.karibtours.com) qui dessert Trois-Rivières. Les grandes compagnies de location de voiture disposent toutes d'une agence à l'aéroport.

Depuis l'aéroport

DESTINATION	DISTANCE
Anse-Bertrand	32 km
Basse-Terre	63 km
Capesterre-Belle-Eau	36 km
Deshaie	43 km
Le Moule	27 km
Pointe-à-Pitre	3 km
Port-Louis	29 km
Sainte-Anne	23 km
Sainte-Rose	27 km
Saint-François	34 km

Comment circuler

Louer une voiture est indispensable pour profiter pleinement de l'archipel (voir p. 255).

Bus

Les bus ont des horaires réduits, surtout le week-end. Ceux de Pointe-à-Pitre et à destination du sud de Grande-Terre, assurés par le réseau de transport urbain Karu'lis (www.karulis.com), sont les plus réguliers et les plus fréquents (départ de la gare routière de Dubouchage). Les bus en direction du nord de Grande-Terre et de Basse-Terre partent de la gare routière de Bergevin.

Taxis

On trouve des stations de taxis à l'aéroport Guadeloupe Pôle Caraïbes (p. 250), à Pointe-à-Pitre, et dans les grandes villes guadeloupéennes. Les taxis de la compagnie **CDL** (05 90 20 74 74) assurent un bon service.

À prévoir

23

3 mois à l'avance Réservez billet d'avion et logement.

1 mois à l'avance Réservez votre véhicule de location (15 jours suffisent en basse saison).

3 jours à l'avance Réservez vos activités.

Pointe de la Grande-Vigie
Anse-Bertrand
Campêche
Port-Louis
Gros-Cap
Les plages entre Deshaies et Sainte-Rose (p. 164)
Grand Cul-de-Sac Marin (p. 96)
Îlet Kahouanne
Îlet Fajou
Petit-Canal
Ravine Coudes
N2
Sainte-Rose
Vieux-Bourg
Morne-à-l'Eau
Deshaies
Sofaïa
Grande Rivière Goyave
Aéroport Pôle Caraïbes
N5
GRANDE
Lamentin
Les Abymes
Les
Belle Hôtesse (777 m)
Baie-Mahault
Pointe-à-Pitre
Mémorial ACTe (p. 38)
Morne Jeanneton (744 m)
BASSE-TERRE
Pointe-Noire
Morne à Louis (743 m)
Route de la Traversée
D23
Le Gosier
N4
Petit-Bourg
Îlets Pigeon
Réserve Cousteau (p. 144)
Les Mamelles (768 m)
PETIT CUL-DE-SAC MARIN
La Moustique
N1
Goyave
Pitons (ou Sauts) de Bouillante (1 088 m)
Bouillante
Morne Moustique ou Joffre (1 120 m)
R. des Vieux Habitants
N2
Sainte-Marie
Grand-Petit Sans-Toucher (1 354 m)
Grande Découverte (1 263 m)
Vieux-Habitants
R. des Pères
La Soufrière (p. 126)
Capesterre-Belle-Eau
Aérodrome
Matouba
Baillif
Saint-Claude
Bananier
Basse-Terre
N1
Gourbeyre
Trois-Rivières
Vieux-Fort
MER DES CARAÏBES
LES SAINTES
Fort Napoléon (p. 220)
Îlet à Cabrit
Terre-de-Bas
Bourg-des-Saintes
Terre-de-Haut
Petites-Anses
Grande-Anse
Aérodrome
Grand-Îlet

ALTITUDE
720 m
600 m
240 m
120 m
0
OCÉAN
ATLANTIQUE
LA DÉSIRADE
Baie-Mahault
Beauséjour
Le Souffleur
Le Moule
-TERRE
N5
Gardel
Grands Fonds
Pointe
des Châteaux
(p. 72)
Saint-François
N4
Sainte-Anne
Îlets de Petite-Terre
MARIE-
GALANTE
Saint-Louis
Capesterre
Grand-Bourg
Aérodrome
0
20 km

Explorer la Guadeloupe

Vaut le détour

La Grande-Anse de Deshaies (p. 165) © MARIE DUFAY

Explorer

Pointe-à-Pitre

La capitale économique de l'archipel aurait pu être le fleuron de l'architecture coloniale guadeloupéenne. Il y a 50 ans, la bourgeoisie locale y avait ses quartiers, mais aujourd'hui la ville souffre d'un certain laisser-aller, ses belles maisons et ses cases traditionnelles se dégradant lentement. Très agréable, le centre ancien bruit de couleurs et de clameurs en matinée, pour se vider vers 18h. La marina de Bas-du-Fort concentre l'animation nocturne.

Prenez le pouls de la ville dans l'effervescence de ses marchés : celui de la Darse (p. 43), de Saint-Antoine (p. 42) ou encore le magnifique marché aux fleurs (p. 43). Au passage arrêtez-vous au musée Saint-John-Perse (p. 41) et jetez un œil à la basilique Saint-Pierre-et-Saint-Paul (p. 42). Déjeunez d'une cuisine authentique à An Tol La (p. 45) ou de poisson extrafrais Chez Dolmare (p. 45). Consacrez votre après-midi à la visite du Mémorial ACTe (p. 38). Cap ensuite sur la marina de Bas-du-Fort (p. 47) pour un apéro face aux bateaux. Restez-y dîner ou, en fin de semaine, prenez une table au branché 1973 Food and Sound (p. 44).

Comment y aller et circuler

Les bus **Karu'lis** (www.karulis.com) relient Pointe-à-Pitre et les principales villes de Grande-Terre.

Azur Transport (06 90 56 02 25) et **Transport Valery** (06 90 35 48 63) font la liaison entre le port de Bergevin et la gare routière de Basse-Terre (lun-sam 6h-18h, toutes les demi-heures environ ; 7,30 €).

La voiture individuelle est le transport le plus fiable et rapide.

Carte de Pointe-à-Pitre p. 40

Le marché Saint-Antoine (p. 42) © GETTY IMAGES

Les incontournables

Mémorial ACTe

Centre culturel dédié à la mémoire de l'esclavage et de la traite négrière, le "MACTe", inauguré en 2015, étale ses 7 124 m² de granit bardés de filaments métalliques à l'entrée du port de Pointe-à-Pitre. Enraciné sur l'ancien site de l'usine sucrière Darboussier, il abrite un musée, une salle d'exposition et une médiathèque. Il se veut espace de dialogue et de transmission, et s'inscrit dans une dimension universelle, au-delà de la Caraïbe.

CARTE P. 40, B2

05 90 25 16 00

www.memorial-acte.fr

rue Raspail, Darboussier

entrée exposition permanente tarif plein/réduit 15/10 €

mar-dim 9h-18h, ven 11h-21h

Symbolique architecturale

La base noire du MACTe, constellée d'éclats de quartz, est un hommage aux victimes de l'esclavage, tandis que ses trames argentées représentent les racines, mais aussi l'avenir, la vie. L'édifice s'agence autour d'un patio, où s'élève un arbre sculpté en métal, le "Poto Mitan". Il fait référence à l'expression créole qui désigne le pilier central des maisons et, par extension, dans le foyer, la mère ; mais aussi aux croyances liées au vaudou : le totem autour duquel les initiés dansent pour communier avec les esprits.

Parcours chronologique

Le musée déploie un parcours interactif à travers l'histoire de l'esclavage et de la traite négrière, depuis la fin du XVe siècle jusqu'à aujourd'hui. Il explore ainsi la "découverte" des Amériques, le commerce triangulaire avec le Nouveau Monde, le quotidien des plantations antillaises, le temps des abolitions, puis celui d'après, notamment les mouvements artistiques et culturels qui en découlèrent.

Résistances antillaises

Après la réalité glaçante des premières salles, celles consacrées à la résistance des esclaves antillais se révèlent plus lumineuses : elles illustrent le marronnage, mais aussi les persistances culturelles – révoltes silencieuses contre la déculturation – comme le jardin créole, les cultes de santeria ou de vaudou, le gwo ka (voir p. 26) et le carnaval.

Regards contemporains

Le parcours est ponctué de plus d'une vingtaine d'œuvres d'artistes caribéens contemporains, qui forment, tel *L'Arbre de l'Oubli* de Pascale Martin Tayou, d'excellents contrepoints sensibles et actuels à cette plongée historique.

★ À savoir

- Pour apprécier pleinement les lieux, prévoyez au moins une demi-journée : l'audioguide, à lui seul, dure 4 heures !
- Le "bus des mers" (www.karulis.com) fait quotidiennement la navette entre le MACTe et le port de la Darse à Pointe-à-Pitre.
- Empruntez la passerelle pour rejoindre le morne Mémoire et la table d'orientation de l'artiste dominicain Marcos Lora Read. Elle permet d'apprécier l'ensemble de l'édifice et le beau panorama sur Basse-Terre.
- Un espace permet aux personnes originaires des Antilles d'effectuer des recherches généalogiques.

Une petite faim ?

- Au sein du MACTe, **L'Intemporelle** (05 90 82 10 81 ; plats 12-22 € ; fermé lun et dim-jeu soir) offre une cuisine bistrot correcte et une superbe vue sur la rade.

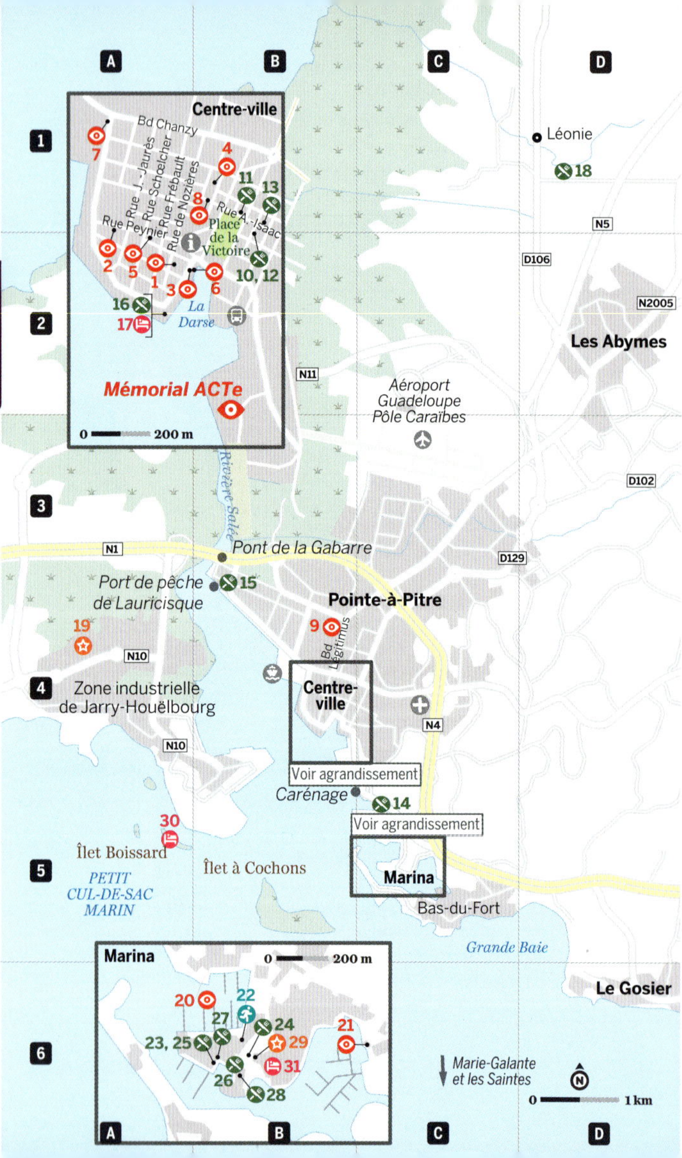
A
B
C
D
1
2
3
4
5
6
Centre-ville
Bd Chanzy
Rue J.-Jaurès
Rue Schoelcher
Rue Frébault
Rue de Nozières
Rue Peynier
Rue A.-Isaac
Place de la Victoire
La Darse
Mémorial ACTe
0 200 m
Léonie
N5
D106
N2005
Les Abymes
N11
Aéroport Guadeloupe Pôle Caraïbes
D102
Rivière Salée
N1
Pont de la Gabarre
D129
Port de pêche de Lauricisque
Pointe-à-Pitre
Bd Légitimus
N10
Zone industrielle de Jarry-Houëlbourg
Centre-ville
N4
Voir agrandissement
Carénage
Voir agrandissement
Îlet Boissard
Îlet à Cochons
Marina
Bas-du-Fort
PETIT CUL-DE-SAC MARIN
Grande Baie
Le Gosier
Marina
0 200 m
Marie-Galante et les Saintes
0 1 km
1
2
3
4
5
6
7
8
9
10, 12
11
13
14
15
16
17
18
19
20
21
22
23, 25
24
26
27
28
29
30
31

Pointe-à-Pitre

Voir

Musée Saint-John-Perse UNIVERS D'UN POÈTE

1 CARTE CI-CONTRE, A2

Ce musée municipal occupe une belle maison coloniale du XIXe siècle, initialement destinée à être montée en Louisiane, comme le rappellent ses balcons en fer forgé (voir p. 88). Bien agencé, le musée est consacré à Alexis Léger, plus connu sous le pseudonyme de Saint-John Perse, né à Pointe-à-Pitre en 1887. Le rez-de-chaussée reconstitue un intérieur créole de la fin du XIXe siècle et retrace l'évolution vestimentaire aux Antilles du XVIIIe siècle à aujourd'hui. De nombreux tableaux inspirés par l'œuvre du poète sont exposés. Sa vie, quant à elle, est évoquée à l'étage, à travers sa correspondance, ses objets personnels et des photographies. (05 90 10 51 78 ; 9 rue de Nozières ; adulte/enfant 2,50/1,50 € ; 9h-12h30 et 14h-17h lun-ven, 8h30-12h30 sam)

Musée Schœlcher HISTOIRE

2 CARTE CI-CONTRE, A1

Fermé pour travaux lors de notre passage, ce musée inauguré en 1887 est dédié à l'abolitionniste Victor Schœlcher. Sa réouverture, prévue en 2021, devrait voir ce bel édifice colonial prolongé d'une extension de 800 m² qui accueillera des expositions temporaires. La collection permanente, retraçant

L'histoire de Pointe-à-Pitre

L'origine du nom de la ville est attribuée à un marchand juif hollandais nommé Peter, qui installa en 1654 un marché aux poissons dans le secteur : la "Pointe à Peter" devint Pointe-à-Pitre. En 1759, lors de la guerre de Sept Ans, les Anglais, maîtres de la Guadeloupe, y fondèrent un port. Revenu aux Français quatre ans plus tard, il devint un comptoir commercial. C'est dans les murs de la ville, républicaine durant la Révolution, que fut proclamé le premier décret abolissant l'esclavage, le 4 février 1794, avant qu'il ne soit rétabli, en 1802, par l'administration impériale.

Depuis 1780, date du premier incendie qui ravagea la majorité de ses maisons en bois, la ville a connu bien des catastrophes naturelles. En 1843, un violent séisme suivi d'un incendie détruisit plus de 900 maisons et la plupart des bâtiments publics ; des répliques se produisirent en 1851 et en 1897. Les cyclones de 1928, 1989 (Hugo) et 2007 (Dean) firent de terribles dégâts. La fréquence de ces cataclysmes explique le recours quasi systématique au béton, cher à l'architecte Ali Tur.

La maison coloniale abritant le musée Saint-John-Perse (p. 41)

la vie de Schœlcher, continuera d'être exposée dans le bâtiment historique et proposera un parcours multimédia enrichi de nouvelles œuvres. (05 90 82 08 04 ; 24 rue Peynier)

Art Ruche CAFÉ-GALERIE

3 CARTE P. 40, A2

En face du marché de la Darse, ce petit lieu hybride, créé par Thierry Alet, artiste plasticien à l'initiative du salon Pool Art Fair Guadeloupe, incarne le vent de renouveau qui souffle sur Pointe-à-Pitre. Espace d'exposition d'artistes contemporains, mais aussi café-lieu de coworking et corner de créateurs caribéens, il accueille également événements et ateliers. (06 90 92 08 42 ; 6 quai Layrle ; 10h-15h mar-sam)

Basilique Saint-Pierre-et-Saint-Paul ARCHITECTURE

4 CARTE P. 40, B1

Cette église (1807-1818), reconstruite entre 1849 et 1872, est surnommée la "cathédrale de fer" en raison de ses poutres en métal remplaçant les arcs traditionnels, qui lui permettent de résister aux séismes et aux cyclones. Sa façade jaune néoclassique d'inspiration latino-américaine a été rénovée et sa structure est vaste et claire. (Rue de l'Église)

Marché Saint-Antoine ou "marché couvert" TOURISTIQUE

5 CARTE P. 40, A2

Cette halle, classée monument historique, est la plus ancienne de la ville. Le toit et la fontaine ont été rénovés. Ne vous attendez pas à y faire des affaires ; en revanche, vous y flânerez avec plaisir. Habituées aux touristes, les vendeuses n'hésiteront pas à vous aborder. On vous autorisera à prendre une photo si vous achetez quelque chose : épices, légumes, fruits-pays, poupées créoles, philtres magiques et punchs artisanaux... Notez la belle charpente métallique antisismique. (Rue Schœlcher ; 7h-14h lun-sam, dim en haute saison)

Marché de la Darse — SUR LE QUAI

6 CARTE P. 40, A2

Bordant la place de la Victoire, ce marché de fruits, légumes et épices est très animé. Quelque peu "attrape-touristes" le samedi, il retrouve son authenticité en semaine, surtout tôt le matin. Quelques bateaux de pêche amarrés au quai, venus de la Désirade, des Saintes ou de la Dominique vendent poissons et fruits de mer. Un marché aux puces a lieu le premier dimanche du mois. (Arrière-port de la Darse ; 7h-14h tlj sauf dim)

Marché de Bergevin — PROFESSIONNEL

7 CARTE P. 40, A1

Ses étals, installés face à la gare routière des bus pour Basse-Terre, sont peu fréquentés par les touristes. Il consiste surtout en un grand marché aux poissons fraîchement pêchés et démarre très tôt. Des marchands vendent également fruits et légumes, épices, cannelle et vanille à bas prix. (Bd Chanzy, accès au niveau de la gare routière ; 7h-14h tlj sauf dim)

Marché aux fleurs — FLEURS TROPICALES

8 CARTE P. 40, B1

Ce petit marché, sis entre l'ancien presbytère (devenu la Maison du patrimoine), le tribunal et la basilique Saint-Pierre-et-Saint-Paul, est intéressant à observer. Il donne à voir la foisonnante diversité de senteurs, formes et couleurs des fleurs tropicales. (Pl. Gourbeyre ; 7h-14h tlj sauf dim)

Le marché préféré des Pointois

Pris entre plusieurs tours en béton à 10 minutes à pied du port, le **marché à Man Réau** (9 carte p. 40, B4 ; angle de la rue du Cimetière et de l'av. Youri-Gagarine ; 7h-14h tlj sauf dim) est le plus grand et le plus "vrai" de la ville. Venez tôt et restez discret. Ne vous hasardez pas à photographier l'une des commerçantes sans lui demander son accord ! Fruits et légumes rares et variés, fleurs et poissons frais forment d'admirables mélanges de couleurs et de senteurs. Les prix pratiqués sont inférieurs à ceux des autres marchés de la ville.

Dîner branché dans le vieux Pointe-à-Pitre

Au cœur d'une belle maison des années 1940 du vieux Pointe-à-Pitre, **1973 Food and Sound** (10, carte p. 40, B2 ; 06 90 21 90 73 ; 19 rue Gilbert-de-Chambertrand ; menus 45-50 €, plats 20-30 € ; jeu, ven et sam soir), dit le "73", est une étonnante table "kréyòl vintage". Dans un cadre qui mêle souvenirs de voyage et meubles de récup', on y sert une cuisine du monde créative : soupe phô de langouste ; carré de porc ibérique, écrasé d'igname et petits légumes... Le jeudi soir, pas de menu, l'ambiance se veut "just chill" : dès 18h, on s'y détend en sirotant de délicieux cocktails, accompagnés de tapas, au son de la musique live. Réservation conseillée.

Se restaurer

Le Bella Vita — RESTAURATION RAPIDE €

11 CARTE P. 40, B2

Ce restaurant doublé d'un fast-food s'adapte à tous les budgets et profite d'une situation agréable à l'ombre des grands manguiers de la place. Il propose des formules de restauration rapide (9 €), mais aussi pizzas, grillades, salades, ainsi que quelques plats du jour. La cuisine est correcte, l'accueil souriant, et l'on peut manger tard (chose rare à Pointe-à-Pitre). (05 90 89 00 54 ; 20 bis rue Alexandre-Isaac ; plats 3,50-18 € ; 9h-22h30 lun-sam)

Bokit Delux — STREET FOOD CRÉOLE €

12 CARTE P. 40, B1

Lancée par le propriétaire du "73" (voir encadré ci-dessus), cette adresse revisite les fameux petits pains frits garnis – les bokits – dans une version gourmet très réussie. Mention spéciale pour celui au porc confit au sirop de batterie ou au tofu et pickles de légumes-pays. À dévorer de l'autre côté de la rue, sur la terrasse en mobilier récup' illuminée de lampions et ornée de graffs inspirés. (19 rue Gilbert-de-Chambertrand ; plats 1,50-8 € ; 18h-23h mer-sam)

An Chodyè La, la Kaz à Soupe — SOUPES €

13 CARTE P. 40, B1

Cette case colorée au décor hétéroclite s'est forgé une clientèle d'habitués grâce à ses soupes généreuses aux saveurs antillaises – velouté de giraumon aux ouassous, soupe de calalou au crabe... – que les indécis pourront tester dans les formules découvertes (9-32 €, selon le nombre de soupes... jusqu'à 7 !). Également, des tartes salées originales, comme la saumon-banane. Accueil chaleureux. (05 90 82 59 72 ; 59 rue Gilbert-de-Chambertrand ; plats 4-16 € ; jeu-sam soir)

An Tol La

CRÉOLE **€€**

14 CARTE P. 40, C5

Une adresse si typique qu'on se croirait à Marie-Galante ! L'accueil y est excellent, le service rapide, et on jouit d'une belle vue sur Carénage depuis la terrasse sur l'eau. Le midi, les effluves de colombo de cabri, poisson, lambi et chatrou emplissent la rue tandis que les enfants font leurs devoirs sur les tables. Pas de carte, uniquement des plats du jour très frais. (06 90 71 49 72 ; plats 16-20 € ; à l'entrée du campus universitaire de Fouiolle ; midi tlj sauf dim)

Chez Dolmare

FRUITS DE MER **€€**

15 CARTE P. 40, B3

Sur le port de pêche de Lauricisque, cette adresse conviviale est très prisée des Pointois. Si l'excellent court-bouillon de poisson remporte tous les suffrages, les autres recettes créoles, comme le dombré de lambi, ne sont pas en reste. Les produits sont frais, et le résultat est goûteux. Réservation conseillée. (05 90 91 21 32 ; restaurant-chez-dolmare.business.site ; port de pêche de Lauricisque ; plats 19-28 € ; langouste entière 40 € ; midi lun-sam)

Café des Arts

ITALIANO-CRÉOLE **€€**

16 CARTE P. 40, A2

Dans la galerie située au-dessus de l'hôtel Saint-John Perse (p. 46), ce petit restaurant tenu par un jeune Vénitien fait se rencontrer, avec succès, l'Italie et la Caraïbe : *tagliatelle di mare* (fruits de mer et langouste), cannelloni

Au Bokit Delux (p. 44)

La fête des Cuisinières

Cette fête est célébrée chaque année à Pointe-à-Pitre, un samedi aux alentours du 10 août, jour de la Saint-Laurent, patron des cuisiniers. Les cuisinières de l'association des Cuisinières de la Guadeloupe, alors vêtues de leurs plus beaux atours, ainsi que d'un tablier brodé de leur emblème (le gril de saint Laurent), assistent à la messe de la basilique Saint-Pierre-et-Saint-Paul où elles font bénir leurs paniers remplis de mets, de fleurs et d'ustensiles de cuisine. Elles défilent ensuite dans les rues de la ville, puis invitent la population à un déjeuner créole traditionnel, entrecoupé de chants et de danses. Cette fête est parfois reprise le lundi suivant à Saint-François, à Sainte-Rose ou encore à Basse-Terre. Informations au Comité du tourisme des îles de Guadeloupe (voir p. 259).

farcis aux épinards et à la chair de lambi, mais aussi tartare de thon, loup caraïbe... Très belle vue sur le MACTe depuis la terrasse. Événements ponctuels (concerts, vernissages, etc.). (05 90 55 76 84 ; 22 quai Ferdinand-de-Lesseps ; plats 18-35 € ; mar-sam)

Se loger

Se loger à Pointe-à-Pitre, pauvre en hébergements à destination des voyageurs, n'intéressera que ceux qui atterrissent tard à l'aéroport ou qui prennent tôt le bateau pour Marie-Galante ou les Saintes.

Hôtel Saint-John-Perse

HÔTEL DE TRANSIT €€

17 CARTE P. 40, A2

Cet hôtel est le meilleur de la ville... ce qui ne signifie pas qu'il soit fabuleux. Certes bien situé à proximité du centre-ville, il compte 44 chambres sans grand charme, dont certaines (les plus chères) s'agrémentent d'un balcon avec vue sur le port, ainsi qu'un studio à la déco plus actuelle (coco au sol, douche à l'italienne...). La propreté et l'accueil laissent parfois à désirer. Du coup, les prix semblent démesurés. De plus, une fois la nuit tombée, la zone n'est pas des plus sûres... (05 90 82 51 57 ; www.saint-john-perse.com ; La Darse, quai des Croisières ; s/d/tr 85-100/110-130/140 €, studio 150 €, petit-déj 10 € ;)

Les Abymes et Jarry

Au nord-est de Pointe-à-Pitre, la commune des Abymes est la plus peuplée et la plus industrialisée de l'archipel. Accueillant l'aéroport Guadeloupe Pôle Caraïbes (voir p. 250), elle ne présente aucun intérêt touristique. On la traverse nécessairement pour se rendre dans le nord de Grande-Terre.

Jarry est la zone industrielle s'étirant à l'ouest de Pointe-à-Pitre. Elle accueille le port autonome, où transitent 3 millions de tonnes de marchandises par an, mais aussi tous les bateaux de passagers. C'est ici que les Pointois font leurs courses ; parmi tous ces grands magasins et centres commerciaux, les visiteurs fraîchement débarqués trouveront de quoi se ravitailler avant de gagner leur gîte.

Se restaurer

An Kann'la

CRÉOLE **€€**

18 CARTE P. 40, D1

Coup de cœur pour cette adresse chaleureuse à l'écart des circuits touristiques, située au nord des Abymes en direction de Vieux-Bourg. Dans un immense hangar en tôle, ouvert sur les champs de canne, une clientèle hétéroclite vient se régaler des productions du coin, dont celles de Roland, le patron-agriculteur. Buffet à volonté (25 €, apéritif et dessert inclus) : tripes ti-figues, dombrés queue de porc, ragoût de bœuf, fricassée de coq pays, matété de crabe... Le mercredi soir, soirées karaoké. En saison, réservez. (05 90 10 20 44 ; ankannla@hotmail.fr ; Les Abymes, gare Rosa ; tlj midi, et mer-ven soir)

Sortir

L'Appart 971

BAR-LOUNGE

19 CARTE P. 40, A4

Une ambiance conviviale, un bar à soupes, une scène ouverte et, côté son, des concerts et des soirées karaoké (parfois aussi des soirées à thème) mettant à l'honneur les musiques caribéennes, le zouk, la soul, le jazz, la salsa... Voici ce qui fait le succès de ce club. Clientèle de trentenaires et plus. (06 90 73 51 83 ; 1685 rue Becquerel, derrière le Point 54, Jarry ; concerts 10-25 € ; mar-jeu 19h-1h, ven-sam jusqu'à 3h)

Marina de Bas-du-Fort

À la périphérie sud de Pointe-à-Pitre, Bas-du-Fort possède la plus grande marina de l'île, une université et quelques hôtels-clubs concentrés à 2 ou 3 km au sud. La localité tire son nom de sa situation géographique, au pied du fort Fleur d'Épée (p. 57). Il vaut mieux être motorisé pour s'y rendre.

Voir

Marina

FLÂNERIE EN SOIRÉE

20 CARTE P. 40, B6

Construite sur la mangrove et inaugurée en 1978 lors de la première Route du Rhum, cette marina, très vivante, est l'une des plus importantes des Caraïbes. Bars, restaurants et boutiques en tout genre y affichent des prix sensiblement supérieurs à la moyenne. On s'y rend pour dîner ou prendre un verre dans une ambiance animée. Le quartier, parsemé de grands hôtels-clubs sans charme, offre peu d'intérêt en matière d'hébergement.

Découvrir Pointe-à-Pitre autrement

Pointe-à-Pitre, la belle délaissée ? Plus si sûr ! Ces dernières années, les initiatives citoyennes visant à revaloriser son patrimoine historique se développent et, à l'instar d'**Art Ruche** (p. 42) ou de **Bokit Delux** (p. 44), de nouveaux lieux émergent dans le centre-ville. Avec son projet Pli Bel Lari, l'association **Atelier Odyssée** (www.atelier-odyssee.simplesite.com) offre ainsi depuis 2014, grâce à la mobilisation des habitants, un coup de jeune aux anciennes maisons du quartier Vatable, attenant à la place de la Victoire. Création d'un jardin créole partagé, d'un cinéma en plein air (en collaboration avec l'association Ciné Woulé, portée par le petit-fils d'Aimé Césaire), ou encore, avec l'artiste Al Pacman et l'association Artiste en mouvement, d'un festival de street art, le **Wole Kréyól Art Festival** (WKAF)... La redynamisation du centre ancien est en marche !

Pour découvrir la ville sous un nouvel angle, l'association **Île y a** (☎ 06 90 76 79 66 ; www.ileya.fr) propose, à tarif libre, des visites guidées à pied, réalisées à partir de la collecte de paroles d'anciens. L'entreprise **Pousse Pousse** (☎ 06 90 61 47 37 ; www.facebook.com/Poussepoussetaxi) organise quant à elle des visites en véhicules électriques (en tuk-tuk ou en "Bip Bip" – voiturette 2 places), accompagnées ou autonomes (avec audioguide), sur le street art (39 €/pers), la culture, l'histoire et l'architecture (15-25 €/pers en formule classique ou 90 € pour 2 pers en version chasse au trésor)... Enfin, le **Service des affaires culturelles et du patrimoine** (☎ 05 90 21 68 90/06 90 59 80 50 ; rosy.jalcebambuck@ville-pointeapitre.fr) propose des circuits thématiques au cœur de la ville (visites de 1 heure 30-2 heures l'après-midi à 14h30, sur réservation ; tarif plein/réduit 8/6 €).

Aquarium de la Guadeloupe

FAUNE MARINE DES CARAÏBES

21 CARTE P. 40, C6

La visite, qui dure un peu moins de 1 heure, permet d'observer une centaine d'espèces tropicales : mérous, crabes, murènes, hippocampes, langoustes, méduses, poissons-pierres... Le grand bassin, dans lequel évoluent des requins, impressionnera petits et grands. Dommage que l'entrée soit si chère... Depuis Pointe-à-Pitre, empruntez la N4 en direction de l'est, l'aquarium est fléché sur la droite, peu après une station-service. (☎ 05 90 90 92 38/06 90 57 60 69 ; www.aquariumdelaguadeloupe.com ; marina, pl. Créole ; adulte/enfant et étudiant 14/8,50 €, gratuit-4 ans ; 9h-18h30 tlj, jusqu'à 19h pendant les vac. scol. ; P)

Activités

École de voile Luc-Coquelin

NAVIGATION

22 CARTE P. 40, B6

Luc Coquelin a traversé l'Atlantique plus de 40 fois et fait 6 fois la Route du Rhum. Ce navigateur breton a posé son sac en Guadeloupe dans les années 1980. Entouré de formateurs ultradiplômés, il vous propose de passer le permis côtier ou hauturier, ou d'apprendre à naviguer sur J24 ou Amaranthe (5 séances de 3 heures : 250 €), ou carrément sur le 50'Open sur lequel il dispute la Route du Rhum, avec une virée aux Saintes ou à Marie-Galante quand la météo le permet (100 €/jour et par pers). (06 90 48 51 38 ; www.luccoquelin.fr ; marina)

Se restaurer

Des Saveurs et des Mots

CRÊPERIE €

23 CARTE P. 40, B6

Ceux qui seraient en manque de saveurs bretonnes trouveront ici de très bonnes galettes de blé noir, servies avec bonne humeur, dont celle à l'andouille de Guéméné. Les crêpes au froment sont garnies de crème de maracuja ou de caramel au beurre salé maison. L'une des deux petites salles accueille une bibliothèque solidaire où emprunter et échanger des livres. (05 90 82 02 94 ; marina, à côté du restaurant Le Plaisancier ; galettes 3-14,90 €, crêpes 3-8,50 €, menu midi 13 € ; tlj sauf sam midi, dim midi et lun)

Les Dents de la Mer

FOOD TRUCK €€

24 CARTE P. 40, B6

Posté le jeudi midi sur le parking de la marina, ce camion gris et bleu fait de nombreux adeptes. La raison ? Ses plats du jour fins et savoureux, à base de poisson frais issu de la pêche locale. Pavé de daurade-avocat-sésame, tataki de thon à la bisque de ouassous... accompagnés d'une purée de pomme de terre au lait de coco, piment, romarin et curcuma. À emporter ou à déguster sur l'une des petites tables attenantes, abritées de parasols. Également sur le parking de Total/Alliance à Jarry (lun, mar et ven midi). (06 90 12 66 89 ; parking de la marina, en face du supermarché Champion ; plats 13-18,50 € ; 11h45-14h jeu)

Les Ignorants

BAR ET CAVE À VINS €€

25 CARTE P. 40, B6

Juché sur les tables hautes de cette terrasse conviviale, on épanche ses envies hexagonales de petits ballons accompagnés de fromages et de cochonnailles... Au large choix de vins, et aux quelques bières locales, s'ajoutent planches, bruschettas, camemberts rôtis et salades, aux ingrédients festifs (brie aux truffes, foie gras, marlin fumé...), ainsi qu'une sélection de rhums vieux, à marier aux délicieux desserts maison. Concerts le week-end. (06 90 98 84 12 ; marina, à côté du restaurant Le Plaisancier ; carte 15,90-21,90 € ; mar-sam soir)

Byron Burger Bar

BURGERS €€

26 CARTE P. 40, B6

Si mordre dans un petit pain rond à la viande vous fait saliver, sachez que le Byron fait référence en la matière. À la carte, une avalanche de burgers, classiques, voyageurs – italien (mayonnaise au pesto, mozzarella, jambon italien), indien (aux épices tandoori), japonais (au tartare de poisson et wakame) et, bien sûr, créole –, servis avec des frites maison et généreusement garnis. (05 90 90 94 83 ; marina, sur les quais ; plats 14-24 € ; tlj)

Le Plaisancier

MÉTRO-CRÉOLE €€

27 CARTE P. 40, A5

On s'attable volontiers à cette terrasse sur le quai, l'une des plus anciennes de la marina, qui sert une cuisine copieuse et très correcte. On y retrouve les grands classiques de brasserie – salade périgourdine, tartare de bœuf, bavette à l'échalote –, ainsi que quelques spécialités antillaises – carpaccio de marlin, fricassée de chatrou, ou encore daurade grillée sauce créole. (05 90 90 71 53 ; marina, 12 résidence Moulins ; carte 15-25 €, menu 19-29 € ; tlj)

Le BranTomé

GASTRONOMIQUE €€

28 CARTE P. 40, B6

Un peu à l'écart de l'agitation des quais, ce restaurant au cadre raffiné et intimiste, tout en beiges, propose une cuisine gastronomique où se mêlent classiques métropolitains et saveurs créoles : cassolette de papaye verte aux crevettes et saint-jacques gratinées ; saumon

La marina de Bas-du-Fort

Un hébergement d'exception sur un îlet

Au sud de Pointe-à-Pitre, la baie du Petit Cul-de-Sac Marin compte plusieurs îlets, dont l'îlet Boissard, demi-lune de 4 ha qui s'étire dans la mangrove face à la pointe Jarry. Là, entre cocotiers et palétuviers se dressent quelques habitations, parmi lesquelles **la Case en Mer** (30 carte p. 40, A5 ; 05 90 26 45 13 ; www.im-caraibes.com/les-ilets ; îlet Boissard ; ch 150 € petit-déj inclus ;). Cette charmante demeure créole abrite 2 chambres d'hôtes très confortables, décorées d'objets venant de Chine ou d'Inde. Du spa, la vue sur la chaîne de la Soufrière au coucher du soleil est inoubliable. L'adresse est idéalement située pour rayonner dans l'archipel guadeloupéen : Françoise et Joël, les propriétaires, font, à la demande de leurs hôtes, la navette depuis leur havre de paix jusqu'au “continent”. Trois nuits au minimum. Possibilité de table d'hôte (25 €/pers).

cuit vapeur en feuille de chou, jus de roquette au lait de coco ; filet de bœuf snacké, cèpes et copeaux de foie gras... Soirées piano jazz le jeudi soir. (05 90 90 91 28 ; marina, lot. n°7 Le Môle portuaire ; plats 28-36 € ; tlj sauf dim et lun)

Sortir

Zoo Rock Café RESTO-BAR-DISCO

29 CARTE P. 40, B6

Vous pourrez entamer la soirée dans une ambiance de discothèque, devant un verre dans l'un des deux bars, ou au restaurant, dans ce long bâtiment en bois aux couleurs rastas. Difficile de ne pas se laisser tenter par les roboratives “maxi-brochettes” (19 €). Pensez à réserver, surtout en fin de semaine. Concerts le jeudi soir. (05 90 90 77 77 ; www.zoo-rock-cafe.com ; marina, au-dessus du parking du supermarché Champion ; tous les soirs)

Se loger

Hôtel Village Soleil RÉSIDENCE €€

31 CARTE P. 40, B6

L'hôtel Village Soleil est la seule option d'hébergement correcte quand on doit passer une nuit dans les environs de Pointe-à-Pitre. Construite sur une colline dominant la marina (aisément accessible à pied), cette résidence vous réserve un bon accueil dans ses studios (standard, supérieur ou duplex) lumineux et fonctionnels, mais un peu vieillots. Kitchenette, terrasse, TV et clim dans chacun d'entre eux ; services d'hôtel (réception, restaurant, blanchisserie...) à disposition. Un petit parc et une agréable piscine complètent le cadre. (05 90 90 85 76 ; www.hotel-village-soleil.com ; marina ; d/fam 90-110/140-184 € selon confort et saison ; petit-déj 10 € ;)

Explorer

Sud Grande-Terre

Très touristique et très construite, la côte entre Le Gosier et Sainte-Anne offre un littoral superbe, des eaux limpides et abritées et des plages de sable blond frangées de cocotiers. L'intérieur des terres, les Grands Fonds, dévoile un relief étonnant : ce plateau calcaire dessine d'innombrables collines (les mornes) tapissées de terres cultivées, et de profondes vallées. En raison de son économie vivrière, elle peut s'enorgueillir du titre de "jardin de Grande-Terre".

Commencez la journée sur l'îlet du Gosier (p. 57) que vous rejoindrez à la nage ou en navette. Après un peu de snorkeling et de farniente, découvrez les us et coutumes antillais au musée des Costumes et des Traditions (p. 57). Déjeunez les pieds dans le sable à la Casa Datcha (p. 59), puis profitez des plages de la région – celle des Salines (p. 58), de Petit-Havre (p. 58), de Bois-Jolan (p. 63) ou de la Caravelle (p. 62). Flânez ensuite sur le marché de Sainte-Anne (p. 62), sans manquer de vous arrêter pour une glace chez Désirs du Palais (p. 66). Le soir, attablez-vous chez Koté Sud (p. 65), pour un dîner gastronomique, ou dans le jardin de SoopaSoup (p. 65), pour un repas plus informel.

Comment y aller et circuler

Les bus **Karu'lis** AE1/AE3 relient l'aéroport à Sainte-Anne en passant par Le Gosier, et les bus SA1, SA2, SA4 et SA5 relient Sainte-Anne aux Grands Fonds (www.karulis.com ; toutes les 20 à 30 min environ).

Louer une voiture sera plus pratique pour explorer la région.

Carte du sud de Grande-Terre p. 54

La plage de la Caravelle (p. 62), à Sainte-Anne © JULIEN FRANCESCHI

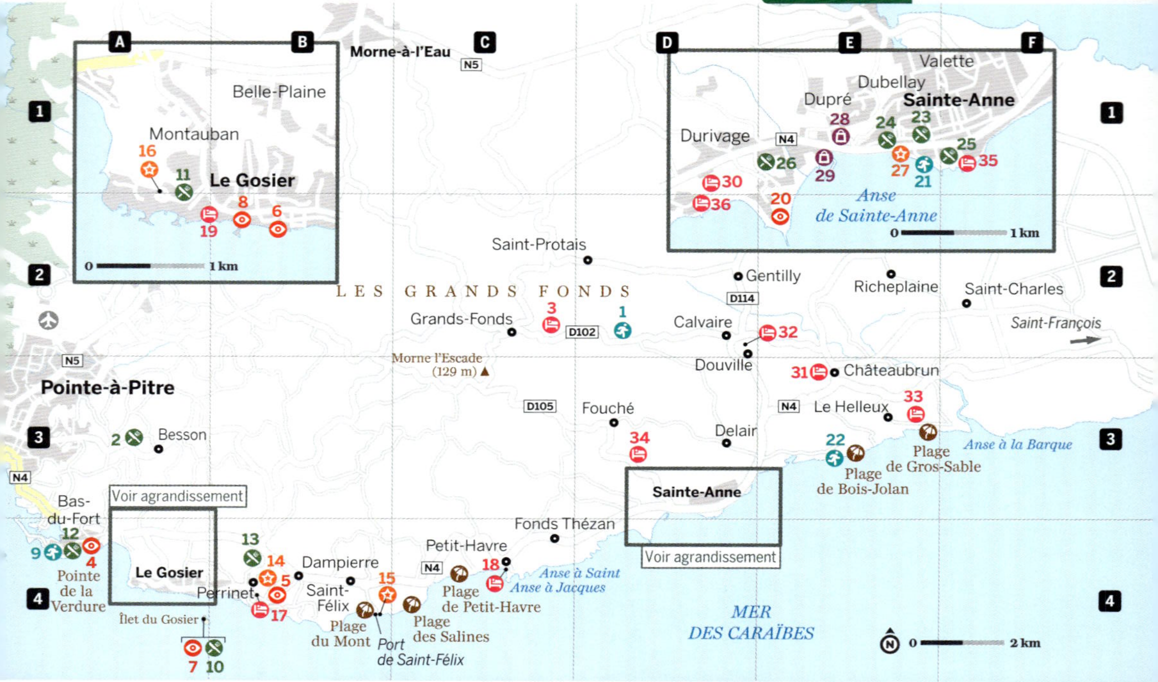
A
B
C
D
E
F
1
2
3
4
Morne-à-l'Eau
N5
Belle-Plaine
Montauban
Le Gosier
16
11
8
6
19
0
1 km
Valette
Dubellay
Dupré
Sainte-Anne
Durivage
N4
28
24
23
25
35
26
29
27
21
30
36
20
Anse
de Sainte-Anne
0
1 km
Saint-Protais
Gentilly
Richeplaine
Saint-Charles
LES GRANDS FONDS
D114
Grands-Fonds
3
D102
1
Calvaire
32
Saint-François
Douville
Morne l'Escade
(129 m)
31
Châteaubrun
N5
Pointe-à-Pitre
D105
Fouché
N4
Le Helleux
33
2
Besson
34
Delair
22
Plage
de Gros-Sable
Anse à la Barque
Plage
de Bois-Jolan
N4
Voir agrandissement
Bas-
du-Fort
12
9
4
Pointe
de la
Verdure
Le Gosier
Sainte-Anne
Voir agrandissement
Fonds Thézan
Petit-Havre
13
14
5
Dampierre
15
N4
18
Anse à Saint
Anse à Jacques
Perrinet
17
Saint-
Félix
Plage
de Petit-Havre
Îlet du Gosier
7
10
Plage
du Mont
Port
de Saint-Félix
Plage
des Salines
MER
DES CARAÏBES
N
0
2 km

Les Grands Fonds

Il faut se perdre dans ce labyrinthe de petites routes mal indiquées, entre Morne-à-l'Eau, Sainte-Anne et Le Moule, pour découvrir les superbes points de vue de cette zone encore très rurale et méconnue des touristes. Ignames, manioc, patates douces et arbres fruitiers y poussent en abondance. C'est ici que se déroule depuis 1984 la plus importante course automobile des Antilles : le Rallye des Grands Fonds, qui a lieu en juin.

Activités

Association Kontakaz

BALADE AVEC CONTEUR

1 CARTE CI-CONTRE, D2

Edgar est né dans les Grands Fonds ; il passait son temps avec ses parents à parcourir champs et bois, tandis que le soir, sa grand-mère le régalait de contes. Devenu animateur de colonies de vacances, il a découvert à son tour le talent de narrer sa région. Il vous propose de la découvrir à ses côtés, lors de marches (2 heures ou à la journée), parfois ponctuées d'un déjeuner. Vous saurez tout sur le climat, la faune, la flore, la topographie et l'histoire des lieux. (05 90 85 69 20/06 90 90 69 20 ; www.kontakaz.fr ; résidence Férus, Saint-Paul ; marche de 2 heures pour 1 ou 2 pers 20 €/pers, groupes de 3 pers et plus 15 €/pers)

Se restaurer

Alberi

GRILLADES **€€**

2 CARTE CI-CONTRE, A3

Amateurs de viande, soyez ici les bienvenus ! On mange bien et pour pas cher dans cette "boucherie-épicerie-bar" jaune et vert, proche de la route. La viande grillée est reine, mais on peut aussi se régaler de tartare, ragoût, poisson frit... L'ambiance est authentique et le service ultrarapide. Une de nos adresses favorites dans la région. (05 90 82 73 96 ; section Besson ; carte 14-15 € ; tlj sauf dim et lun)

Les Blancs-Matignon, une communauté à part

Au XVIIIe siècle, un groupe de Blancs fuyant les troubles révolutionnaires trouvèrent refuge dans les Grands Fonds, autour du lieu-dit Matignon. Personne ne sait vraiment s'il s'agissait d'aristocrates voulant échapper à la guillotine ou de colons pauvres engagés sur ces terres en échange du prix de leur traversée depuis la France. Après l'abolition de l'esclavage, ils se mirent à travailler eux-mêmes leurs exploitations. Leurs descendants avoisinent aujourd'hui 400 personnes : on les appelle "les Blancs-Matignon".

Quelques hôtes des Grands Fonds

Se loger

La Case Miel Vanille

CHAMBRES D'HÔTES **€€**

3 CARTE P. 54, C2

Pour se sentir à la fois coupé du monde et proche de tout, c'est ici ! Dans cette maison d'hôtes cernée par la forêt tropicale, se nichent trois chambres habillées de bois, aux teintes douces, naturellement ventilées, avec salles de bains individuelles – dont une avec douche à l'italienne et baignoire. Les plus spacieuses, à l'étage, disposent d'une terrasse privée. Vous serez chouchouté par Lionel, le maître des lieux, qui vous gâtera de son petit-déjeuner gourmand et de ses bons conseils. Table d'hôtes à la demande (12-15 €). (06 90 34 47 99 ; 303 rte de Cambourg ; d 50-70 €/nuit et 300-400 €/semaine selon confort, petit-déj inclus ; P)

Le Gosier

Le Gosier, à 8 km au sud-est de Pointe-à-Pitre, dont il est le quartier résidentiel, tire son nom du terme local désignant le pélican, le "grand gosier", et s'étend jusqu'aux portes de Sainte-Anne. Malgré une urbanisation touristique débridée, le centre du bourg conserve quelque charme. Face au bureau de poste, le cimetière abrite des monuments funéraires imposants, et jouxte l'église, affublée d'un clocher en ciment. À l'ouest s'étend le **parc du Calvaire**, planté de flamboyants, de cèdres blancs et d'amandiers des tropiques.

Voir

Fort Fleur d'Épée PANORAMA

4 CARTE P. 54, A4

Érigé en 1794, sur le morne Fleur d'Épée, pour contrer les attaques anglaises, ce fort offre un beau panorama sur l'îlet du Gosier et Marie-Galante. Avec sa forme polygonale à la Vauban, il est le plus important vestige de l'ensemble défensif qui commandait autrefois – avec le fort l'Union et la batterie de l'îlet à Cochons – l'entrée du Petit Cul-de-Sac Marin et de la rade de Pointe-à-Pitre. La visite est rapide mais agréable, entre canons rouillés et flamboyants en fleurs. (05 90 90 94 61 ; rue du Fort-Fleur-d'Épée ; entrée libre ; lun 10h-17h, mar-dim 9h-17h)

Musée des Costumes et des Traditions CULTURE CRÉOLE

5 CARTE P. 54, B4

Ce petit musée situé à l'entrée du Gosier mérite amplement une halte ! Camélia et Claude, couple aussi charmant que passionnant, vous y font découvrir les us et coutumes de la société multiculturelle caribéenne. Différentes scènes illustrées par des mannequins, vêtus de costumes pour la plupart cousus par Camélia, vous font voyager dans le temps, des Amérindiens au XXe siècle. À l'extérieur, on admire la case et la cuisine typiques d'antan, le jardin médicinal... Enfin, sous le carbet, on approfondit le tout devant l'un des films soigneusement documentés. (05 90 83 21 70/06 90 50 98 16 ; Périnet ; adulte/enfant 10/6 €, gratuit -6 ans ; 9h-17h mar-dim)

Plage de la Datcha BOURG

6 CARTE P. 54, B2

Bien indiquée depuis le bourg, cette plage qui longe le centre-ville est généralement très fréquentée, notamment en fin de semaine, par les habitants du Gosier. On y trouve une douche, des camions à sandwichs et bokits, et elle est éclairée le soir jusqu'à 1 h.

Îlet du Gosier SNORKELING

7 CARTE P. 54, A4

Entouré d'une eau turquoise, à 600 m du rivage, l'îlet du Gosier n'a rien de sauvage... C'est en effet le plus visité de l'archipel guadeloupéen ! Avec son phare, son sable blanc et son corail foisonnant, l'endroit est idéal pour pratiquer le snorkeling

Spécialités locales

Un **marché nocturne** (8 carte p. 54, B2 ; bd du Général-de-Gaulle ; 17h-20h) a lieu tous les vendredis soir dans la rue principale du Gosier : on y trouve fruits, légumes, épices, spécialités locales (punchs aux fruits) et plats à emporter, artisanat (bijoux en noix de coco, paniers...).

et pique-niquer – à condition qu'il n'y ait pas trop de monde. C'est aussi un lieu de mouillage prisé des plaisanciers. Un restaurant, le Ti Robinson, s'y est installé (voir p. 59). Du petit embarcadère du Gosier, au bout de la rue Félix-Éboué, des **canots** (aller-retour 5 € ; départ 9h, dernier retour 17h, navette toutes les 30 min) vous conduisent à l'îlet, mais les plus sportifs le rejoindront facilement à la nage.

Les plages SPORTIVES ET FAMILIALES

À la sortie du bourg, le petit **port de Saint-Félix** (carte p. 54, B4) est une enclave tranquille où l'on pêche encore à l'épervier. Les familles viennent pique-niquer sur sa jolie plage. Encore plus retirée, la **plage du Mont** (carte p. 54, B4) se trouve au bord d'une petite falaise. Un peu plus loin, la **plage des Salines** (carte p. 54, C4), ventée, est idéale pour la planche à voile et le kitesurf. On peut la rejoindre de Saint-Félix à pied par le littoral en longeant la mangrove et les champs. On atteint ensuite **Petit-Havre** (carte p. 54, C4), à environ 9 km du Gosier par la N4, qui offre une plage très agréable de sable blond, appréciée des surfeurs et des amateurs de Bodyboard. Des aires de pique-nique, un parking et une douche gratuite sont à disposition. Juste à côté, l'**anse à Jacques** (carte p. 54, C4) est une petite perle au sable fin, bordée de cocotiers. Enfin, l'**anse à Saint** (carte p. 54, C4), sauvage et ceinte de raisiniers, est équipée d'un carbet.

Dans le port de Saint-Félix

Activités

Bleu Outremer PLONGÉE

9 CARTE P. 54, A4

Installé sur la plage de l'hôtel Fleur d'Épée, à Bas-du-Fort, ce club de plongée propose des initiations gratuites en piscine, des baptêmes, ainsi que des randonnées palmées de 2 heures à l'îlet du Gosier (minimum 6 pers) ou à la journée, dans le Grand Cul-de-Sac Marin. Plongées brevetées et formations PADI et FFESSM également. (05 90 90 85 11/06 90 41 86 18 ; www.plongee-bleu-outremer.com ; hôtel Fleur d'Épée, Bas-du-Fort ; baptême adulte/enfant 55/45 €, rando palmée demi-journée/journée enfant-adulte 29-39/65-90 €, plongée 49 € ; tlj)

Just'In Kite
KITESURF

Cette école itinérante de bonne réputation offre des cours d'initiation et de perfectionnement au kitesurf et à ses variantes (strapless, avec foil...), ainsi que des sorties dans le Grand Cul-de-Sac Marin pour les plus aguerris. Possibilité de louer du matériel. (☎ 06 90 98 59 27 ; www.justinkitesurf.com ; cours individuel 150 €/2 heures, collectif 110 €/3 heures ; sorties journée avec/sans matériel 90/150 € ; matériel 75 €/demi-journée)

Se restaurer

Casa Datcha
SUR LE POUCE €

VOIR 6 CARTE P. 54, B2

Sur la très animée plage de la Datcha, ce bar à la façade habillée de graffs propose une pluie de smoothies (4-8,50 €), ainsi que des club sandwichs, tapas, salades, poisson grillé... Idéal pour caler un creux entre deux baignades. On s'y installe sur un transat, les pieds dans le sable, ou au bar, légèrement en hauteur, avec vue sur l'îlet du Gosier et l'horizon de voiliers au mouillage. Formules brunch de 11h à 15h (16,50 €). Concerts le vendredi soir. (☎ 05 90 46 14 25 ; plage de la Datcha ; plats 6,50-18,50 € ; tlj 10h-20h, ven jusqu'à 22h, fermé jeu)

Le Ti Robinson
SUR L'ÎLET €€

10 CARTE P. 54, A4

Sur l'îlet du Gosier, mieux vaut prévoir de quoi pique-niquer. Dans le cas contraire, une option s'offre à vous : le Ti Robinson. Unique établissement du petit pois de sable hérissé de cocotiers, il propose quelques plats du jour qui n'ont rien de renversant – optez pour les moins chers, et les moins risqués, comme le poulet grillé. Zouks légèrement enfiévrés au rhum en milieu d'après-midi. Réservation impérative. Pas de CB. (☎ 06 90 54 81 98 ; plats 12-20 € ; mar-dim 10h-17h)

Le Ti Maki
MÉTRO-CRÉOLE €€

11 CARTE P. 54, A1

On ne tarit pas d'éloges sur ce petit restaurant tenu par un jeune et sympathique couple de métros. À l'ardoise, une cuisine d'outre-mer revisitée et quelques classiques bistrot hexagonaux aux saveurs exotiques. Côté déco, un espace intimiste qui réussit à se donner des airs de paillote de plage, malgré la route attenante. Mieux vaut réserver. (☎ 05 90 10 95 05 ; rte des Hôtels ; plats 17-28 € ; tous les soirs sauf jeu)

Chez Margaux
MÉTRO-CRÉOLE €€

12 CARTE P. 54, A4

Peu après le fort Fleur d'Épée, cette grande case arty et colorée, qui mixe décoration tropicale et inspiration design (bar ouvert, fresque murale, imprimés madras et fougères...), propose une cuisine goûteuse où qualité des produits et simplicité sont de mise : tartare de thon maracuja, filet de loup

© MARIE DUFAY

Champ de canne et littoral

caraïbe grillé, mignon de porc au gingembre... Mention spéciale pour l'éclair au chocolat et piment. Réservation conseillée. (☎ 06 90 14 14 14 ; 74 imp. Bas-du-Fort ; plats 23-27 € ; ⌚ tlj)

Sortir

New Ti Paris CONCERTS

14 ☆ CARTE P. 54, B4

Si l'on se presse, dès le jeudi soir, dans cette jolie case toute en poutres apparentes, ce n'est pas tellement pour sa cuisine, mais pour y écouter d'excellents musiciens caribéens lors des jam-sessions régulièrement programmées. (☎ 05 90 88 43 20/06 90 71 88 37 ; 25 montée Périnet ; participation 5-20 € ; ⌚ 19h-1h mer-dim)

Le Petit New York MUSIQUES URBAINES

15 ☆ CARTE P. 54, B4

Hip-hop, ragga, rap, R'n'B... Les mordus de musique urbaine caribéenne trouveront leur bonheur dans ce bar situé à deux pas du port de Saint-Félix. Passé une certaine heure, l'ambiance y est fiévreuse, la clientèle hétéroclite et le lieu souvent bondé... (☎ 05 90 03 85 30 ; www.lepetitnewyork.com ; rte de la Plage, Saint-Félix ; ⌚ 19h-2h ven-sam)

Casino JEUX D'ARGENT

16 ☆ CARTE P. 54, A1

Le casino du Gosier se trouve dans la zone hôtelière de la pointe de la Verdure. Au programme : salle de jeux traditionnels, machines à sous, salle de spectacle et restaurant. Une tenue correcte est exigée. (☎ 05 90 84 79 68 ; www.casinodugosier.com ; rte des Hôtels, 43 résidence Verdure ; ⌚ 10h-3h lun-jeu et dim, jusqu'à 4h ven-sam)

Se loger

Les Bananiers HÔTEL FAMILIAL €€

17 CARTE P. 54, B4

Bien caché derrière des murs anodins, ce charmant petit hôtel abrite un jardin fleuri et une belle piscine autour de laquelle s'articulent 4 chambres lumineuses et agréables, ainsi que 4 studios (2-3 pers) avec kitchenette extérieure. C'est coloré, très propre, décoré avec goût ; l'endroit est plutôt relaxant.

La Kaz à Loulouz

Une adresse sur laquelle on ne tombe pas par hasard ! Situé près d'une discothèque, au bout d'un chemin, ce **restaurant** (13 carte p. 54, B4 ; 05 90 84 64 55 ; impasse de la Grande-Ravine, à côté de la discothèque La Cascade et du terrain de foot ; plats 17-24 € ; tlj lun-sam ; P) est une valeur sûre et le rendez-vous des locaux qui viennent y déguster une très bonne et copieuse cuisine traditionnelle. Son lambi (pané, grillé ou en fricassée) est réputé dans tout Le Gosier. L'art de la cuisson et des assaisonnements est maîtrisé, même pour des plats tout simples comme le poisson grillé ou la morue. Ici, pas de vue sur la mer ou de déco alambiquée : le contenu de l'assiette se suffit à lui-même.

En prime, l'accueil de Florence, généreux en conseils d'excursions et petites attentions. (05 90 84 10 91 ; www.les-bananiers.com ; rue des Phares-et-Balises, Perinet ; d 74-85 €, studio 2 pers 83-95 €, petit-déj inclus ;)

Hôtel Cap Sud Caraïbes
HÔTEL DE CHARME €€

18 CARTE P. 54, C4

Sur la route qui descend vers la plage de Petit-Havre, cet hôtel immaculé prend pour tonalité majeure le bleu, qu'il décline dans toutes ses nuances, des portes-fenêtres aux transats, en passant par les objets déco. Les chambres, au confort simple, sont coquettes et s'ouvrent sur la piscine bordée d'une végétation luxuriante, véritable plus-value des lieux. Certaines, dotées d'une terrasse, jouissent d'une jolie vue sur Marie-Galante. (05 90 85 96 02 ; www.hotelguadeloupe.info ; rte de la Plage, Petit-Havre ; d vue jardin/vue mer 119/129 €, petit-déj inclus, basse saison se renseigner ; P)

Auberge de la Vieille Tour
HAUT DE GAMME €€€

19 CARTE P. 54, A2

Cet hôtel distribue sa cascade de chambres en première ligne, face à la mer. Si la déco de certaines peut se révéler vieillissante, toutes disposent, en sus de la vue, d'un bon niveau de confort. Le jardin, la piscine et l'agréable plage privée (où l'on aperçoit parfois des iguanes) viennent parfaire le tableau. Le soir, l'entrée de l'hôtel avec son allée de palmiers et son ancien moulin à vent du XVIIIe siècle joliment éclairés offrent un cachet certain. L'accueil, en revanche, n'est pas toujours à la hauteur des quatre étoiles arborées... (05 90 84 23 23 ; www.auberge-vieille-tour.fr ; Montauban ; d/suite 175-318 €/446-486 € selon confort et saison, petit-déj inclus ; P)

Hôtel Cap Sud Caraïbes (p. 61)

Sainte-Anne

Ancien centre important de production sucrière, la ville est chargée d'histoire : elle fut notamment au cœur des combats contre l'esclavage et le théâtre d'affrontements sanglants au tournant du XIXe siècle. Avec le déclin de l'industrie du sucre, Sainte-Anne s'est reconvertie dans le tourisme en tirant parti de sa longue plage de sable fin, magnifique… mais absolument bondée en saison. Beaucoup de retraités métropolitains, tombés amoureux de ses côtes, s'y sont installés à l'année. Attendez-vous à ce que les vendeurs de beignets et de paréos vous harcèlent sans relâche ! En ville, jetez un coup d'œil à l'église et à la mairie, œuvres de l'architecte Ali Tur, ainsi qu'à la Grand-Place. Le matin, profitez du marché aux légumes le long de la route, et de celui aux poissons sur la plage communale et celle des Gabas.

Voir

Plage de la Caravelle

PLAGE DU CLUB MED

20 CARTE P. 54, E2

Protégée par une barrière de corail, cette belle étendue de sable fin, en forme de croissant et ourlée de cocotiers, serait un vrai paradis tropical… si vous étiez le seul à le penser. La partie occidentale, battue par les alizés, est idéale pour pratiquer le funboard. La partie orientale de sable blond, moins venteuse, est couramment appelée "plage du Club Med". C'est le rendez-vous dominical des métros, des naturistes et des GM. Les transats blancs plantés dans le sable sont payants. En arrivant du Gosier, il faut emprunter la voie sans issue sur la droite, au lieu-dit Durivage, quelques mètres après l'embranchement vers le Club Med et se garer (lorsqu'il reste de la place) le long du chemin cabossé qui mène à la plage.

Plages des environs

SPORTIVES ET FAMILIALES

À l'est du centre de Sainte-Anne, la magnifique et immense **plage de Bois-Jolan** (carte p. 54, E3), fréquentée par les familles, s'étend sur 2 km. Elle est la représentation même du rêve tropical : sable blanc, cocotiers poussant au ras de l'eau, barrière de corail que l'on rejoint en marchant dans une mer translucide et calme. La baignade n'est pas surveillée. Des aires de stationnement sont aménagées à l'arrière du rivage. Carbets, caillebotis et passerelles permettent de déambuler sur ce site protégé depuis 2003 par le Conservatoire du littoral.

En allant vers Saint-François, à 6 km à l'est de Sainte-Anne, sur la N4, prenez à droite en direction du lieu-dit **Le Helleux**, dépassez le Relais du Moulin et vous tomberez sur la **plage de Gros-Sable** (carte p. 54, E3), peu fréquentée sauf par les surfeurs. Un peu plus loin, l'**anse à la Barque** (carte p. 54, F3) est superbe et sauvage, malgré le village Pierre & Vacances tout proche.

Activités

Base nautique de Sainte-Anne

NAUTISME

21 CARTE P. 54, E1

À l'extrémité ouest de la plage municipale, ce club très sympathique propose des cours de voile traditionnelle, de planche à voile, de dériveur, de SUP et de kayak. Pendant les vacances scolaires, des stages sont organisés pour les enfants (à partir de 6 ans) sur Optimist et planche à voile (initiation/perfectionnement 160/180 € la semaine, 60/70 € pour 2 jours). L'ambiance y est très conviviale ; les personnes à mobilité réduite ont accès à des cours adaptés.

Les totems de la Caravelle

Sur la plage de la Caravelle sont disséminés quelques totems sculptés dans des troncs de cocotier, dont la chevelure est composée des racines enchevêtrées de l'arbre. Ces œuvres de l'artiste local Coco ne se remarquent pas toujours au premier regard : amusez-vous à envoyer vos enfants les dénicher !

(05 90 44 61 77 ; rte de la plage ; lun-sam 9h-16h30, dim 9h-13h ; 1 heure de cours Optimist ou planche à voile 35 €, Laser/saintoise 40 € ; location 1 heure saintoise/PAV, SUP/Optimist, kayak 40/15/10-15 €)

Easykite

KITESURF

22 CARTE P. 54, E3

Le lagon de Bois-Jolan, protégé et peu profond, est parfait pour s'initier au kitesurf. Excellent pédagogue, Claude vous enseignera les bases de ce sport technique, afin que vous puissiez rapidement prendre du plaisir, en toute sécurité. Il propose des cours découverte, des stages de 3 à 5 sessions, ainsi que des "kite trips", pour les plus aguerris. Location de matériel également. (06 90 70 94 95 ; www.sainteannekiteschool.com ; cours découverte 90 €, stage de 3/5 sessions 260/400 € +29 € d'assurance, location matériel complet 60 € les 3 heures)

Se restaurer

Délices saintannais

BOKITS €

23 CARTE P. 54, E1

Ils ont la réputation d'être les meilleurs de Grande-Terre... rien que ça ! Et c'est vrai qu'on se régale avec les bokits de Fauvette, dorés et croustillants à souhait, et beaucoup moins gras que ceux des concurrents. Bien évidemment, l'endroit est pris d'assaut à l'heure du déjeuner. Également agoulous et sandwichs. (06 90 41 78 27 ; 14 bd Hégésippe-Ibéné ; bokits 1,50-4,50 €, agoulous 4-6,50 €, sandwichs 2,60-6 € ; 8h30-15h mar-dim)

May Saveurs

CRÉOLE €

24 CARTE P. 54, E1

À l'entrée de Sainte-Anne en venant du Gosier, ce traiteur régale, le midi, ses habitués d'une cuisine créole simple et goûteuse, à petits prix : tartare de thon, émincé de volaille aux noix de cajou, dombré aux ouassous, poulet à la broche... accompagnés d'un grand choix de garnitures. À emporter, ou à déguster sur l'une des tables de la petite terrasse. (05 90 02 34 98 ; 57 bd Hégésippe-Ibéné ; plats 10-15 € ; tlj midi, fermé mer)

Soopasoup

SOUPES €

25 CARTE P. 54, E1

C'est le soir qu'il faut se précipiter sur ce conteneur coloré, planté dans le jardin d'une villa en retrait de la plage. On y sert alors des soupes originales, végétariennes et voyageuses, à "pimper" – ou non – de garnitures pour carnivores (poisson, crevettes, hareng, poulet...). Quelques tables récup' sous les arbres permettent d'apprécier sans attendre l'explosion de saveurs. Essayez aussi le féroce d'avocat ou la salade de bourse (un savoureux poisson)... Le midi, salades, burgers et brochettes. Des événements sont parfois programmés. (06 90 93 86 30 ;

Plage de la Caravelle

9 rue de la Plage ; 4-8 € ; mer- sam, fermé midi en basse saison)

Koté Sud

CRÉOLE ÉVOLUTIF **€€€**

26 CARTE P. 54, D1

Installé à l'entrée du chemin qui mène à la plage de la Caravelle, ce restaurant chic bénéficie d'un bouche-à-oreille très favorable. Aussi vaut-il mieux réserver pour découvrir certaines de ses délicatesses culinaires : ravioles de ouassous aux petits légumes, croustillant de loup sauce curcuma et cardamome... La terrasse couverte, tout en bois, est très agréable, mais gare aux moustiques ! Du mardi au jeudi, un menu "table d'hôte" à prix sage (34 €) est proposé. (05 90 88 17 31 ; rte de Rotabas, 16 lot. Doré-Durivage ; plats 21-28,50 €, menu langouste 42 € ; tous les soirs sauf dim)

Le Grand Bleu

AVEC VUE **€€€€**

VOIR **36** CARTE P. 54, D2

Avec son vivier de langoustes, le restaurant de l'hôtel la Toubana (p. 69) fait ses gammes autour des produits de la mer – et de quelques suggestions carnées – relevés de notes exotiques par le nouveau chef Aurélien Bulgheroni : mini-bokits à la langouste ; carré d'agneau à la provençale, jus au thym et millefeuille de patate douce ; dorade pochée au lait de coco... À savourer à l'une des tables près de la piscine, en contemplant Marie-Galante. (05 90 88 25 57 ; www.toubana.com ; Fonds-Thézan ; plats 24-34 € ; tlj)

Gourmandises artisanales

Les gourmands ne manqueront pas de faire halte chez Fabienne Youyoutte, nommée "artisan de l'année" en 2019, à deux pas de la plage municipale. Si, derrière la vitrine de sa boutique **Désirs du Palais** (05 90 48 57 33 ; 11 rue Bastaraud ; 11h-19h mar-dim) s'exhibent, aguicheurs, pâtisseries et chocolats, c'est bien pour ses glaces aux saveurs *péyi* originales que l'on se bouscule : trois épices, tamarin, patate douce, manioc… Et si vous n'en avez pas assez : une deuxième adresse se trouve à Pointe-à-Pitre.

Sortir

Americano Café

RESTAURANT-BAR MUSICAL

27 CARTE P. 54, E1

Ce bar-restaurant bien connu se situe en bord de route, à l'entrée de la plage publique de Sainte-Anne. On s'y retrouve surtout pour l'ambiance conviviale, animée par les différents concerts – jazz, groove, rock, variété… – programmés du mercredi au samedi soir. Le grand choix de pizzas permet de combler les petits creux, en attendant le début des festivités. (05 90 88 38 99 ; www.americano-cafe.fr ; bd Hégésippe-Ibéné ; pizzas 9,50-14,50 € ; bar 10h-minuit, restaurant midi et soir mer-dim)

Shopping

Village artisanal

BOUTIQUES DE SOUVENIRS

28 CARTE P. 54, E1

Ce grand marché touristique aligne 14 petites boutiques d'artisanat plus ou moins local. La plupart des articles, majoritairement très kitsch, sont souvent mis en vente à des tarifs prohibitifs. Toutefois, en prenant votre temps, vous parviendrez à dénicher quelques souvenirs : savons artisanaux bio et locaux, bijoux en graines, calebasses travaillées… (Centre-ville, près de l'office du tourisme ; mi-déc à fin avr lun-sam 9h-19h, dim 9h-13h et 16h-19h, le reste de l'année lun-sam 9h-12h30 et 15h30-19h, fermé dim)

Blue Hamac by Globe Trotteur

COMMERCE ÉQUITABLE

29 CARTE P. 54, E1

En face du village artisanal, vous ne pourrez pas manquer cette case en bois décorée de hamacs. C'est ici qu'a été créée la "chaise caraïbe" : en coton, robuste et confortable, idéale pour les femmes enceintes. On trouve aussi des hamacs traditionnels d'Amérique du Sud, d'autres en madras local, ou spécialement conçus pour les enfants. Une partie des bénéfices du magasin sert à financer des actions auprès d'écoles au Mexique ou au Guatemala. (05 90 23 46 53 ; www.bluehamac.com ; RN4 Les Galbas ; 10h-19h tlj sauf dim)

Se loger

Casa Boubou

BUNGALOWS €€

30 CARTE P. 54, D1

À deux pas de la plage de la Caravelle, 9 bungalows arborant les plus vives couleurs vous attendent dans cet agréable jardin agrémenté d'une piscine. Chaque logement dispose d'un bel espace extérieur cloisonné de verdure, garantissant ainsi l'intimité des hôtes. Lave-linge à disposition. Accueil très sympathique de Pierre, le nouveau gérant des lieux. (06 90 34 87 86 ; www.casaboubou.fr ; Durivage ; bungalow d/qua 245-595/469-805 € la semaine selon saison ;)

Tiki Paradise Lodge

BUNGALOWS €€

31 CARTE P. 54, E3

Dans un quartier tranquille, non loin de la plage de Bois-Jolan et de celle du Helleux, cette adresse – avec ses trois gîtes disposés en vis-à-vis autour d'une belle piscine lagon – est un petit cocon douillet. Moderne et très confortable, chaque logement (de 2 ou 4 pers) est bordé de verdure et possède, grâce à une déco soignée, sa personnalité (esprit surf, boho-chic...). Bar – et même bar à ongles ! – à disposition. Ambiance conviviale et accueil adorable des hôtes, Gaëlle et Baptiste. (06 90 17 45 49 ; www.tikiparadiselodge.com ; 14 rte de Fond-Vapeur ; bungalow d/qua 350-570/550-780 € la semaine selon saison ; P)

Gwada Dream

BUNGALOWS €€

32 CARTE P. 54, E3

Au calme, dans une impasse, à 10 minutes en voiture du centre de Sainte-Anne, ces 4 gîtes en bois (de 2 à 6 pers) posés côte à côte dans un petit jardin avec piscine, ont récemment été repris par un très sympathique jeune couple. Fonctionnels, propres et colorés, ils disposent d'une cuisine ouverte sur un salon avec clic-clac et d'une terrasse avec

Caramboles

barbecue. L'emplacement est idéal pour sillonner la Grande-Terre. (05 90 83 17 53/06 90 26 17 68 ; www.gwada-dream.fr ; 6 lot., Douville ; bungalow d/qua 336-546/539-749 € la semaine selon saison ;)

Kokoplaj

STUDIOS DE CHARME €€

33 CARTE P. 54, E3

Cette adresse comblera les amateurs de glisse : dans une enceinte sécurisée, à 5 minutes à pied de la plage du Helleux, 7 studios mitoyens colorés, deux T2 équipés d'un Jacuzzi, ainsi que deux T3 s'agencent autour d'une petite piscine. On aime les lits à baldaquin en bambou et les plafonds mansardés tout blancs avec ventilateurs. Possibilité de cours de surf (30 €/1 heure 45) et de location de matériel (15 €/2 heures). (05 90 20 39 21/06 90 85 92 64 ; www.locations-guadeloupe.org ; 14 résidence Le Helleux ; studio 200-450 €, T2 405-695 €, T3 475-875 € la semaine selon saison ;)

Ti Kaz Malanga

CASES CRÉOLES €€

34 CARTE P. 54, D3

Sur les hauteurs de Sainte-Anne, à seulement quelques minutes du centre, voici 2 500 m² de jardin tropical où se nichent deux charmantes cases en bois : Ti Kio, bungalow pour 2 personnes, et Zanoli, villa pour 4 personnes, dotée d'une petite piscine privative. Les chambres sont douillettes et climatisées, les cuisines extérieures bien

La Toubana, un hôtel, un spa et un restaurant. Le tout 5 étoiles

© JULIEN FRANCESCHI

équipées et l'accueil est excellent. Un véritable havre de paix ! (06 81 83 19 19 ; www.tikazmalanga.com ; section Burat ; bungalow/villa 350-490/700-990 € la semaine selon saison ;)

Le Diwali

HÔTEL DE CHARME **€€€**

35 CARTE P. 54, F1

À l'extrémité est de la plage publique de Sainte-Anne, cet hôtel de charme bénéficie d'un emplacement de choix, face au lagon. Le style exotique des très agréables parties communes, quasiment à fleur d'eau, se diffuse jusque dans les 8 chambres : meubles en teck, couleurs chaudes... Deux d'entre elles – les plus chères, et, de fait, les plus spacieuses – jouissent d'une terrasse avec vue sur la plage. Les prix mériteraient toutefois d'être légèrement revus à la baisse. (05 90 85 39 70 ; www.hotel-lediwali.com ; plage de Sainte-Anne, 80 bd Hégésippe-Ibéné ; d 120-150 €, ste vue mer 160-200 € selon saison, petit-déj inclus ;)

La Toubana

HÔTEL-SPA DE LUXE **€€€**

36 CARTE P. 54, D2

Cet établissement haut de gamme, qui s'enorgueillit depuis peu d'une 5e étoile, est implanté face à la péninsule de la Caravelle, sur une falaise dominant une plage privée. Sur une colline fleurie s'égrène une kyrielle de bungalows très confortables et décorés avec raffinement. Piscine à débordement, spa, fitness et activités nautiques font partie des atouts des lieux. Le midi, on profite de la superbe vue offerte par le restaurant (voir p. 66). Suites et villas également. (05 90 88 25 57 ; www.toubana.com ; Fonds-Thézan ; bungalow s/d 235-440/268-480 € la nuit, petit-déj inclus ;)

Explorer

Est Grande-Terre

Important village de pêcheurs aux belles cases colorées, porte d'entrée de la célèbre pointe des Châteaux, Saint-François est devenu l'une des plus grandes stations balnéaires de la Guadeloupe. Son superbe lagon comble les mordus de glisse. À une dizaine de kilomètres au nord, Le Moule, fondé sur le site d'un important village amérindien, fut le premier chef-lieu de la Guadeloupe. Longtemps assoupie, cette ville charmante connaît un nouveau rebond, bien que discret, grâce au tourisme balnéaire.

Partez de bon matin pour une excursion à Petite-Terre (p. 77) ou vers la pointe des Châteaux (p. 72). D'humeur à goûter aux plaisirs qu'offre le lagon ? Prévoyez un arrêt chez Gervaise (p. 79) ou chez Nuska (p. 79) pour casser la croûte sur le sable des Raisins-Clairs (p. 75), de l'anse du Mancenillier (p. 75) ou de l'anse à la Gourde (p. 73). Sinon, filez vers Le Moule pour visiter le Musée archéologique (p. 88), la Maison du crabe (p. 89), et le passionnant domaine de Zévallos (p. 88). Admirez la côte dans la belle lumière de fin d'après-midi lors d'un vol en gyroptère (p. 76) ou d'un saut en parachute (p. 75), ou faites halte au musée des Beaux-Arts (p. 75), avant de dîner dans l'un des bons restaurants de Saint-François.

Comment y aller et circuler

Le bus **Karu'lis** SF1 (www.karulis.com) fait la navette entre Saint-François et la pointe des Châteaux.

Pour couvrir les sites du côté du Moule, la location d'une voiture est indispensable.

Carte de l'est de Grande-Terre p. 74

Anse des Rochers, à Saint-François (p. 75) © JULIEN FRANCESCHI

Les incontournables

Pointe des Châteaux

À 10 km de Saint-François, la spectaculaire pointe des Châteaux est le cap le plus oriental de Grande-Terre. Plongeant sauvagement dans l'Atlantique, elle mérite bien son surnom de "pointe du Raz antillaise" ! Une route traverse cet isthme magnifique, entre plages de sable blanc et falaises ocre érodées battues par les vents. De belles balades vous attendent sur ce site à la végétation rase où nichent des oiseaux migrateurs.

CARTE P. 74, E4-F4

Grande-Terre

D118, Saint-François

Calvaire et table d'orientation

Du parking, à l'extrémité du site, un sentier grimpe jusqu'au belvédère de la pointe des Colibris (43 m) où s'élève un calvaire – par grand vent, la montée peut être sportive. Une table d'orientation permet de se repérer : devant vous, l'île de la Désirade, et le rivage déchiqueté des îlots côtiers peuplés d'oiseaux. La plage en contrebas est battue par les vagues et le fond descend rapidement : baignade interdite !

Plage des Salines

Longue, protégée par la barrière de corail et formant, par endroits, de petites criques, cette plage de sable blanc est très agréable pour la baignade... Mais on n'y trouve pas un arbre sous l'ombre duquel s'abriter ! Rendez-vous y donc de préférence tôt le matin. Fréquentée, surtout le week-end, par des groupes de jeunes gens, elle peut parfois être, pour les femmes seules, le théâtre de mauvaises rencontres. Parking 200 m avant la pointe des Châteaux.

Anse Tarare

À quelques kilomètres à l'ouest de la route de la pointe des Châteaux, une très belle plage, fréquentée par les naturistes et les gays. Un panneau signale la piste qui part au nord de la route. Le chemin descend dans la forêt, après le restaurant Man Michel, pour parvenir très vite à cette crique ourlée de quelques cocotiers.

Anse à la Gourde

Une route fléchée conduit à ce bel arc de sable corallien, apprécié des surfeurs. On peut aussi rejoindre la plage à pied depuis la pointe des Colibris (comptez 3 heures en suivant le littoral). Les eaux, peuplées d'une multitude de poissons colorés, conviennent à la baignade et au snorkeling, mais prenez garde au corail coupant !

★ À savoir

- Envie de vous rafraîchir ? Sur la D118, à 2,8 km du virage de la Coulée, ou 900 m avant le petit pont du début de l'anse Kahouanne (entrée du village de la pointe des Châteaux), vous trouverez une vasque naturelle frappée par les vagues, appelée la Douche, en amont de la crique principale. Elle vous offrira un délicieux moment de détente : laissez-vous asperger par un jet d'eau de mer de 1 m de haut, dans un cadre enchanteur.
- Les prestataires proposant des activités (plongée, gyroptère...) à la pointe des Châteaux sont basés à Saint-François (voir p. 75).

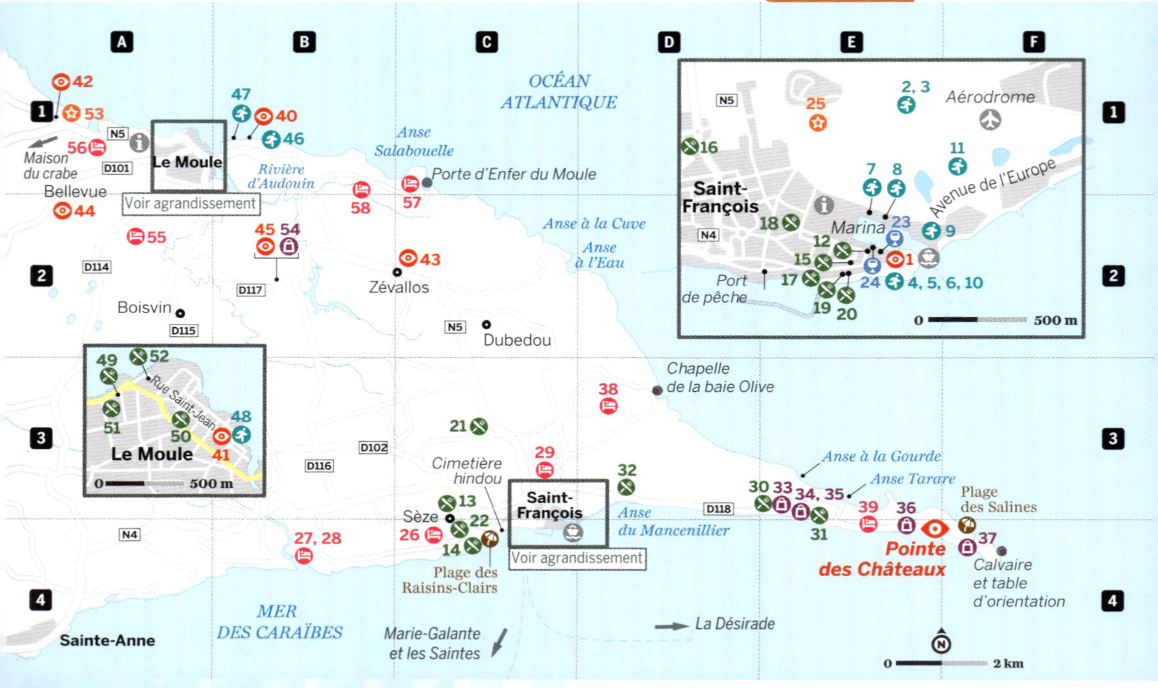
A
B
C
D
E
F
1
2
3
4
OCÉAN ATLANTIQUE
MER DES CARAÏBES
Le Moule
Voir agrandissement
Maison du crabe
Bellevue
Anse Salabouelle
Rivière d'Audouin
Porte d'Enfer du Moule
Anse à la Cuve
Anse à l'Eau
Zévallos
Boisvin
Dubedou
Chapelle de la baie Olive
Cimetière hindou
Sèze
Plage des Raisins-Clairs
Saint-François
Voir agrandissement
Anse du Mancenillier
Anse à la Gourde
Anse Tarare
Plage des Salines
Pointe des Châteaux
Calvaire et table d'orientation
Sainte-Anne
Marie-Galante et les Saintes
La Désirade
N5
N4
D101
D114
D115
D117
D116
D102
D118
42
53
56
44
55
47
40
46
45
54
58
57
43
21
13
22
14
26
27, 28
29
32
38
30
33
34, 35
31
39
36
37
0
2 km
Le Moule
Rue Saint-Jean
49
52
51
50
48
41
0
500 m
Saint-François
Aérodrome
Avenue de l'Europe
Marina
Port de pêche
N5
N4
25
2, 3
11
7
8
16
18
23
9
12
15
1
17
24
4, 5, 6, 10
19
20
0
500 m

Saint-François

Restaurants, hôtels, boutiques, agences de location de voitures, navettes à destination des îles, services aux plaisanciers... L'animation, à Saint-François, se concentre principalement autour de la marina. À l'entrée ouest de la ville, le cimetière indien constitue un agréable lieu de promenade. Ce dernier fut construit après le refus de l'Église catholique d'ouvrir le cimetière communal aux travailleurs indiens venus remplacer les esclaves après l'abolition de l'esclavage.

Voir

Plages

LAGON TURQUOISE

À l'orée de Saint-François en arrivant par l'ouest, la **plage des Raisins-Clairs** (carte ci-contre, C4) se repère facilement depuis la route grâce à ses courts de tennis et aux voitures en stationnement. Les amateurs de vagues apprécieront ses eaux turquoise, un peu moins calmes que celles du lagon de Sainte-Anne. Cette grande étendue de sable blond, bordée de raisiniers et de paillotes, est très agréable lorsqu'elle n'est pas trop fréquentée. Elle est souvent ventée.

De l'autre côté de la ville, sur la route de la pointe des Châteaux, s'étirent les eaux limpides de l'**anse du Mancenillier** (carte ci-contre, C4), une longue plage étroite bordée d'arbres... Mais ne vous approchez pas trop des mancenilliers auxquels elle doit son nom (voir p. 23).

Musée des Beaux-Arts de Saint-François

BEAUX-ARTS

1 CARTE CI-CONTRE, E2

Sur la marina de Saint-François, voici l'unique musée des beaux-arts de Guadeloupe. Une initiative privée, portée par le collectionneur Jérôme Filleau, désireux de transmettre sa passion de l'art au plus grand nombre. Un pari réussi, surtout lorsqu'il anime lui-même la visite ! Les 7 salles vermillon déroulent une petite histoire de l'art, du XVIe siècle à nos jours, ayant trait, de près ou de loin, à la Guadeloupe. 150 œuvres y sont exposées, parmi lesquelles des toiles de Guillaume Lethière et de ses élèves – comme le Guadeloupéen Jean-Baptiste Gibert –, mais aussi d'élèves de Léonard de Vinci, ou encore de modernes comme Ludovic-Rodo Pissarro, et de contemporains comme Michel Rovelas. (☎05 90 28 43 18 ; www.mbasf.fr ; la marina, av. Félix-Proto ; adulte/enfant 5/3 €, gratuit -6 ans ; mer-dim 11h-19h)

Activités

Caraïbe Parachutisme

CHUTE LIBRE

2 CARTE CI-CONTRE, E1

Prenez une bonne dose d'adrénaline en sautant à 3 200 m au-dessus du lagon de Saint-François ou de la pointe des Châteaux ! L'équipe, sérieuse et passionnée, organise des baptêmes de chute libre en tandem (à partir de 15 ans, 329 €), ou en solo après

Plage des Raisins-Clairs (p. 75)

6 heures de formation théorique (450 €). Également, des formations d'initiation ou de perfectionnement et, pour les initiés, des sauts sur la Désirade et Marie-Galante. (06 90 86 73 36/06 90 86 66 22 ; www.caraibeparachutisme.com ; aérodrome de Saint-François ; tlj sauf mer-jeu, 9h-coucher du soleil)

Gyro-Alizés

GYROPTÈRE

3 CARTE P. 74, E1

Éric propose de découvrir Saint-François, la pointe des Châteaux, les îlets de Petite-Terre ou encore la Désirade à bord de son autogyre (ou gyroptère), sorte de rencontre entre l'ULM et l'hélicoptère, qui offre, depuis son habitacle ouvert, une vue à 360°... Il vous donnera mille détails sur le paysage et son histoire durant le vol. En saison, on peut même apercevoir des baleines ! (06 90 63 96 58 ; www.gyro-alizes.com ; aérodrome de Saint-François ; 9h-18h lun-sam, 9h-12h dim ; vol 20/30/40/50 minutes 70/90/120/150 €)

Base nautique de Saint-François

VOILE LÉGÈRE

4 CARTE P. 74, E2

Les adeptes de voile légère pourront s'y adonner en toute autonomie sur le lagon : planches à voile, Optimists, catamarans, et même kayaks et paddles, sont disponibles ici à la location. Également stages pour les enfants (dès 6 ans) pendant les vacances scolaires. (05 90 68 58 44 ; base-nautique-saintfrançois.com ; rue de la République, plage du haut du bourg ; location 1 heure planche à voile/Optimist/catamaran/SUP/kayak 10-20/10-15/30-40/15/10-15 € selon modèle ; lun-sam 8h30-17h, dim 10h-17h)

Hanao Kayak

KAYAK TRANSPARENT

5 CARTE P. 74, E2

Ludiques, stables et écologiques, ces kayaks à fonds transparents permettent d'explorer le lagon et ses trésors naturels librement, sans en perturber l'écosystème. (06 90 13 29 25 ; www.hanaokayak.com ; cabane de Blue Soley, rue de la République, à côté de la base nautique ; location kayak 20 €/heure, 50 € la demi-journée ; tlj 9h30-17h)

Surf Action

SUP ET SURF

6 CARTE P. 74, D2

Sympathique et très pédagogue, Ben est le moniteur idéal pour vous initier au surf ainsi qu'au stand-up paddle (SUP). Il vous fera découvrir cette activité ludique en balade sur le lagon ou en excursion sur la mangrove toute proche. Vous serez autonome en deux temps trois mouvements et pourrez alors vous contenter de lui louer le matériel (15 €/2 heures). (06 90 31 88 28 ; www.surfinguadeloupe.com ; base nautique de Saint-François ; initiation SUP et surf 45 €, stages surf 5 demi-journées 200 € ; tlj 7h-11h et 14h-17h)

Noa Plongée

PLONGÉE

7 CARTE P. 74, E2

Ce club réputé propose plusieurs sorties quotidiennes sur la barrière de corail du lagon de Saint-François et sur une vingtaine de sites. La sortie du matin est consacrée aux explorations (95 € pour 2 plongées de 40 min), celle de l'après-midi, aux baptêmes. Possibilité de snorkeling (19 € les 2 heures) et de plongées nocturnes. Formations FFESSM

Excursion à Petite-Terre

Au départ de Saint-François, plusieurs compagnies proposent l'excursion vers la réserve naturelle des îlets de Petite-Terre (p. 192). Après une traversée de 45 minutes à 1 heure 30, le programme à terre inclut snorkeling (parfois aussi kayak), balade, apéritif et déjeuner. Sur le catamaran à fond de verre d'**Awak** (8 carte p. 74, E2 ; 05 90 88 53 53 ; awak-guadeloupe.com ; marina, av. de l'Europe ; journée adulte/enfant 78/50 € ; tlj sauf lun et sam, départ 8h), l'ambiance est très Club Med. **Uhaina Croisières** (9 carte p. 74, F2 ; 06 90 38 58 28/06 90 65 63 55 ; www.uhaina-croisieres-guadeloupe.com ; rte du Lagon ; journée adulte/enfant 90/70 € ; départ 7h15) vous accueille à bord de catamarans à voile sur lesquels vous pourrez même participer aux manœuvres.

© JULIEN FRANCESCHI

Sur le lagon de Saint-François

et PADI également. (05 90 89 57 78 ; www.noaplongee.fr ; marina Golf, 6 av. de l'Europe, rte du Lagon ; baptême 55 €, sortie nocturne 59 € ; 9h-12h et 16h-18h lun-sam)

Action Kite Caraïbes KITESURF ET WING FOIL

10 CARTE P. 74, E2

François, ancien champion de windsurf, et Philippe, précurseur du kitesurf en Guadeloupe, ont monté cette école labellisée EFK en centre-ville. Ils proposent des cours particuliers de kitesurf tous niveaux, ainsi que des formules "location assistée" de wing foil – une activité ludique et accessible, où l'on glisse à l'aide d'une aile tenue à la main et d'une planche avec hydrofoil –, comprenant un temps de cours et un temps de pratique autonome surveillée. (06 90 86 81 35 ; www.guadeloupe-kitesurf.com ; base nautique ; kitesurf 1 heure 30/2/3 heures 135-150/180/220 €, wing foil 1/2/3 heures 50/90/120 € ; tlj sur rdv)

No Comply Surf School SURF

Apprenez à surfer ou perfectionnez votre technique avec Olivier. Ce sympathique Basque a monté son école il y a plus de dix ans et privilégie les cours personnalisés, sur rendez-vous. Il vient vous chercher à votre hôtel et organise des séances d'une demi-journée par groupes de 4 au maximum. Taxi-surf et location de matériel. Possibilité de package surf + hébergement, en bungalows climatisés (2-4 pers). Aussi : sorties paddle dans la mangrove, au départ de l'anse à la Barque (demi-journée 50 €). (06 90 57 97 47 ; www.guadeloupe-surf.com ; découverte 55 € la demi-journée, stage 3 demi-journées 150 € ou 240 € la semaine)

Golf de Saint-François 18-TROUS

11 CARTE P. 74, F1

L'unique golf de l'île, vaste de 53 ha, a été conçu par Robert Trent Jones et compte 18 trous. Il est relativement plat, avec quelques points d'eau. Cours (20 €/1 heure 30 en groupe, 25 €/30 min en individuel) à la demande. (05 90 88 41 87 ; www.golf-saintfrancois.fr ; av. de l'Europe ; 18 trous/parcours complet à la journée 77 € ou 67 € après 9h ; tlj 7h-18h)

Se restaurer

Chez Gervaise
SANDWICHS €

12 CARTE P. 74, E2

Dans sa cabane bleu et jaune postée sur le parking de la marina, la souriante Gervaise régale tous les midis ses habitués de sandwichs fraîchement garnis. En vedette, celui au lambi. Arrivez tôt. (06 90 73 20 93 ; parking sud de la marina ; sandwichs 2,50-5 € ; lun-sam midi)

L&B
GRILL €

13 CARTE P. 74, C3

Dissimulée derrière un magasin de bricolage attenant à la nationale, une adresse bien pratique pour qui désire un repas simple, rapide et bon marché : poulet boucané, brochette de bœuf ou de poisson, ribs, crabes farcis... accompagnés de frites maison, riz, gratin de légumes... La terrasse est souvent bondée et bruyante ; aussi prend-on de préférence à emporter. (06 90 43 38 04 ; Gorot, sur la gauche à la sortie de Saint-François vers Sainte-Anne ; plats 2-17 €, garnitures 2,50-4 €, tous les soirs sauf mer)

Nuska
BOWLS €

14 CARTE P. 74, C4

Dans cette jolie boutique de déco située derrière la plage des Raisins-Clairs, Anna et Anouk, pétillant duo hispano-québécois, proposent le midi des *bowls* délicieux et copieux, influencés par leurs voyages et composés avec amour. Chaque jour aussi, un jus maison et des douceurs aux ingrédients "santé", extra-gourmandes. À déguster sur le sable ou sur la terrasse qui devrait s'être agrandie lorsque vous lirez ces lignes. Réservation conseillée la veille via leur compte Facebook. (06 90 35 65 65/06 90 19 59 81 ; galeries Crystal Beach ; bowls 14 € ; mar-sam 9h-18h)

Le Filet du Pêcheur
ANTILLAIS €€

15 CARTE P. 74, E2

Cette petite adresse colorée a ses habitués, qui s'y retrouvent pour boire un verre ou savourer une cuisine créole traditionnelle (poissons, fruits de mer et colombos). Ambiance festive le mardi soir, avec un groupe local qui vient jouer du gwo ka.

Déjeuner sur la plage de Saint-François

(05 90 88 55 85 ; www.filetdupecheur.com ; rue de la République ; plats 12-25 €, menu 20 €, menu langouste 45 € ; mar-dim)

619

BISTROT ET BAR À VINS **€€**

16 CARTE P. 74, D1

Cave et bar à vins, mais aussi restaurant, ce lieu hybride convivial réunit les gourmets en mal de saveurs hexagonales. Éric, le patron bordelais, met en effet ici à l'honneur une cuisine du Sud-Ouest généreuse et soignée : foie gras, entrecôte, magret de canard, thon au chorizo... Et, évidemment, une très belle sélection de millésimes. (06 90 72 13 01 ; rond-point Martin-Luther-King ; plats 13-29 € ; lun-sam, sauf lun soir et sam midi)

I.pâtes

TRAITEUR ITALIEN **€€**

17 CARTE P. 74, E2

Une coquette petite case sur le port de pêche où l'on se délecte des meilleures saveurs de la Botte : antipasti, assiettes de fromage et de charcuterie, et surtout pâtes fraîches cuisinées dans les règles de l'art, ainsi que des desserts maison. Les plats peuvent s'emporter et le lieu fait aussi épicerie fine. Accueil chaleureux d'Hervé. Réservez. (06 90 74 13 41 ; 5 rue de la République ; plats 10,80-20,30 € ; mar-sam sauf jeu soir)

Le Raou

FRUITS DE MER **€€**

18 CARTE P. 74, E2

Dans une paillote entourée de verdure, Rosy régale ses habitués de sa cuisine créole parfumée et copieuse : court-bouillon, fricassée de lambi ou de chatrou, poisson grillé... Une réussite familiale : les frères de Rosy officient en cuisine et en salle, tandis que son mari, pêcheur, approvisionne l'établissement ! (05 90 88 43 88 ; rue Saint-Aude-Ferly ; plats 15-22 €, menu langouste 40 € ; tlj sauf dim soir et lun midi)

Le Zagaya

POISSONS ET FRUITS DE MER **€€€**

19 CARTE P. 74, E2

Au bout du port de pêche, cette charmante case, quasi à fleur d'eau, décorée de bric et de broc marin, compte parmi les meilleures tables de Saint-François. On s'y presse pour la fraîcheur des produits de la mer, finement préparés : fricassée de langouste à la bisque crémée et à l'échalote, médaillon de thon mi-cuit au pistou, blanquette de la mer au lait de coco... Mieux vaut réserver. (05 90 88 67 21 ; 21 rue de la République ; plats 16-25 €, menu 35 € ; tlj sauf dim, lun et mer soir)

Le Poivrier

CRÉATIF **€€€**

20 CARTE P. 74, E2

L'une des bonnes adresses de Saint-François, qui rivalise avec la précédente, tant par son cadre – une case à la sobriété égayée d'orange, posée sur le lagon – que par sa cuisine, peut-être toutefois un cran au-dessus, avec un plus large choix carné. En dessert, ne manquez pas la tarte fine aux pommes et sa glace au beurre salé ! Réservation recommandée. (05 90 24 79 29 ; 30 rue de la République ; plats 19-27 € ; fermé mar-mer)

La Porte des Indes

INDO-PAKISTANAIS €€€

21 CARTE P. 74, C3

Une très bonne table plantée dans un joli jardin à la sortie de Saint-François en direction du Moule, qui rappelle qu'ici se trouve la plus importante population indienne de la Guadeloupe ! Le cadre, exotique et raffiné, tout comme les assiettes, copieuses et bien présentées, vous feront voyager à coup sûr. Service impeccable. Réservation conseillée. (05 90 21 30 87/06 90 55 83 51 ; section Devarieux, direction Le Moule ; plats 16-46 € ; soir mar-sam et midi dim)

Les Frères de la Côte

POISSONS ET ÉPICES €€€

22 CARTE P. 74, C3

Cette "taverne de l'Océan" tenue par un Breton se distingue par ses plats originaux et métissés. Vous dégusterez des mets aux saveurs contrastées : salade de raie au vinaigre de maracuja, sauté de langouste à l'ananas et à la vanille et nougat glacé à la papaye confite, joliment présentés. Dommage que la qualité de l'accueil soit inconstante. (05 90 88 59 43 ; rte touristique, Seze ; plats 19-34 €, menu 32-36 € ; fermé mer et sam midi)

Prendre un verre

Café Corail

CAFÉ SANTÉ

23 CARTE P. 74, E2

Jus pressés à froid, smoothies boostés (ou non) aux super-aliments, mais aussi tartines gourmandes, chia puddings, yaourts aux fruits frais, oléagineux et Granola... Ce lumineux petit café aux meubles en rotin, tenu par une sympathique Montréalaise, invite à la halte, à toute heure ! (06 90 40 05 79 ; 3 résidence Kayela, marina ; jus 7,50 €, smoothies 11,50-12,50 €, tartines 8 € ; mar-sam 7h-17h)

Le Robinson

BAR

24 CARTE P. 74, E2

On profite dans ce bar de la marina aux airs de paillote d'une ambiance décontractée et festive en fin de semaine (concerts les vendredis et samedis soir), autour de bons cocktails et de quelques tapas. (06 90 92 73 24 ; 22 galerie du Port, marina ; cocktails 6-12 €, tapas 6-14,50 € ; mer-lun dès 16h)

Sortir

Casino

JEUX D'ARGENT

25 CARTE P. 74,E1

Le casino de Saint-François propose tous les classiques du genre : black-jack, roulette, vidéo pokers, machines à sous... On y trouve également un restaurant piano-bar, le Joker. (05 90 88 41 31 ; www.casinosaintfrancois.com ; av. de l'Europe, en face du golf ; 10h-2h lun-jeu et dim, 10h-3h ven-sam)

© MARIE DUFAY

Fin de soirée au Sunset Surf Camp

Se loger

Sunset Surf Camp GÎTE SPORTIF €

26 CARTE P. 74, C4

Coup de cœur pour ce repaire de surfeurs où règne une belle énergie ! Peyo et Babeth, originaires du Sud-Ouest, vous accueillent comme des amis dans leurs deux grandes maisons confortables, ouvertes sur un jardin tropical, avec piscine. Les 8 chambres sont jolies, fonctionnelles et très propres. Table d'hôtes mardi et vendredi soir (30 €, alcool compris) : poisson cru, beignets de thazard à la plancha... Autour du bar et de la cuisine commune, l'ambiance est très conviviale ! Prêt de VTT, cours de surf et de kitesurf. Accès handicapés. (06 90 41 66 69 ; www.sunsetsurfcamp.com ; rte touristique, Seze ; dortoir 25-40 €, s/d/tr 49-69/55-75/60-87 €, petit-déj 10 € ;)

Les Gîtes de l'Anse GÎTES AU CALME €€

27 CARTE P. 74, B4

À deux pas de l'intimiste anse à la Barque, ces 4 gîtes spacieux et tout équipés, pouvant accueillir jusqu'à 4 personnes, déclinent une décoration contemporaine, chaleureuse et épurée. Ils disposent tous d'une agréable terrasse privative, naturellement ventilée, et se partagent une très belle piscine au sel. Lave-linge et barbecue à disposition. (06 90 15 47 29 ; www.gites-de-lanse.com ; anse à la Barque ; bungalow d/qua

350-600/550-850 € la semaine selon saison ; ❄ 📶 🏊 P)

Hôtel Amaudo HÔTEL DE CHARME €€€

28 🛏 CARTE P. 74, B4

Face à l'anse à la Barque, cet hôtel calme dispose de 11 chambres très agréables avec terrasse et de belles suites de 33 m² avec piscine privée. Quelques meubles coloniaux, de grands lits, des salles de bains coquettes ; dehors, le blanc est omniprésent, mettant en valeur une végétation soignée. De la piscine à débordement, la vue sur la mer et les îles est fantastique. Service adorable. Accessible aux personnes à mobilité réduite. Accès direct à la plage. (☎ 05 90 88 87 00 ; www.amaudo.fr ; anse à la Barque ; d/d luxe/d prestige 120-165/160-185/170-215 €, petit-déj 10-20 € ; 📶 ❄ P 🏊)

La Métisse HÔTEL DE CHARME €€€

29 🛏 CARTE P. 74, C3

Ce petit hôtel a ses fidèles depuis longtemps : les 7 chambres, plutôt spacieuses, sont très séduisantes, le cadre est superbe et les clients y sont dorlotés. On y goûte la tranquillité, autour d'une belle piscine ou du Jacuzzi. Le petit-déjeuner (16-20 €) est servi sur chaque terrasse privée. Restauration à la demande et possibilité de massages sur place. (☎ 05 90 88 70 00/06 90 26 16 32 ; www.hotel-lametisse.com ; 66 les Hauts-de-Saint-François ; d 110-170 € selon saison ; 📶 ❄ 🏊 P)

La pointe des Châteaux

À l'est de Saint-François, la pointe des Châteaux est le site le plus visité de Guadeloupe. Mais, si ses plages concentrent toute l'attention des touristes, la côte qui la relie au Moule cache d'autres joyaux moins fréquentés qu'il faut prendre le temps de découvrir.

Voir

Plages de la pointe des Châteaux INCONTOURNABLES

Voir p. 72.

La côte entre la pointe des Châteaux et Le Moule PLAGES ET CRIQUES

À mi-chemin entre la pointe des Châteaux et Le Moule, la superbe **anse à l'Eau** (carte p. 74, C2) est idéale pour le snorkeling, mais faites attention au courant. On peut la rejoindre à pied en 3 heures depuis la **chapelle de la baie Olive** (carte p. 74, D3), une autre petite plage parfaite pour chausser masque et tuba ; c'est également le cas à l'**anse à la Cuve** (carte p. 74, C2), crique sublime et sauvage.

Plus au nord, la **Porte d'Enfer** (carte p. 74, C1) du Moule, à ne pas confondre avec celle de l'anse Bertrand, est peu fréquentée car moins accessible : après la maison Zévallos (voir p. 88), garez-vous sur le parking pour descendre un escalier assez raide : en contrebas, des vagues impressionnantes s'écrasent avec fracas contre les falaises. Hormis quelques pêcheurs, vous aurez ce tumultueux spectacle pour vous seul.

Derrière la pointe Morne, l'**anse Salabouelle** (carte p. 74, C1) est un autre paradis pour surfeurs : la mise à l'eau est parfois délicate en raison des gros rouleaux.

Se restaurer

La Case Kréol-Chez Kri-Kri

CRÉOLE **€€**

30 CARTE P. 74, E3

Sur la route de la pointe des Châteaux, on bifurque légèrement le temps de s'arrêter dans la case tout en bois et aérée de la souriante Kri-Kri, pour une pause déjeuner locale et goûteuse : brochette de thon, colombo de poulet, filet de bourse, poulet grillé... servis avec du riz et des légumes-pays. (05 90 85 52 38/ 06 90 92 56 92 ; 3 chemin de l'anse à la Gourde, à gauche juste avant Kreol West Indies ; plats 12-18 € ; tlj midi sauf mer, soir sur réservation)

Chez Mervillon

CRÉOLE **€€**

31 CARTE P. 74, D3

Ce restaurant en bord de route fait partie du paysage ; trois générations se sont succédé en cuisine, et Francette y officie depuis 20 ans. Son coup de main inimitable sublime les plats traditionnels : chatrou, colombo, acras, boudin, et un court-bouillon réputé. Bon accueil et fraîcheur des produits garantis ! (05 90 88 52 28 ; rte de la pointe des Châteaux, anse des Galets ; plats 8-20 €, menus 11-23 €, menu langouste 35 € ; midi tlj)

Le Colombo

CRÉOLE **€€**

32 CARTE P. 74, C3

Point de ralliement des touristes, mais aussi des habitants, ce restaurant convivial fait partie des valeurs sûres de Grande-Terre. Sa clientèle mélangée s'y attable volontiers pour ses poissons et ouassous grillés au feu de bois, mais surtout pour ses langoustes ! Dommage que les prix se soient dernièrement envolés... Réservez. (05 90 88 41 29 ; www.restaurant-lecolombo.com ; chemin de la Coulée, sur la route de la pointe des Châteaux ; plats 8-31 €, langouste 800 gr 59 € ; tlj sauf mar et dim soir)

Shopping

Kreol West Indies

ÉCOBOUTIQUE ET GALERIE D'ART

33 CARTE P. 74, E3

Cette jolie case créole aux volets mauves abrite à la fois une galerie d'art contemporain – l'espace est constellé d'œuvres d'artistes caribéens –, une boutique "écocitoyenne" d'objets issus de l'artisanat local et/ou élaborés à partir de matériaux de récupération, et, enfin, un parcours muséal qui retrace, grâce à une riche collection d'objets étayée de panneaux clairs et bien documentés, l'histoire des Antilles depuis les civilisations précolombiennes jusqu'aux années 1940. Bon à savoir, "KWI" possède sa réplique en petit format sur Marie-Galante (p. 202). (05 90 97 21 56 ; www.kreolwestindies.com ; rte de la pointe des Châteaux ; entrée musée 2 € ; tlj)

Maison de la noix de coco

ARTISANAT

34 CARTE P. 74, E3

Entre écomusée et boutique d'artisanat, cette caverne d'Ali Baba détourne les noix de coco en objets usuels ou décoratifs : coupes et vases, sculptures, cages à oiseaux, cadres... On trouve également mille et un souvenirs, comme les lampes en calebasse, les bijoux en graines, les bouteilles de sable ou encore les chapeaux en palme tressée. L'accueil est souriant, et un verre de punch coco vous sera spontanément offert ! (05 90 85 00 92 ; www.maison-de-la-noix-de-coco.com ; village artisanal, résidence Karukéra, rte de la pointe des Châteaux ; entrée libre ; 9h-18h30 tlj)

Épicerie des Antilles

PRODUITS LOCAUX

35 CARTE P. 74, E3

Dans l'épicerie de Lionel (à côté de la Maison de la noix de coco), on trouve le meilleur des produits guadeloupéens : confiture coco-gingembre, gelée à la fleur d'hibiscus, purée ou vinaigre de piments végétariens, caviar de vanille, chips de banane... sans oublier une belle sélection des meilleurs cafés, rhums et punchs de l'archipel. Également des livres et du petit artisanat. (06 90 63 17 20 ; www.boutique-antilles.com ; village artisanal, résidence Karukéra, route de la pointe des Châteaux ; 9h-18h30 tlj)

Tropicuir

ARTISANAT

36 CARTE P. 74, E4

Ce minuscule magasin de souvenirs vend, en plus de ses dessins pyrogravés sur peaux et cuir, le travail d'artistes locaux et caribéens : bijoux en nacre, hamacs, tableaux émaillés, chapeaux et objets sculptés. On vient aussi pour le choix de graines (œils-de-bœuf, perles de Zanzibar, kaniks...) avec lesquelles des bijoux sont réalisés sur place. Un peu avant le bout de la pointe, à gauche au panneau jaune. (05 90 88 47 89 ; route de la pointe des Châteaux ; 10h-13h et 15h-18h lun-sam, 10h-13h dim)

À la Maison de la noix de coco

Jordan ARTISANAT EN FEUILLES DE COCO

37 CARTE P. 74, F4

Natif de Saint-François, Jordan est un jeune artisan inventif et talentueux. C'est lui qui élague les arbres et obtient ainsi la matière première des objets qu'il vend sur son étal près du parking. La feuille de coco, souple et facile à travailler, lui donne l'inspiration pour créer des chapeaux tressés en moins de 15 minutes, mais aussi des corbeilles, des cache-pots, des oiseaux ou des pièges à poissons. Un beau souvenir, léger et pas cher, à rapporter dans sa valise. (06 90 72 05 35 ; parking de la pointe des Châteaux ; 10h-17h30 lun-ven)

Se loger

Esprit Caraïbe GÎTES NATURE €

38 CARTE P. 74, D3

Dans un jardin tropical peuplé de plantes médicinales, ces 3 gîtes combleront les férus de nature et de grand calme. Tout en bois, ils possèdent chacun leur personnalité... Cernée de verdure et bien agencée, la "maison dans les arbres" est un nid pour robinsons amoureux. Dans la même veine, mais dissimulé sous des oliviers-pays, un bungalow – rudimentaire mais adorable – s'ouvre sur une belle cuisine extérieure. Enfin, la joyeuse "kaz à Mô" offre un intérieur très coloré. Les deux derniers gîtes peuvent accueillir jusqu'à 3 personnes. (06 90 84 12 13 ; www.esprit-caraibe.com ; chemin de la baie Olive ; maison/bungalow/kaz 60/70/80 € la nuit ;)

L'Hostellerie des Châteaux RÉSIDENCE HÔTELIÈRE €€

39 CARTE P. 74, E4

Cette résidence hôtelière offre des prestations de qualité. Ses 4 bungalows et ses 4 chambres donnent sur le restaurant et la piscine. Quelques touches de déco marine agrémentent des intérieurs plutôt sobres (TV, clim, frigo, baignoire pour certains). Le site, proche des anses de la Gourde et de Tarare, est tranquille et bénéficie d'une belle vue sur cette partie centrale de la pointe des Châteaux. (05 90 85 54 08 ; www.hostellerie-des-chateaux.com ; rte de la pointe des Châteaux ; d 110 €, bungalow 130 € petit-déj inclus ; resto tlj sauf dim soir et lun ;)

Le Moule

Aux XVIIe et XVIIIe siècles, avant l'émergence de Pointe-à-Pitre, la ville était le fief de l'aristocratie coloniale et le principal port sucrier de l'île. En 1826, on comptait 8 000 habitants, dont 7 000 esclaves ; outre la canne, les plantations produisaient du tabac, du café, du cacao, des épices et du coton. Au Moule se trouve le seul port de la côte atlantique : c'est d'ailleurs du môle construit pour protéger la rade à la fin du XVIIe siècle que la ville tire son nom. Le front de mer offre une belle promenade face à un horizon

© MARIE DUFAY

La Porte d'Enfer du Moule (p. 83)

dégagé. Le vent souffle fort une grande partie de l'année : il crée de magnifiques rouleaux chevauchés par les surfeurs, comme sur la plage de l'Autre Bord, l'un des spots les plus techniques de l'île. Le bourg est environné de champs de canne, avec de nombreuses ruines de moulins et d'usines sucrières.

Voir

Plage de l'Autre Bord FAMILIALE

40 CARTE P. 74, B1

À 1 km à l'est de la ville après la rivière d'Audouin, cette immense plage, protégée par un récif, est la plus proche du centre. On l'appelle aussi "plage des Alizés". Cette langue de sable clair, semée de cocotiers, de raisiniers et d'amandiers, convient à la détente comme à la baignade. Le week-end, les habitants pique-niquent sous les carbets. C'est dans ce quartier que se trouvait le bourg au début de la colonisation.

Grand-Place ARCHITECTURE

41 CARTE P. 74, A3

Le centre-ville, resté assez typique malgré les échoppes de prêt-à-porter bon marché qui y pullulent, mérite un coup d'œil, avec ses jolies maisons en bois et ses demeures plus bourgeoises. Rue Albert-Ier, l'ancienne maison Romana, du nom du maire qui l'acheta en 1920, est entièrement recouverte d'*essentes* (sortes de bardeaux) de bois. La Grand-Place, dallée, est bordée d'arbres et de bâtiments anciens : la mairie (1927) et ses tourelles en zinc,

À la distillerie Bellevue Damoiseau (p. 89)

l'école Lydia-Galleron conçue par l'architecte Ali Tur (1931)... La très belle église Saint-Jean-Baptiste, en pierre blonde et de style néoclassique (1850), est classée monument historique. Sa charpente en bois fait penser à la coque d'un bateau. Malgré les brise-lames, l'avant-port est battu par les déferlantes : au fond du port, on voit la batterie construite en 1768. Le long de la rivière d'Audouin, vous verrez les ruines d'une ancienne douane et d'un fortin doté de canons, datant de la première fondation française.

Musée archéologique Edgar-Clerc HISTOIRE AMÉRINDIENNE

42 CARTE P. 74, A1

Situé à l'ouest de la ville (sur la D123, tournez à Rosette sur la route de Pointe-à-Pitre) et construit en 1984 sur un site somptueux dominant la mer, ce musée constitue une intéressante introduction à l'héritage amérindien de la Guadeloupe et des îles voisines. Le produit des fouilles pratiquées sur les sites précolombiens de la région y est conservé et une partie – poteries, outils, rites funéraires, bijoux... – y est exposée. Visite guidée possible du jardin amérindien le matin de 8h à 12h. (05 90 23 57 57/05 90 23 57 43 ; rte de la Rosette ; entrée libre ; musée lun-ven 9h-17h, jardin 8h-17h)

Domaine de Zévallos ARCHITECTURE COLONIALE

43 CARTE P. 74, C2

Avec son ossature en fer forgé conçue par l'atelier de Gustave Eiffel, la bâtisse ressemble à s'y méprendre au musée Saint-John-Perse de Pointe-à-Pitre (p. 41). Et pour cause, ces deux maisons coloniales avaient été commandées par un riche Louisianais qui souhaitait les offrir à ses deux filles ; mais le bateau qui transportait leur armature subit des avaries après un cyclone et le capitaine, contraint de faire escale en Guadeloupe, les vendit aux enchères pour faire réparer son navire. Près de la demeure, on peut voir l'ancienne usine sucrière datant de 1877. Visite guidée riche en détails et anecdotes. Le site, qui a reçu récemment un financement en provenance du Loto du Patrimoine, doit faire l'objet de travaux de rénovation : renseignez-vous. (06 90 15 70 57 ; www.habitationzevallos.com ; Zévallos, sur la N5 à 7 km du Moule en venant de Saint-François ; 6 €, gratuit -12 ans ; visite mar-jeu 16h sur réservation, visite apéro ven à 16h30, 13 €)

Distillerie Bellevue Damoiseau DISTILLERIE

44 CARTE P. 74, A2

Cette distillerie, la plus importante de Guadeloupe, est surtout intéressante à visiter le matin (entre 7h30 et 14h), au moment de la récolte de la canne (entre mars et fin juillet environ). On y découvre, en complète autonomie, un ancien moulin restauré, une machine à vapeur et tous les outils qui servaient à produire du rhum autrefois. Le tout étayé de quelques panneaux explicatifs. Boutique sur place. L'accès est indiqué sur la gauche à la sortie du Moule, en direction de Morne-à-l'Eau. (05 90 23 55 55, boutique 05 90 23 47 10 ; www.damoiseau.fr ; Bellevue ; entrée libre ; distillerie 7h30-17h lun-sam, boutique 8h-17h30 lun-sam, fermé dim et jours fériés)

Maison du crabe ÉLEVAGE DE CRABES

HORS CARTE P. 74, A2

Une grande variété de ces crustacés peuple les terrariums de cette exploitation familiale. On peut les observer, en acheter… mais aussi les déguster dans le petit restaurant contigu, qui propose, sur réservation, ses spécialités de court-bouillon, crabe farci, brandade et pâté de crabe, ainsi que les célèbres matété (plat de riz au crabe de terre) et *kalalou* (soupe de crabe). La maison est indiquée depuis la route qui mène à Morne-à-l'Eau, à un peu plus de 3 km du Moule. (06 90 42 33 71/06 90 90 83 71 ; section Duteau ; visite adulte/enfant 5/4 €, menu 30 €, enfant 15 € ; 9h30-16h mar-sam)

Usine Gardel SUCRERIE

45 CARTE P. 74, B2

Dernière survivante des quatre usines à sucre de la Guadeloupe (avec celle de Marie-Galante, à la pointe de Folle-Anse) dont elle évoque le passé cannier, l'usine est une curiosité industrielle à l'aspect haussmannien, avec poutres métalliques et briques. Vous aurez peut-être la chance de la visiter avec l'un de ses plus anciens employés. Les groupes étant limités à 10 personnes, pour vous assurer une place, arrivez un petit quart d'heure avant les horaires de visite. Accès au site interdit aux moins de 12 ans. Chaussures fermées obligatoires (et pantalon pour les femmes). Ouvert uniquement durant la campagne sucrière. Boutique (voir p. 92) sur place. (05 90 23 37 75 ; www.gardel.fr ; N5, entre Zévallos et Portland ; adulte/enfant 9/4,50 € ; visites 9h, 11h et 16h lun-ven, 9h et 11h sam, de mi-fév ou début mars à fin juin)

Activités

Supin'Gwada
STAND-UP PADDLE

Cette structure sympathique, qui fonctionne en itinérant, propose de vous faire découvrir le stand-up paddle dans la mangrove, sur le plan d'eau de la rivière d'Audouin – très abrité, et donc idéal pour s'initier –, mais aussi en mer, lorsque la météo est clémente. Tarifs dégressifs selon le nombre de participants. Location de matériel également (25 €/2 heures). (06 90 00 66 13 ; www.supingwada.com ; 2 heures 35 € ; tlj sur demande)

Wanalao
PLANCHE À VOILE

46 CARTE P. 74, B1

Posté sur la plage des Alizées, ce club hyper-convivial propose des cours de planche à voile, niveau débutant ou avancé, et des stages pour les enfants pendant les vacances scolaires. Des sessions de 1 heure réservées aux femmes sont organisées le dimanche matin. Location de planches classiques (15 €/h) ou freeride (25 €/h), de planches de surf (20 €/h), de paddle (15 €/h), ainsi que des jeux de plage (ballons de beach-volley, de beach-soccer, raquettes de tennis, etc. ; 3 €/h). Petite restauration sur place. After-sessions musicales en fin de journée le samedi. (06 90 52 44 06 ; www.wanalao.fun ; plage de l'Autre-Bord ; cours individuel/collectif/femmes 1 heure 35-55/25-40/25 € ; mer-jeu 10h-17h, ven 10h-14h, sam-dim 9h30-17h, jusqu'à 20h le samedi)

Molem-Gliss
KAYAK ET SUP

47 CARTE P. 74, B1

La base de kayak du Moule est installée entre la plage et le pont de la rivière d'Audouin. C'est la plus titrée de Guadeloupe ! Vous pourrez y louer des kayaks dits "seat on top", extrêmement stables, ou des planches de paddle (SUP), et partir à la découverte de la mangrove en toute autonomie... Balades accompagnées possibles également. (05 90 90 08 69/06 90 91 77 95 ; www.kayak-moule.fr ; 55 rte de Saint-François, dans les locaux de la base nautique municipale ; location kayak/SUP 10 €/heure, 20 €/demi-journée, visite guidée 30-35 €/pers, gratuit -6 ans ; lun-sam 8h-12h30 et 13h30-16h30)

Arawak Surf Club
SURF

Affilié à la FFS, ce club reconnu donne des cours de surf tous niveaux et âges confondus. Aaron, diplômé, a été plusieurs fois champion de Guadeloupe. Les leçons sont données à différents endroits de l'île, mais surtout, pour les débutants, sur le spot du Helleux, à Sainte-Anne (p. 63) ou à Port-Louis (p. 104). Réservation par téléphone. (06 90 47 89 05 ; Boisvin ; séance 1 heure 30 25 €, 5/10 séances de 1 heure 30 135/250 € ; tlj sur demande)

Poyo Surf Club
SURF

48 CARTE P. 74, B3

Coup de cœur pour ce club réputé qui officie dans toute la

L'église Saint-Jean-Baptiste du Moule, de style néoclassique (p. 88)

Guadeloupe en itinérant. Cyrill, adorable et très pédagogue, propose des cours de surf (à partir de 6 ans) et de Bodyboard et organise des stages pendant les vacances scolaires. Location de planches (demi-journée/journée 15/20 €). Balades en SUP, notamment dans le Grand Cul-de-Sac Marin (35-38 € la demi-journée). (06 90 76 46 07 ; poyosurfclub.com ; rue Achille-René-Boisneuf, près de la mairie ; cours collectif 1 heure 30 adulte/10-16 ans/-10 ans 35/30/25 €, 5 séances adulte/10-16 ans/-10 ans 165/140/115 € ; mar-dim 10h-16h)

Se restaurer

Au Moule, le choix en termes de restauration est plutôt maigre, ne vous attendez donc pas à y goûter de la grande cuisine. Quelques adresses sauront toutefois combler votre appétit sans affecter votre budget.

Alaro Grill

GRILLADES €

49 CARTE P. 74, A3

Situé sur le front de mer, ce traiteur-grill a la faveur des habitants, et la nôtre ! Poulet ou porc boucané, poisson grillé, brochette de bœuf ou encore *ribs* y sont proposés à un prix imbattable. Servis sur place, sur l'une des petites tables en bord de rue, ou à emporter, avec un large choix d'accompagnements. (05 90 24 25 45 ; bd Maritime ; plats 4,40-10 € ; lun-sam 11h-23h)

Produits locaux

Le **marché agricole du Moule** (51 carte p. 74, A3 ; mer 15h30-20h30 ; bd du Général-de-Gaulle) permet de découvrir dans une ambiance conviviale les producteurs "péyi" (locaux). On y trouve légumes (christophine, igname, giraumon...), fruits et agrumes (pomme malacca, mombin, sapotille, tamarin...), piments et épices (muscade, vanille, coriandre, étoiles anisées, poudre de colombo...). On peut aussi y manger (acras, boudins, spécialités indiennes... cuits sur place) sur un air de biguine. Venez tôt : les étals sont vite dévalisés.

La Tonnelle

PETITS BUDGETS €

50 CARTE P. 74, A3

La "cantine" du Moule à petit prix. En centre-ville, cet établissement propose une cuisine simple et locale : du chatrou et du vivaneau, mais aussi du colombo de poulet, des fricassées d'ouassous, des travers de porc... À déguster sur place ou à emporter. (05 90 23 25 00/06 90 85 14 04 ; 86 rue Saint-Jean ; plat du jour 5-10 € ; 6h-16h lun-ven)

La Case à Saveurs

CRÉOLE €€

52 CARTE P. 74, A3

Dans cette case colorée située à un jet de pierre du front de mer, on se sustente d'une cuisine créole correcte et bien garnie, servie dans la bonne humeur. Colombos, ragoûts, ouassous au lait de coco, vivaneau... Fait également à emporter. Buffet à volonté le dimanche midi (25 €). (05 90 23 76 67/06 90 31 41 51 ; rue Saint-Jean ; plats 10-18 € ; tlj midi et ven soir, fermé ven midi)

Sortir

Le Schiva

DISCOTHÈQUE

53 CARTE P. 74, A1

Une discothèque incontournable (avec bar et restaurant indien attenants) si vous aimez le zouk love, le rétro zouk des années 1980, la musique latino et le dancehall. Coin VIP et soirées à thème. (05 90 23 53 59 ; baie du Moule ; entrée 10-20 € ; mar-sam à partir de 23h)

Shopping

La Maison du sucre

RHUM

54 CARTE P. 74, B2

Située juste à l'entrée de l'usine Gardel, cette boutique vend les produits de la sucrerie ainsi que des rhums, des punchs, des liqueurs, des sirops, des confitures, du miel... (05 90 21 04 39/06 90 71 98 75 ; N5, entre Zévallos et Portland ; hors campagne sucrière lun-ven 8h-14h et sam 8h-12h30, pendant la campagne sucrière lun-ven 9h-13h et 14h-17h et sam 9h-13h30)

Se loger

Domaine de Lauréal GÎTES FAMILIAUX **€€**

55 CARTE P. 74, A2

Excellent rapport qualité/prix pour ces 6 gîtes colorés de 2, 4, 5 ou 7 personnes, situés à quelques encablures du Moule, au cœur d'un jardin fruitier. Simples et tout équipés, ils offrent tout le confort nécessaire (petite terrasse privée, barbecue, piscine...) et rassemblent une clientèle d'habitués, charmés par l'atmosphère familiale et l'accueil chaleureux de Nadine et Max. (05 90 23 50 09/06 90 55 55 28 ; www.domainedelaureal.com ; chemin des Ignames, lieu-dit Lauréal ; bungalow s/d/tr/qua 240-310/290-370/315-460/340-490 € la semaine selon saison ;)

Le Moulin de la Baie BUNGALOWS **€€**

56 CARTE P. 74, A2

Dans un jardin tropical de 6 000 m^2, tout proche de la plage de la Baie, un vieux moulin veille sur 4 bungalows bleu et blanc avec terrasse (jusqu'à 5 pers) propres et bien équipés. Malgré la proximité de la route, on y est au calme et on profite de la piscine, ou de la pergola où Annick discute volontiers avec ses clients autour d'un cocktail. Location de voitures également. (05 90 91 73 58/06 90 32 65 55 ; Damencourt ; bungalow d 75-83 € la nuit selon saison + 13 €/pers supp ;)

Shambala Lodge BUNGALOWS ZEN **€€**

57 CARTE P. 74, A1

Un sans-faute pour ces 5 bungalows intimistes nichés dans un jardin tropical zen. Pensés pour 2 personnes, ils arborent une décoration épurée, tout en bois et tons clairs, disposent d'une cuisine ouverte sur une terrasse et un petit jardin privés, et d'une douche semi-extérieure d'inspiration balinaise. La piscine, avec sa vue partielle sur la mer, est divine, Pierre est charmant, et les petits-déjeuners très gourmands. Massages et cours de yoga à la demande. (06 90 55 79 57 ; www.shambalalodge.fr ; rte de la Clinique, Portland ; d 120-180 €/nuit selon saison, petit-déj 15 € ;)

Blue Bamboo BUNGALOWS EXOTIQUES **€€**

58 CARTE P. 74, B1

À deux pas de l'adresse précédente, cette propriété familiale dispose de 5 gîtes (2 à 4 pers) qui invitent à la déconnexion et au voyage : tonalités chaudes, meubles balinais, douche extérieure, petit jardin privé... Intimité et confort sont ici de mise. En sus, un spa avec possibilité de massages et une école de surf, où l'on peut également louer du matériel. (05 90 23 72 16 /06 90 35 42 62 ; www.bluebamboobungalows.com ; route de la Clinique, Portland ; d/qua 90-145/130-190 € la nuit selon saison ;)

Explorer

Nord Grande-Terre

Région la moins fréquentée de l'île – mais sûrement la plus authentique –, le nord de la Grande-Terre est une zone assez plate de pâturages et de champs de canne, fortement marquée par l'histoire sucrière et l'esclavage. La beauté sauvage du littoral s'y révèle dans des côtes assez découpées, comme à Anse-Bertrand, refuge des derniers Indiens Caraïbes de la Guadeloupe.

Profitez de la fraîcheur du matin pour vous rendre à la Porte d'Enfer (p. 99) d'où vous pourrez emprunter la trace des Falaises (p. 100) jusqu'au trou à Man Coco (p. 99) et au trou du Souffleur (p. 99). Reprenez la route vers la pointe de la Grande-Vigie (p. 99) pour un panorama magnifique sur les îles d'Antigua et de Montserrat – et, en saison, le spectacle des baleines à bosse –, puis filez déjeuner à l'une des bonnes tables de l'Anse-Bertrand (p. 100). Pour digérer, partez vers Port-Louis à pied par les traces qui longent le littoral (p. 101) et piquez une tête sur la magnifique plage du Souffleur (p. 104). Autre option : faites cap vers Vieux-Bourg (p. 110) pour découvrir en kayak l'écosystème fragile de la mangrove, puis rejoignez à temps Port-Louis (p. 104) pour admirer le coucher du soleil.

Comment y aller et circuler

La location d'une voiture est indispensable dans le nord de Grande-Terre.

Carte du nord de Grande-Terre p. 98

Pointe de la Grande-Vigie (p. 99) © MARIE DUFAY

Les incontournables

Grand Cul-de-Sac Marin

Cette baie parsemée d'îlets s'étend sur 24 500 ha entre Port-Louis (Grande-Terre) et Sainte-Rose (Basse-Terre). Fermée par un récif de corail de 29 km, elle abrite plusieurs écosystèmes – forêt marécageuse, prairie humide, marais herbacé et mangrove – protégés depuis 1987 par une réserve de 3 700 ha. Les activités dans la baie sont réglementées, mais certaines zones, tel l'îlet Caret, souffrent de la fréquentation touristique.

CARTE P. 98, A4-5

Principaux accès : Petit-Canal (p. 107), Vieux-Bourg (p. 110) et Sainte-Rose (p. 174)

Le Grand Cul-de-Sac Marin et ses îlets se découvrent lors d'excursions combinant approche naturaliste et détente au départ de Petit-Canal (p. 107), de Vieux-Bourg (p. 110) et, sur Basse-Terre, de Sainte-Rose (p. 174) et de Baie-Mahault (p. 178). Accompagné d'un guide, vous allez d'un îlet à l'autre, débarquant sur certains pour un pique-nique, et sur d'autres pour une exploration en snorkeling des fonds marins ou de la mangrove :

Îlet Fajou Le plus grand îlet de la baie (100 ha) est presque entièrement recouvert de mangrove et ses plages constituent des sites de ponte pour les tortues imbriquées. On n'y accoste pas, mais ses eaux turquoise et poissonneuses sont idéales pour la plongée. Sur l'îlet s'élèvent encore les ruines d'un four à chaux construit autour de 1850.

Îlet à Christophe D'une superficie inférieure à 1 ha, l'îlet est habité depuis les années 1970 par un ermite devenu de fait le gardien de l'île.

Îlet aux Oiseaux Apparu après le cyclone Hugo en 1989, non loin du port de pêche de Sainte-Rose, cet îlet au sable blanc sert de lieu de nidification aux sternes de mai à août. Il est alors interdit d'accoster.

Îlet de la Biche Un magnifique îlot de sable blanc avec une petite cabane de pêcheur dans laquelle on peut déjeuner à l'ombre, sur des tables dont les pieds baignent dans une mer à 28°C.

Îlet Kahouanne 20 ha de falaises, plages, mangrove et forêt sèche (gommiers rouges, mancenilliers, sapotilliers...) ; l'îlet est un lieu de ponte des tortues marines et sert de dortoir aux pélicans bruns.

Îlet Tête à l'Anglais D'origine volcanique, cet îlet de 1,5 ha est couvert de cactacées et d'arbres ; il accueille sternes, frégates et fous bruns.

★ À savoir

- La baie et ses fonds se prêtent à merveille à la plongée (voir p. 106), qui permet de découvrir hydraires, diodons et anémones, coraux charnus et rascasses volantes.
- On peut découvrir la mangrove, qui sert d'habitat à de nombreux crustacés, oiseaux et tortues marines, lors de randonnées pédagogiques familiales (voir p. 106).
- Le parc national de Guadeloupe essaie de réintroduire le lamantin (voir p. 25) dans le Grand Cul-de-Sac Marin. Ce gros mammifère aquatique et herbivore, surnommé la "vache de mer", a disparu il y a plus d'un siècle des eaux guadeloupéennes, victime de la chasse (pour son huile et sa chair).

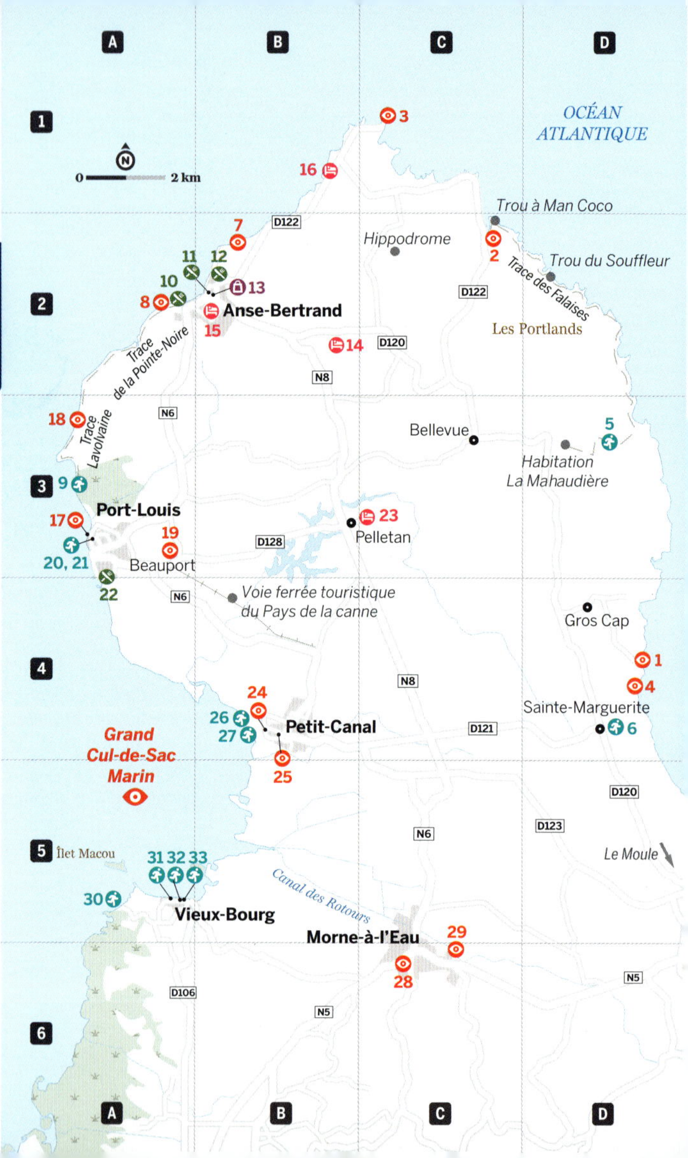

OCÉAN ATLANTIQUE
0 2 km
Trou à Man Coco
Hippodrome
Trou du Souffleur
Trace des Falaises
Les Portlands
Anse-Bertrand
Trace de la Pointe-Noire
Trace Lavolvaine
Bellevue
Habitation La Mahaudière
Port-Louis
Beauport
Pelletan
Voie ferrée touristique du Pays de la canne
Gros Cap
Sainte-Marguerite
Petit-Canal
Grand Cul-de-Sac Marin
Îlet Macou
Le Moule
Vieux-Bourg
Canal des Rotours
Morne-à-l'Eau
D122
D120
N8
N6
D128
D121
D123
N5
D106

La côte, du Moule à Anse-Bertrand

Voir

Anse Maurice FAMILIALE

1 CARTE CI-CONTRE, D4

À hauteur de Gros-Cap, sur la D120, une belle plage vous tend les bras. Bien entretenue et familiale, elle est équipée de carbets pour le pique-nique. Les alizés puissants et l'absence quasi totale de barrière de corail rendent les eaux limpides, mais dangereuses si l'on s'éloigne du rivage. On accède à la plage par la route située en face du bureau de poste de Gros Cap. Passez devant le château d'eau à gauche et prenez à droite devant l'abri de ramassage scolaire. Suivez cette direction toujours tout droit et garez votre voiture en bas (la descente est raide), près de la plage.

Une petite faim ? **Chez Pinpin** (05 90 22 52 97 ; plats 8-20 € ; midi tlj) sert de très bons colombos de cabri et de poulet ainsi que du poisson et des fruits de mer.

Porte d'Enfer PLAGE MYSTIQUE

2 CARTE CI-CONTRE, C2

Malgré son nom, la Porte d'Enfer est une belle petite anse bien abritée, avec une plage bordée de falaises de 80 m de haut. L'eau, peu profonde, autorise la baignade. À l'extérieur, la mer se fait plus forte, parcourue par de puissants courants. Près de la plage, des tables à l'ombre permettent de pique-niquer. On trouve aussi un restaurant. Plus au nord, vous bénéficierez d'un beau point de vue sur la plage et les falaises escarpées de la côte. À 10 minutes à pied par le sentier des douaniers (il part à droite de la plage), on accède au **trou à Man Coco** (carte ci-contre, C2), une grotte percée où la mer souffle en geyser. La légende veut que l'endroit soit fréquenté, aujourd'hui encore, par des sorciers locaux... Quoi qu'il en soit, le spectacle est impressionnant.

On peut aussi se garer au **trou du Souffleur** (carte ci-contre, D2), plus au sud, pour récupérer la trace des Falaises (voir p. 100) jusqu'à la Porte d'Enfer. Comptez 1 heure 30 environ.

Pointe de la Grande-Vigie PANORAMA

3 CARTE CI-CONTRE, C1

Le point le plus septentrional de la Guadeloupe offre un beau panorama depuis les hautes falaises rongées par l'océan, couvertes d'une végétation quasi méditerranéenne. Par temps clair, on aperçoit les îles d'Antigua au nord et de Montserrat au nord-ouest, toutes deux distantes de 75 km environ. On peut y observer des baleines en saison. Chaussures fermées requises. Sous le carbet jouxtant le parking, **Kannel et Miskad**, dont la boutique est basée à Anse-Bertrand (p. 103), vend, en haute saison, un sorbet coco réputé pour être l'un des meilleurs de Guadeloupe.

Le cimetière d'esclaves de l'anse Sainte-Marguerite

Juste au sud de l'anse Maurice, le passage du cyclone Luis en 1995 a mis au jour, sur la plage de l'anse Sainte-Marguerite, un **cimetière** (4 carte p. 86, D4) d'époque coloniale. Vaste et bien conservé, cet ensemble funéraire de plusieurs centaines de tombes a été longuement étudié par des équipes d'archéo-anthropologues. Environ un millier de personnes y ont été inhumées durant un siècle. Unique dans les Antilles, il a permis de révéler l'extrême dureté des conditions de vie des esclaves grâce aux analyses faites sur les ossements. Le site est accessible en permanence au public, mais n'est pas toujours très bien entretenu. En venant du Moule (p. 86), prenez la D123 ; après 8 km environ, tournez à droite au niveau de la chapelle et suivez la direction "anse Sainte-Marguerite".

Activités

Trace des Falaises — RANDONNÉE

5 CARTE P. 98, D2

Ce sentier des douaniers part des ruines de l'habitation la Mahaudière (une cotonnerie de la fin du XVIIIe siècle qui produisit ensuite du sucre jusqu'à la Révolution) jusqu'à la Porte d'Enfer. Il traverse les champs de canne avant de piquer sur la pointe Petit-Nègre et de longer l'Atlantique vers le nord en passant par le **trou du Souffleur** (carte p. 98, D2), près de la pointe du même nom. Comptez 4 heures 30, et partez de préférence le matin. Depuis Anse-Bertrand, prenez la N8 direction Les Mangles sur 2 km puis la D120. Le site est près d'un croisement à la sortie de la section Campêche.

A2L Parapente — PARAPENTE

6 CARTE P. 98, D4

Sam Sperber, instructeur de parapente diplômé FFVL, multititré, propose des baptêmes biplaces de 20 minutes, survolant la côte nord, ou de 35 minutes, permettant d'aller jusqu'au Grand Cul-de-Sac Marin, voire vers la Soufrière, accessibles aux personnes à mobilité réduite. Pour ceux qui rêvent de voler un jour en solo, également des stages découverte (6 x 3 heures) ou progression (12 x 3 heures). (06 90 58 40 05 ; www.a2l-parapente.com ; 21 allée des Champs, Morel, D120 ; baptême 20/35 min 80-90/120-130 € selon le nombre de pers, stages 790-1 490 € ; mi-oct à fin avr)

Anse-Bertrand

Cette tranquille petite ville côtière ne laisse rien paraître de son passé opulent. Anse-Bertrand fut en effet le lieu de villégiature privilégié de l'aristocratie guadeloupéenne aux XVIIe et XVIIIe siècles. Son cimetière, avec ses tombes très anciennes, mérite une visite pour

Une Porte d'Enfer (p. 99), qui porte bien mal son nom...

son paisible cadre en bord de mer. L'hippodrome Saint-Jacques (le dernier de Guadeloupe) attire les turfistes chaque dimanche de décembre à juin. Enfant du pays né à Pointe-à-Pitre, le footballeur Lilian Thuram a grandi ici.

Voir

Anse Laborde

SURF

7 CARTE P. 98, B2

Située à 1 km au nord-est d'Anse-Bertrand, cette petite plage de sable est battue par les vents et ses vagues sont dangereuses... sauf pour les surfeurs locaux, qui viennent ici en nombre ! Si vous vous mettez à l'eau, faites très attention au courant qui porte au large et ne vous éloignez pas du rivage.

Plage de la Chapelle

FARNIENTE

8 CARTE P. 98, A2

Cette belle étendue de sable blanc, tranquille et agréable pour la baignade (faites cependant attention aux récifs), est surtout fréquentée par les surfeurs et les Ansois. Ses vagues et ses cocotiers contenteront les amateurs de farniente. On peut pique-niquer sous les carbets.

Activités

Traces du littoral

BALADE

9 CARTE P. 98, A2-A3

D'Anse-Bertrand à Port-Louis, deux traces continues (la trace de la Pointe-Plate et la trace Lavolvaine) longent le littoral et vous conduisent en 1 heure et demie (7 km, balisage jaune) à travers la mangrove jusqu'à la plage du Souffleur. On part du cimetière, en longeant la mer sous les cocotiers et les pourpriers, en regardant les pêcheurs et les surfeurs à l'œuvre. Une demi-heure plus tard, on est à l'anse Colas. Un sentier de calcaire passe entre les mornes sous un ancien moulin, puis devant les champs de canne. Plage, palétuviers, prairies et marais se succèdent jusqu'à la chapelle de la pointe d'Antigues. Environ 500 m plus loin, on peut opter, sur la gauche, pour un sentier qui fait un détour à travers le marais de Port-Louis, ou continuer le long du rivage jusqu'à la plage du Souffleur (voir p. 104). Mieux vaut commencer la promenade à marée basse.

La houle de l'anse Laborde (p. 101)

Se restaurer

Le Zion-Train

CRÉOLE €€

10 CARTE P. 98, A2

Ce restaurant familial propose une cuisine créole simple et généreuse, qui se déguste, dans la bonne humeur, sur une terrasse naturellement ventilée, en surplomb de la plage de la Chapelle. Une superbe vue, qui se ressent toutefois au niveau des prix. Un bon point pour les assiettes combinées, comme la "créole" : acras, boudin, accompagnés de gratin de légumes-pays, de fruits et de crudités. Les budgets serrés préféreront son petit frère : un camion vert, jaune et rouge planté directement sur le sable, qui vend crêpes, galettes et sandwichs (3-5 €). (05 90 20 62 04 ; plage de la Chapelle ; plats 13-35 €, menu langouste 40 € ; tlj midi sauf mer)

La Case à Fernand

CRÉOLE €€

11 CARTE P. 98, B2

De cette petite case en bois au centre du bourg – construite par le grand-père de Carole, la très sympathique patronne passionnée de navigation –, on aperçoit la mer, confortablement installé en terrasse. Le chef y prépare, à la minute, de savoureux plats créoles, élaborés notamment à partir de la pêche du jour : salade "ansoise" au filet de thazard vapeur, assiette "saveurs de la mer" avec poissons fumés et tartare de daurade... Beau choix de ti-punchs maison. Vivier à langoustes.

(05 90 22 24 29 ; 107 rue Schœlcher ; plats 15-20 €, menu 23 €, menu langouste 35 € ; tlj sauf lun, soir sur réservation, fermeture annuelle juil-nov)

Le Rayon de Soleil

CRÉOLE **€€**

12 CARTE P. 98, B2

Légèrement à l'écart du centre, cette petite adresse colorée suscite l'engouement pour sa cuisine créole subtilement revisitée. La carte, succincte, met en vedette les produits de la pêche locale : steak de thon mi-cuit accompagné d'un trio de sauces, ouassous à la crème de coco… Ou encore, langoustes flambées au rhum vieux. Très jolie vue sur la mer depuis la petite terrasse qui n'offre que peu de tables : réservez. (05 90 84 35 92/06 90 93 43 54 ; 6 rue du Commandant-Mortenol ; plats 19-24 €, langouste entière 39 € ; tlj midi sauf sam)

Shopping

Kannel et Miskad

DOUCEURS ARTISANALES

13 CARTE P. 98, B2

Lorsqu'ils ne sont pas sur le parking de la pointe de la Grande-Vigie (voir p. 99), c'est ici que les adorables Nicaise et Jean-Pierre proposent leurs douceurs artisanales. Sorbets originaux (avocat, curcuma-gingembre…), pâtés et gâteaux aux fruits pays, "popotes à fruits à pain", sucre à coco, confitures… À emporter ou à déguster sur la petite terrasse arc-en-ciel de l'autre côté de la rue. (06 90 94 22 15 ; 16 rue Gratien-Candace ; déc-mai et mi-juil à août mar-ven 14h30-18h, sam-dim jusqu'à 20h, se renseigner le reste de l'année)

Se loger

Gîtes de Mon Trésor

PRÈS D'UN MOULIN **€€**

14 CARTE P. 98, B2

Nichés dans un beau jardin tropical de 2 000 m², ces 3 gîtes aux couleurs acidulées, récemment repris par un couple de Normands très chaleureux, ont bénéficié d'un rafraîchissement bienvenu. Agencés autour d'une petite piscine, ils arborent une déco coquette et sobre. Chaque bungalow dispose de deux chambres et peut accueillir jusqu'à 6 personnes. Le plus grand correspond au bas de maison des propriétaires et possède deux salles de bains. Barbecue commun et lave-linge à disposition (4 €). (05 90 22 20 01/06 83 28 93 63 ; www.gites-mon-tresor-guadeloupe.com ; rue du Moulin-de-Mon-Trésor ; gîte 4/5/6 pers 380-440/422-510/464-580 € la semaine selon saison ; @ P)

Ti Coin Paradis

PRÈS DE LA PLAGE **€€**

15 CARTE P. 98, B1

Dans une impasse tranquille, à quelques minutes à pied de la jolie plage de la Chapelle, deux beaux gîtes en bois, modernes et tout équipés, décorés avec goût, blottis dans la végétation et séparés par une petite piscine. Chaque gîte possède deux chambres ; le plus grand jouit également de deux salles de bains, ainsi que d'une terrasse plus spacieuse. Sympathique accueil d'Aurélie et Matthieu. Possibilité de repas le premier soir (15-18 €). (☎ 06 90 57 51 15 ; ticoinparadis971@gmail.com ; rue des Tamariniers ; d/tr/qua 90-115/99-112/129 € selon confort ; 📶 🏊 ❄)

Domaine de la Grande Vigie

VILLAS VUE MER €€€

16 🛏 CARTE P. 98, B1

Une adresse de charme, et confidentielle, à quelques encablures de la pointe de la Vigie : ces 6 spacieuses villas sont aménagées avec goût, climatisées, et indépendantes les unes des autres. On profite d'une vue exceptionnelle sur le grand large et, par temps dégagé, sur l'île de Montserrat, alangui dans le jardin tropical ou barbotant dans la piscine bordée de cocotiers. Réservez tôt, la clientèle est fidèle ! (☎ 05 90 22 14 74/06 90 54 85 28 ; www.domainedelagrandevigie.com ; croisement des rtes pour la Grande-Vigie et la Porte d'Enfer ; villa d/qua 65-95/93-113 € la nuit selon saison ; 📶 ❄ 🏊 🅿)

Port-Louis

Ses vieilles maisons en bois aux couleurs vives, sa grand-rue bordée de réverbères et un petit port de pêche abrité font de Port-Louis un bourg pétri de charme. Depuis le boulevard le long de la mer, vous pourrez admirer la vue sur Basse-Terre et l'îlet Fajou. Venez-y de préférence tôt le matin, pour la belle lumière, ou en fin d'après-midi, car c'est l'un des plus beaux endroits de l'île pour contempler le coucher du soleil. Attention toutefois aux *yen-yen*, ces petits moustiques qui sévissent en fin de journée. L'église Notre-Dame-du-Bon-Secours (1891) possède une charpente en métal de 1894, une belle voûte lambrissée et un autel en marbre rendant hommage à la foi des esclaves libérés.

Voir

Plage du Souffleur

SPORTIVE ET FAMILIALE

17 👁 CARTE P. 98, A3

Située au nord de la ville, cette longue plage de sable doré, bordée de cèdres blancs, est idéale pour la baignade, mais très fréquentée, et bruyante, le week-end. Contrairement à ce qui est dit parfois, les courants maléfiques n'y sévissent pas ; quelques belles vagues ravissent cependant les surfeurs. Échoppes et camions à bokits sont installés près du parking, parfois payant (2 €). Douches et WC (payants). Près de la plage, on trouve un cimetière de pêcheurs aux tombes entourées de lambis ou de plaques de zinc.

Anse Lavolvaine

PLAGE ET MANGROVE

18 👁 CARTE P. 98, A3

Derrière le parking de la plage du Souffleur, la route mène, sous les

© NICOLAS BENZONI

Parcourez les champs de canne à bord d'un petit train dans le domaine de Beauport

arbres, aux marais de Port-Louis, puis encore 1 km plus loin, à l'anse Lavolvaine, moins fréquentée que la plage du Souffleur et tout aussi agréable.

Le sentier de la trace Lavolvaine part de la plage du Souffleur, passe par la mangrove, le cimetière, une chapelle et l'anse Lavolvaine, jusqu'à Pointe-Plate (voir p. 101). Un sentier alternatif (30 minutes environ) permet de découvrir la mangrove de l'intérieur : prenez à droite peu après le cimetière pour découvrir une passerelle en bois, qui serpente entre les troncs et les racines jusqu'au cœur du marais. On rejoint ensuite l'itinéraire principal à la pointe des Mangles, au niveau d'un observatoire ornithologique. Il est ensuite possible de pousser jusqu'à Anse-Bertrand par la trace de la Pointe-Plate (voir aussi p. 101).

Domaine de Beauport

MUSÉE DE LA CANNE

19 CARTE P. 98, A3

À quelques encablures du bourg, cette ancienne usine reconvertie en musée reproduit le circuit de la fabrication du sucre, qui se tint ici jusque dans les années 1960. Ce site de 8 ha à vocation touristique vous embarque, à l'aide d'un audioguide, dans l'histoire de la canne à sucre à travers, notamment, des témoignages enregistrés d'anciens travailleurs d'usine. Le circuit en train à travers les champs de canne (45 minutes) emprunte les anciennes voies de chemin de fer de l'usine, par lesquelles transitaient les chargements. Dégustation de jus de canne en fin de parcours. Au regard du prix d'entrée, une visite commentée serait toutefois bienvenue. (05 90 22 44 70/05 90 22 44 72 ; www.beauportlepaysdelacanne.com ; accès fléché à l'entrée de Port-Louis, en venant de Petit-Canal ; adulte/enfant 4-12 ans avec train 15/10 € ; 9h-17h tlj sauf lun, départ du train mar-dim 10h-12h et 14h-16h, sam 11h-12h et 14h-15h)

Activités

Eden Plongée

PLONGÉE

20 CARTE P. 98, A3

Ce club très accueillant propose des plongées dans le Grand Cul-de-Sac Marin, les grottes de Port-Louis ou les falaises de la Grande-Vigie, et surtout des randonnées subaquatiques à la demi-journée en compagnie d'un guide spécialiste en biologie marine (4 pers au minimum). Également des formations FFESSM et PADI, des stages d'identification des espèces et de photographie subaquatique. (05 90 22 87 27/ 06 90 68 12 27 ; www.edenplongee.fr ; 25 bd Achille-René-Boisneuf ; baptême adulte/8-12 ans 55/50 €, explo adulte/8-12 ans 45/42 €, rando sub adulte/8-12 ans 35/30 € ; tlj)

Souffleur Pòlwi Surf Center

SURF

21 CARTE P. 98, A3

Avec ses vagues lisses et son décor sublime, le plan d'eau de la plage du Souffleur est le spot idéal pour commencer le surf. Max Marianne, ancien bodyboarder professionnel, vous y initiera avec sérieux et enthousiasme. Location de matériel, cours de Bodyboard et de paddle également. (06 95 33 55 09 ; www.polwisurfcenter.com ; plage du Souffleur ; cours 2 heures surf et Bodyboard 40 €, stage 5 x 2 heures 150 €, initiation 1 heure SUP 50 € ; tlj 10h-19h)

Se restaurer

La Corrida du Sud

PRODUITS DE LA MER **€€**

22 CARTE P. 98, A3

Cette adresse 100% locale, à deux pas du port, est un endroit stratégique pour écouter les conversations des pêcheurs venus boire un verre. Les menus, simples mais goûteux, proposent quotidiennement des crudités, suivies d'acras et de boudin créole, d'un dessert, le tout arrosé d'un petit vin. Très bon poisson grillé, blaff de viande, colombo de cabri... Sur place ou à emporter. (05 90 22 92 33 ; Zéphir, près du port de pêche ; menu 14-16,50 € ; midi lun-sam)

Se loger

Studios Kaladja

À LA CAMPAGNE **€**

23 CARTE P. 98, B3

Voici 4 studios impeccables, agencés autour d'une petite piscine bordée de végétation tropicale, dotés de tout le nécessaire pour faire une étape agréable : lits jumeaux ou doubles, kitchenette, petite terrasse, buanderie commune et barbecue. Également un F3, pouvant accueillir jusqu'à 6 personnes, avec deux chambres, deux salles de bains et une cuisine tout équipée. Petits-déjeuners gourmands, servis à la demande, sous le carbet commun, et traiteur créole à deux pas. Accueil chaleureux. (05 90 22 38 98/ 06 50 85 00 03 ; www.gitekaladja.com ; Pelletan-Plaisance ; studio 60-70 € la nuit et 385-455 € la semaine ; F3 110-130 € la nuit et 735-875 € la semaine selon saison, petit-déj 12 € ;)

Petit-Canal

L'histoire du village de Petit-Canal est liée aux champs de canne à sucre environnants, comme en témoignent les nombreux vestiges de moulins à vent. Son nom vient du canal creusé au XVIIIe siècle pour assurer un mouillage sûr aux bateaux qui venaient y faire commerce. Il porte également en lui la mémoire de l'esclavage à travers certains monuments qui rappellent qu'ici débarquaient les bateaux négriers d'Afrique.

Sur la N6, entre Port-Louis et Petit-Canal, vous remarquerez deux temples hindous peints aux couleurs du drapeau indien, construits pour les immigrants tamouls qui vinrent travailler sur l'île après l'abolition de l'esclavage en 1848. Ils ne se visitent pas.

Voir

Escalier des Esclaves MONUMENT

24 CARTE P. 98, B4

La période exacte de la construction de cette volée de 49 marches en pierre de taille, jalonnée des noms d'ethnies africaines réduites en esclavage, est floue, mais la date de 1848 est souvent avancée. C'est un lieu de mémoire à forte portée symbolique : une fois débarqués, les esclaves empruntaient ces marches jusqu'à la place de l'église où ils étaient vendus. De là s'observe le début du canal de navigation des Rotours, long de 7 km, percé entre 1826 et 1829 par environ 300 hommes (libres et esclaves) ; 30 y laissèrent la vie. Servant au transport du sucre, il fut emprunté pour cet usage jusqu'en 1979.

Escalier des Esclaves

Non loin, on peut voir les ruines de l'ancienne prison des esclaves, aujourd'hui dévorée par les racines d'un figuier "maudit", comme une revanche de la Nature sur l'Histoire. Enfin, en bas des marches, se dresse le tambour géant de "la flamme éternelle à l'esclave inconnu", où chaque 1er mai Petit-Canal célèbre l'Abolition.

Musée de la Vie d'antan ARTS ET TRADITIONS POPULAIRES

25 CARTE P. 98, B4

Inauguré en 2001, c'est le premier musée des arts et traditions populaires de Guadeloupe. Modeste et réservé aux inconditionnels du sujet, il présente de façon plutôt kitsch des objets de la vie domestique quotidienne, comme des vêtements et ustensiles de cuisine, ou encore des instruments de médecine, depuis l'époque des Amérindiens jusqu'au début du XXe siècle. Cette initiative a pour but d'aider les générations futures à s'approprier leur passé... (05 90 83 33 60 ; rue de l'Église ; adulte/enfant 5/2 € ; 8h-13h et 13h45-16h lun, mar, jeu, 8h30-14h45 ven, 8h30-12h mer et sam, fermé dim)

Activités

Sea Step and Sun STEP PADDLE DANS LA MANGROVE

26 CARTE P. 98, B4

Plus stables que les paddles classiques, les paddles à pédales permettent de se déplacer sur l'eau avec facilité tout en s'amusant. La charmante Mélissa vous propose de découvrir cette activité originale en autonomie ou au cours d'une excursion guidée dans la mangrove, incluant arrêt baignade et rafraîchissement sur la plage de Pointe-Sable. Une sortie accessible aussi aux familles : les enfants de moins de 30 kg se calent sans risque à l'arrière de la planche. (06 90 85 40 03 ; port de Pêche ; sortie adulte/enfant 45-49/10-20 €, location 1/2 heures 15/25 € ; jusqu'à 3 départs par jour, sur réservation)

Clarisma Tour BATEAU À FOND DE VERRE

27 CARTE P. 98, B4

Cette vedette à fond de verre propose 3 promenades sur la mangrove. Une le matin (2 heures 30 ; 30 € ; départ à 9h), qui passe sur la barrière de corail, avec arrêt snorkeling, et se rend aux îlets aux Oiseaux et Rousseau. Une autre le soir (2 heures ; 25 € ; départ à 16h), qui prévoit un détour vers l'îlet aux Oiseaux pour observer les oiseaux marins au coucher du soleil. Enfin, la dernière, sur la journée (9h-16h, 70 €) comprend une baignade et un repas de langouste sur la plage de la pointe des Sables. (05 90 22 51 15/06 90 55 12 56 ; www.clarismatour.fr ; le port ; lun-ven)

Morne-à-l'Eau

Passage obligé des touristes débarquant à Pointe-à-Pitre

vers les plages du nord de Grande-Terre, Morne-à-l'Eau – prospère au XVIIIe siècle grâce à l'exploitation de la canne – n'offre aujourd'hui que peu d'attraits aux visiteurs. Quelques sites cependant méritent le détour, notamment son stupéfiant cimetière et l'église Saint-André, toute proche, œuvre en béton d'Ali Tur.

Voir

Cimetière

CURIOSITÉ

28 CARTE P. 98, C6

Au croisement de la N5 et de la N6, on tombe sur un cimetière tout à fait remarquable, tant par sa taille que par ses couleurs. Décorés, pour la plupart, de carreaux de faïence blancs et noirs disposés en damier, les caveaux surélevés et les tombeaux sont disposés en terrasses. Ce cimetière est devenu une curiosité touristique majeure et le crépitement des appareils photo remplace parfois le recueillement d'usage. À la Toussaint, il est illuminé de bougies : à ne pas manquer !

Musée du Pitt à coqs de Bélair

COMBATS DE COQS

29 CARTE P. 98, C6

Tradition guadeloupéenne vieille de plus de 500 ans, les combats de coqs tendent à disparaître aujourd'hui, mais on peut en découvrir les origines dans le musée de Dolorès Bélair, attenant à son pitt (salle de combats), dans la famille depuis plus de 70 ans. Entre janvier et juillet, elle organise

Le très photogénique cimetière de Morne-à-l'Eau

© MARIE DUFAY

Le port de Vieux-Bourg

également des combats un vendredi et un samedi par mois (10 € ou 20-30 € avec le repas, sur réservation ; se renseigner). À l'entrée de la ville en arrivant du Moule. (06 90 60 85 67/06 90 94 10 31 ; section Espérance RN5 ; visite musée, pesée et combat inclus adulte/enfant 5-11 ans 7/4 € ; 10h et 11h lun-mar, 10h, 11h et 15h ven, 9h dim sur réservation, fermé 1 sept-10 oct)

Vieux-Bourg

Porte d'entrée du parc naturel de Grand Cul-de-Sac Marin (voir p. 96), ce charmant petit bourg est doté d'un port de pêche et de quelques bars-restaurants où les habitués jouent aux dominos pendant la pause déjeuner. Face aux quais (où sont regroupés les nombreux prestataires proposant des excursions dans la réserve naturelle), l'îlet Macou abrite la petite chapelle de Notre-Dame-de-Saint-Macou, érigée en hommage aux marins disparus. On peut y débarquer.

Activités

Bel' Mangrov

VTT DES MERS

31 CARTE P. 98, A5

En petit groupe et accompagné par Guy, guide naturaliste, vous pénétrerez au cœur de la mangrove et du lagon de la façon la plus écolo possible... sur des "VTT des mers" ! Ces "catamarans biplaces à pédales" permettent une approche silencieuse et facile du milieu jusqu'à 50 cm de fond. Les enfants s'installent

Les bains de boue

Les bains de boue pour soigner les rhumatismes et embellir la peau sont une tradition guadeloupéenne qui remonte à l'époque de l'esclavage ; la **plage de Babin** (30 carte p. 98, A5) est l'un des lieux les plus connus pour pratiquer ces enveloppements. Se tartiner réciproquement le corps avec l'argile recueillie au fond de l'eau saumâtre, puis se laisser sécher près des palétuviers provoque toujours de grands éclats de rire. L'atmosphère du lieu est d'autant plus zen que cette plage de galets aux faux airs de lac n'attire que peu de touristes. Des carbets invitent au pique-nique et un caillebotis permet de se promener dans la mangrove sur une petite distance. La plage est à 2 km à l'ouest de Vieux-Bourg ; au rond-point de Dothémare, dépassez la caserne de pompiers et suivez les panneaux.

confortablement entre leurs parents. Vous ferez près de 15 km dans la journée, avec une pause repas (grillades sur la plage). (06 90 36 60 30 ; www.belmangrov.com ; port de Vieux-Bourg ; adulte/10-12 ans/2-9 ans repas compris 75/50/25 € ; tlj sur réservation, départ 8h45, 8h15 le week end, retour au coucher du soleil)

Ti Evasion

KAYAK

32 CARTE P. 98, A5

Sillonnez de façon ludique le Grand Cul-de-Sac Marin en canoë-kayak et découvrez son écosystème unique, en compagnie d'un guide incollable sur le milieu. Durant 3 heures, vous vous faufilerez au plus près des îlets coralliens, des plages désertes, de la mangrove et de ses habitants. Compris dans la prestation, prêt de masques et tubas, et boissons. (05 90 82 87 06/06 90 84 33 84 ; www.ti-evasion.com ; rte de Frebosse ; adulte/-12 ans 35/20 € ; tlj sauf lun, sur réservation, départ 9h et 14h30)

Ti Yot

BATEAU ÉLECTRIQUE

33 CARTE P. 98, A5

Ce bateau propulsé par des moteurs électriques vous permet de découvrir la mangrove sans bruit, et sans polluer ! Il embarque jusqu'à 8 personnes. À bord, Janick vous explique tout sur cet écosystème fragile et superbe. Petite escale pour le déjeuner avec menu poisson ou poulet (il y a même un bar flottant pour les verres de punch !). Prêt de palmes, masques, tubas, canne à pêche et jumelles pour l'observation de la faune. (06 90 58 22 11 ; www.ti-yot.com ; port de Vieux-Bourg ; adulte/enfant/enfant 3-9 ans 74/47/20 €/pers ; tlj sur réservation, départ 10h, retour 17h30)

Explorer

Est Basse-Terre

De Baie-Mahault (voir p. 178), la N1 longe la côte est de Basse-Terre jusqu'à Petit-Bourg : mer, champs de canne et collines offrent un cadre bucolique à la petite ville. À mesure que l'on s'éloigne de Petit Cul-de-Sac Marin, le paysage devient plus montagneux et verdoyant. De belles randonnées permettent de s'immerger dans la forêt humide, notamment aux alentours de Goyave, et la région s'enorgueillit des cascades les plus célèbres de Guadeloupe : les chutes du Carbet.

S'il ne pleut pas, partez tôt le matin explorer la forêt tropicale et les cascades de Basse-Terre : les chutes du Carbet (p. 122), la rivière Grosse Corde (p. 123) ou les chutes Moreau pour les sportifs (p. 118). Le temps n'est pas clément ? Profitez-en pour visiter les distilleries Longueteau (p. 118) et Carrère (p. 115). Faites ensuite une pause déjeuner à Beach Paradise (p. 119), avant de filer découvrir la flore guadeloupéenne dans le parc de Valombreuse (p. 115) ou le jardin de Cantamerle (p. 121). À l'heure de dîner, réservez le vendredi soir à la Maniocrie de Germaine (p. 121), pour déguster de délicieuses cassaves ; ou en fin de semaine au New Misty (116), pour une soirée concert.

Comment y aller

Des compagnies de bus privées desservent les principales communes entre Petit-Bourg et Bananier. Grand Sud Caraïbe (www.transportsgsc.com) relie Capesterre-Belle-Eau à Sainte-Marie et à la ville de Basse-Terre.

Pour atteindre la plupart des sites, notamment les départs de randonnées, une voiture est indispensable.

Carte de l'est de Basse-Terre p. 114

Les chutes du Carbet (p. 122)

A
B
C
D
1
2
3
4
5
6
Tabanon
Route de la Traversée
Fougère
Petit-Bourg
PETIT CUL-DE-SAC MARIN
D23
Vernou
Saut de la Lézarde
Forêt Sarcelle
La Rose
N1
La Moustique
Goyave
Pointe de la Rivière à Goyave
Plage de Sainte-Claire
Morne Belvédère
Rivière Moreau
Rivière Morin Premier Bras
Sainte-Marie
Forêt Georges
Forêt de Frédy
Forêt de Sainte-Marie
Plage de Roseau
PARC NATIONAL DE LA GUADELOUPE
Grande Rivière de la Capesterre
Morne du Col (1 263 m)
Forêt de Féfé
Pointe de la Capesterre
La Soufrière (1 467 m)
Capesterre-Belle-Eau
Grande Chute du Galion
Pointe du Carbet
La Madeleine
Bananier
0
2 km
1
2
3
4
5
6
7
8
9
10
11
12
13
14
15
16
17
18
19
20
21
22
23
24
25
26

Petit-Bourg

La petite ville, qui fut l'un des ports les plus actifs de la colonie au début du XVIIIe siècle, compte quelques commerces et un petit port de pêche, mais le voyageur ne trouve ici guère de raisons de s'attarder, surtout le soir. Juste au sud du bourg, la plage de Viard ravira surtout les amateurs de sorties en bateau ou en planche à voile.

Voir

Jardin de Valombreuse FLORE ET ACTIVITÉS

1 CARTE CI-CONTRE, B2

Ce parc de 14 ha donne à découvrir palmeraies, fleurs variées, arbres à cacao, poivre ou muscade, ainsi que plusieurs espèces d'oiseaux, tels que les ibis rouges ou les flamants roses des Caraïbes. Vous pourrez parcourir ce magnifique domaine à votre rythme, à pied, en prenant le temps de vous poser sous les carbets disséminés ici et là, ou en faire le tour en petit train électrique, avec vos enfants. Un sentier de randonnée mène en une trentaine de minutes à une cascade en forêt, où l'on peut se baigner. Prévoyez des chaussures fermées. Restauration sur place. Grande aire de jeux pour les enfants. Depuis Petit-Bourg, prenez la direction de Basse-Terre et suivez "Grande-Savane". (05 90 95 50 50 ; www.valombreuse.com ; Cabout ; adulte/enfant 13,90/8 € ; tlj 9h-18h, dernière admission 17h)

Distillerie Carrère RHUM AGRICOLE

2 CARTE CI-CONTRE, C1

Ne manquez pas la visite, courte mais très instructive, guidée par Eddie ou Francis, de cette grande distillerie familiale (la troisième de Guadeloupe par la taille), située sur les hauteurs de Petit-Bourg. L'occasion de goûter (directement à la pompe pour les plus téméraires), et éventuellement d'acheter à un tarif intéressant le fruit de sa production très apprécié : le rhum agricole Montebello collectionne les médailles d'or. Prenez la N1 en direction de Basse-Terre, jusqu'au rond-point de la roue à aubes à Capesterre. La distillerie est fléchée juste à droite. (05 90 95 41 65 ; Carrère ; entrée libre ; visite 8h-13h lun-ven, boutique 8h-17h lun-ven, jusqu'à 12h le sam)

Bananier

© MARIE DUFAY

Les gîtes Créol'Iles

Activités

Pointe à Bacchus

BALADE

3 CARTE CI-CONTRE, C1

À l'entrée du site du Conservatoire du littoral, un sentier de découverte invite à une promenade champêtre de 2 heures à travers les cultures vivrières (ananas, manioc, ignames, pastèques, piments...) et les champs de canne bordés par la mangrove du Petit Cul-de-Sac Marin. Un véritable écomusée à ciel ouvert ! Lors de notre passage, le balisage étant défaillant, il était déconseillé de pousser jusqu'à l'ancien platelage en mangrove. L'entretien du sentier était toutefois prévu : renseignez-vous à la mairie de Petit-Bourg avant de partir. De Petit-Bourg, prenez la direction du lycée des Droits-de-l'Homme et continuez tout droit.

Se restaurer

Le New Misty

MÉTRO-CRÉOLE **€€**

4 CARTE P. 114, B1

Récemment repris et jouissant de belles retombées, ce restaurant abrité sous un immense carbet propose, à l'ardoise, une cuisine bistrot exotique : steak de thon Rossini, filet de kangourou au poivre vert... Fidèle à la tradition de "l'ancien" Misty : une belle sélection de pizzas – dont certaines en version gourmet – et de chaleureux concerts (jazz, blues, soul, bossa, rock...) en fin de semaine. (05 90 86 10 63 ; 24 chemin de la Bandonnée, Fougère ; pizzas 10-24 €, plats 21-28 € ; soir mar-sam)

Se loger

Créol'Iles

BUNGALOWS **€**

5 CARTE P. 114, A1

L'emplacement est stratégique pour qui veut explorer en peu de temps les deux ailes du papillon : à l'entrée de la route de la Traversée, côté Grande-Terre. Les bungalows, de petites cases fardées de couleurs disséminées dans une agréable résidence avec piscine, sont plutôt mignons et assez bien équipés (clim, kitchenettes extérieures), même s'ils mériteraient, pour certains, un petit rafraîchissement. Restaurant sur place. (05 90 94 22 56/06 90 81 39 35 ; www.creoliles.com ; Tabanon ; bungalow d/qua 75-95/130 € la nuit, petit-déj 6 € ; P)

Habitation Touboul CHAMBRE D'HÔTES DE CHARME €€

6 CARTE P. 114, A1

Françoise et Gérard vous hébergent à l'étage de leur magnifique maison à l'architecture moderne coloniale, réalisée par un disciple d'Ali Tur, émaillée d'objets de voyage et ceinte d'un merveilleux jardin tropical. Vous y disposerez d'une belle chambre double, avec lit à baldaquin et meubles en bois exotique, ainsi que d'une salle de bains et d'une grande terrasse privatives. La générosité des hôtes met cette adresse bien au-dessus du lot, tout comme les talents de cuisinière de Françoise, qui cultive l'art du détail... Ses petits-déjeuners sont (très) gourmands et sa table d'hôtes (40 €/pers ; sur réservation), mémorable : on parle de son colas bâtard au gingembre jusqu'à la Désirade ! (05 90 94 10 69/06 90 53 32 50 ; www.habitationtouboul.com ; 1390 Hauteur-Lézarde, à l'intersection D1 et chemin de Diane ; d 95 €/nuit, petit-déj inclus ; Wi-Fi, P)

Goyave

Ce petit village tranquille, à 1,5 km à l'est de la N1, a été fondé au XVIIe siècle. Son climat frais se prête parfaitement à la culture de la banane. À environ 1,5 km de Goyave, vous vous prélasserez sur la jolie **plage de Sainte-Claire** (carte p. 114, D3) au sable clairsemé,

Du café à la banane...

Introduits en Guadeloupe en 1726 par le gouverneur Gabriel de Clieu, les plants de café se multiplièrent rapidement sur Basse-Terre, profitant des bienfaits du climat tropical. Bientôt, la production, très réputée, supplanta celle du cacao ; en 1785, l'île comptait plus de 1 700 plantations, produisant plus de 2 500 tonnes d'arabica annuelles. L'augmentation des taxes, diverses maladies et une concurrence toujours plus forte, tout au long du XIXe siècle, affaiblirent la culture caféière en Guadeloupe. En 1928, un cyclone ravagea les dernières exploitations encore debout. Jusqu'alors utilisés pour protéger les plants d'arabica de l'exposition directe au soleil, les bananiers se remirent du désastre plus rapidement que les caféiers, présentant en outre le double avantage d'une fragilité moindre et d'une récolte plus fréquente. Cultivée intensivement après 1928, la banane devint à son tour l'un des premiers produits d'exportation de l'île, au point que la Compagnie générale transatlantique ouvrit une ligne maritime avec la Guadeloupe en 1933 pour mener à bien l'acheminement rapide des fruits. Aujourd'hui, avec 213 exploitations produisant 61 000 tonnes annuelles, la banane est, avec la canne à sucre, la base de l'économie agricole locale.

ce qui explique peut-être le manque de touristes. Mais ce sont surtout les belles randonnées qui attirent les voyageurs dans le village.

Activités

Chutes Moreau

RANDONNÉE

7 CARTE P. 114, B3

Interdite d'accès lors de notre passage, la trace qui mène aux chutes Moreau, hautes de 100 m et moins touristiques que celles du Carbet, est plutôt physique, mais c'est l'une des plus belles de Guadeloupe. Elle traverse le cœur de la forêt humide, l'une des dernières au monde à être intactes. On y croise châtaigniers, gommiers blancs, bois rouge carapate... Et, avec un peu de chance, des racoons. Comptez 5 heures aller-retour. Au bout de la route forestière de Douville, à Goyave, à 8 km depuis la N1 (dont 5 km sur une route de tuf).

Saut du Bras du Fort

RANDONNÉE

8 CARTE P. 114, C3

Une belle balade (1 heure 30 aller-retour) mène à cette petite cascade dégringolant dans un trou d'eau, en traversant forêt humide, rivière, savane et jardins. Attention, l'entrée du chemin n'est pas facile à trouver : prenez la direction de Bois-Sec à partir de la N1, juste à la sortie de Goyave, continuez tout droit avant de dépasser une crèche puis un pont juste après. À 200 m du pont sur la gauche, le chemin balisé de points bleus commence entre une allée de palmiers et une bananeraie.

Se loger

Gîtes de Blonzac

BUNGALOWS ET VILLA **€€**

9 CARTE P. 114, C2

Voici trois gîtes (de 2 à 4 pers) classés 3 épis et une belle villa pour 6 personnes, très bien équipés, perchés sur les hauteurs de Goyave, avec piscine commune et carbet (doté d'un barbecue). On y bénéficie du calme, d'une jolie vue et d'un accès gratuit au "jardin d'eau" attenant, où coule la rivière La Rose (et où l'on peut se baigner). Accueil sympathique de Sophie. (06 90 56 10 13 ; www.gitesdeblonzac-guadeloupe.com ; lieu-dit Blonzac ; bungalow d/qua 75-85/95-105 €, villa 190-200 € la nuit selon saison + 30 € de frais de ménage ; P)

Sainte-Marie

L'histoire veut que ce soit ici que Christophe Colomb ait accosté lorsqu'il "découvrit" la Guadeloupe en 1493. Une colonne, surmontée d'un buste du navigateur et flanquée de deux ancres, lui rend hommage. Le bourg tirerait son nom de la *Santa María*, navire amiral de la première expédition transatlantique de l'explorateur.

Voir

Distillerie Longueteau

RHUM AGRICOLE

10 CARTE P. 114, C4

La plus ancienne distillerie de l'île (1895), toujours en activité, présente un réel intérêt, surtout pendant la période de récolte (de janvier à juin). Pour profiter de la visite guidée, venez de préférence le matin : après une courte marche dans les plantations, vous assisterez à la fabrication du rhum. Ici, on embouteille encore en partie à la main ! Après la dégustation, vous pourrez acheter ce rhum fameux, souvent médaillé. (06 90 99 38 01 ; www.rhumlongueteau.fr ; Belair ; visite guidée et dégustation 8 €, gratuit -18 ans ; boutique lun-sam 9h-18h et dim 9h-13h de nov à avr, visites guidées toutes les heures 9h30-11h30 et 14h30-16h30)

Plantation Grand Café Belair — BANANERAIE

11 CARTE P. 114, C4

La plantation n'est plus en activité, mais propose désormais des balades en remorque tractée dans la bananeraie et une intéressante démonstration des techniques de conditionnement de la banane. Malheureusement, elle attire tous les cars de tour-opérateurs de l'île. Arrivez 30 minutes avant le début de la visite guidée, on vous offrira une banane et un petit café pour patienter. (05 90 86 33 06 ; rte de Neuf-Château, Belair ; adulte/enfant 12/6 €, gratuit -5 ans ; 10h-12h et 14h-16h lun-ven, visites guidées 10h30 et 15h30, fermé sept)

Temple de Changy — HINDOU

12 CARTE P. 114, C4

En direction de Capesterre, vers le sud, ce temple hindou est visible sur la droite, depuis la route. Dédié à Mariamman, déesse tamoule de la Fertilité et de la Pluie, il possède plusieurs sanctuaires honorant notamment Ganesh à tête d'éléphant, fils de Shiva et dieu de la Fortune, qui lève les obstacles, ou encore Saraswati avec son luth, déesse de la Connaissance et des Arts. Le temple est fermé au public et ne s'admire que de l'extérieur.

Plage de Roseau — FRÉQUENTÉE

13 CARTE P. 114, D3

À 1 km au sud de la ville, cette étendue de sable gris ombragée est envahie par les touristes et les habitants en fin de semaine. Carbets pour pique-niquer et nombreux snacks.

Se restaurer

La Dame Jeanne — CRÉOLE €

14 CARTE P. 114, D4

Ce restaurant créole en bord de nationale mitonne une cuisine simple et fraîche : poisson grillé, fricassée de chatrou, rôti de porc, colombos... accompagnés de riz et haricots rouges, légumes-pays, gratin de légumes... Plats à emporter (8 €). Accueil souriant. (05 90 86 01 27 ; rue Alfred-Balon, Doyon ; plats 15-16 € ; lun-sam midi)

Beach Paradise — FRAÎCHEUR MARINE €€

15 CARTE P. 114, D4

À deux pas de la plage de Sainte-Marie, on déjeune en écoutant la rumeur des vagues, à l'ombre des cocotiers... De la cuisine de Julien, l'adorable chef rasta qui met un point d'honneur à servir des produits sains (il cultive lui-même ses légumes), sortent des poissons très frais, de délicieux acras, des chips de patate douce et d'igname, de la langouste, et d'excellents jus de fruits maison (3,50 €). Accueil d'une rare gentillesse. (05 90 95 16 64/06 90 72 88 28 ; plage Batterie, près du centre-bourg après le buste de Christophe Colomb ; plats 18-28 €, langouste 30 € ; midi tlj sauf mar, le soir sur réservation sauf dim)

Se loger

Gîtes Latentouasie BUNGALOWS €

16 CARTE P. 114, C15

Quatre charmants bungalows (2 à 5 pers), nichés au cœur d'un joli jardin avec piscine. Terrasse privative, deux chambres – l'une dotée de la clim, l'autre d'un brasseur d'air –, moustiquaires, cuisine équipée, Wi-Fi, carbet commun avec barbecue... Une escale très agréable dans une zone qui compte peu d'hébergements. Excellent accueil de Céline, la nouvelle propriétaire. Deux nuits au minimum, quatre en haute saison. (05 90 32 76 04/06 90 75 45 66 ; www.latentouasie-24.webself.net ; rue de la Distillerie, Mon Repos Belair ; bungalow d/qua 70-85/85-105 € la nuit selon saison ;)

Capesterre-Belle-Eau

La ville s'étend le long de la nationale et souffre de ne pas avoir de véritable centre. Elle possède néanmoins un petit carrefour central où les habitants – dont beaucoup de descendants des coolies indiens – viennent discuter en partageant des grillades cuites au feu de bois.

Voir

Allée Dumanoir PALMIERS

17 CARTE P. 114, C6

À la sortie de Capesterre en direction de Basse-Terre, sur un tronçon de la N1, cette allée est bordée d'une double rangée de 430 majestueux palmiers royaux. Plantée en 1850 par Pinel Dumanoir, elle marquait l'entrée d'un domaine. Aujourd'hui, rares sont ceux qui ne s'arrêtent pas pour photographier la perspective, longue d'un kilomètre.

Côte au vent et côte sous le vent

Capesterre et Basse-Terre (p. 134) furent baptisées par des marins. Capesterre, *caput terrae* (la "tête de la terre"), est l'endroit où arrivent les vents d'est : on nomme cette région la "côte au vent" parce qu'elle fait face à ces alizés. Du côté de la ville de Basse-Terre, il s'agit de la "côte sous le vent" (qui se trouve en dessous du vent), même si cette zone montagneuse est à une altitude plus élevée.

Se restaurer

Le Ti Pic

GRILLADES €

18 CARTE P. 114, C18

Dans un quartier populaire du centre-ville, cette chaleureuse petite cantine a fait de la brochette sa vedette : poulet sauce créole et/ou tandoori, bœuf, kangourou, poisson... servis avec riz aux légumes, crudités et banane plantain. Simple, copieux et bon. (06 90 71 48 69 ; 37 rue Schœlcher ; plats 13,50-18,50 € ; lun-sam midi)

La Maniocrie de Germaine

CASSAVES €

19 CARTE P. 114, C18

L'adorable Germaine prépare sans doute les meilleures cassaves de l'archipel ! Elle vous dira tout de la transformation du manioc, produit de base de ces petites galettes salées ou sucrées. Le vendredi soir, à 19h30, elle concocte un repas entier pour 12 € (réservation 48 heures à l'avance). Vous apportez glacière, couverts, boissons, tandis qu'on vous sert cassaves à la viande, au poisson, au fromage, aux légumes, à la confiture maison. Ambiance inoubliable ! Si vous manquez le rendez-vous, vous pourrez aussi mordre dans une cassave du mardi au samedi et vous procurer l'une des nombreuses préparations à base de manioc (tapioca, moussache au coco, couac...). (05 90 86 92 44/06 90 65 35 59 ; www.maniocriedegermaine.fr ; îlet Pérou, avant le pont de Capesterre ; boutique lun-jeu 8h-17h, ven 11h-19h, sam 10h-20h)

Route des chutes du Carbet

À quelques kilomètres au sud de Capesterre, au niveau du bourg de Saint-Sauveur, la D4 sinue vers l'intérieur des terres à travers une belle forêt vierge vallonnée (attention à la brume !) et rejoint en 8 km environ les plus célèbres chutes d'eau de Guadeloupe : un site majestueux, très visité, même s'il est hélas depuis quelques années partiellement interdit d'accès.

Voir

Jardin de Cantamerle

ÉPICES

20 CARTE P. 114, B6

Riche d'environ 500 variétés de plantes, cet immense jardin était à l'origine destiné à la conservation

Vers les chutes du Carbet

p.

Une eau divine

Véritable morceau d'Éden, le **bassin Paradis** (21 carte p. 114, B5) fut longtemps un secret jalousement gardé par les Guadeloupéens. Son accès est désormais fléché depuis la D4, 200 m après le pont sur la rivière Grosse Corde, en direction des chutes du Carbet. Quinze minutes de descente un peu raide, et parfois glissante, conduisent à un beau bassin de 4 m de profondeur, à l'onde vert pur, où vivent des ouassous. L'eau de la rivière Grosse Corde s'y mélange à celle d'une source chaude, mais le bassin reste relativement frais.

des espèces de la Guadeloupe. On y découvre une incroyable variété de fleurs aux couleurs chatoyantes et aux formes atypiques. N'hésitez pas à poser des questions sur les épices, les plantes aromatiques et médicinales. En redescendant des chutes du Carbet, après la sortie du village, sur la route de Morne, à gauche au panneau. (05 90 86 44 13/06 90 90 09 59 ; chemin Édouard-Baron en direction des gîtes de l'Habituée ; adulte/enfant 8/4 € ; tlj 9h30-17h)

Activités

Chutes du Carbet

CHUTES D'EAU

22 CARTE P. 114, A5

Ces trois chutes qui se jettent au pied de la Soufrière, sont les plus hautes des Petites Antilles. C'est sans doute à elles que la Guadeloupe devait son surnom de Karukera, "île aux belles eaux" dans la langue des Indiens Caraïbes, qui peuplaient l'archipel lors de sa "découverte". Les deux premières tombent à pic respectivement sur 115 et 110 m et sont visibles depuis un belvédère. La troisième, ·s modeste, fait 20 m de haut. Des sentiers balisés à travers la forêt mènent aux chutes. Celui menant à la première chute suit un chemin accidenté traversant une rivière à gué (3 heures aller-retour ; niveau difficile), tandis que le sentier de la deuxième chute se parcourt aisément en 45 min aller-retour. Celui conduisant à la troisième chute se prend un peu plus haut, au départ de Petit-Marquisat (2 heures aller-retour ; niveau intermédiaire). Une aire d'accueil (tlj mi-juil à août et nov-avr 8h-16h30, mai-juin et sept à mi-oct 8h-14h) se trouve au départ des deux premiers sentiers, où une participation financière vous sera demandée (adulte/enfant 2,50/1,40 €). L'endroit est bondé le week-end, les jours fériés et, d'une manière générale, en haute saison. Lors de nos recherches, l'accès aux deuxième et troisième chutes était interdit par arrêté municipal en raison des risques d'éboulements.

Tour du Grand Étang

BALADE

23 CARTE P. 114, B6

À 3 km en aval du parking des chutes, un panneau indique le départ vers le Grand Étang, une étendue d'eau calme ceinturée par un sentier. Il faut 5 minutes pour atteindre le lac depuis le parking et 1 heure pour en faire le tour. Un observatoire ornithologique y a été construit. La baignade est déconseillée en raison de la bilharziose et des sangsues. Superbe – et délicieusement désert – en fin de journée, mais gare aux moustiques !

Bassin chaud de la rivière Grosse Corde

BALADE ET BAIGNADE

24 CARTE P. 114, A5

Une rivière peu connue, avec une belle cascade et des baignoires d'eau chaude. Garez-vous sur le petit parking à droite juste avant le deuxième pont après le Grand Étang qui passe au-dessus de la rivière. La trace débute à gauche, et traverse la forêt tropicale pendant 10 minutes ; parfois, il faut emprunter le lit de la rivière avant d'atteindre les vasques brûlantes (entre 32 et 39°C), celle en amont étant la plus chaude. Lors de nos recherches, l'accès au sentier et la baignade étaient interdits, en raison d'importants risques de crue. Renseignez-vous à l'aire d'accueil des chutes du Carbet ou sur le site : www.randoguadeloupe.gp

Se loger

Habitation Cantamerle

BUNGALOWS **€€**

25 CARTE P. 114, B6

À droite de la route de Morne, en redescendant des chutes du Carbet, cette belle propriété fleurie d'un hectare abrite 6 gîtes (2, 6 et 8 pers) modernes et confortables, dont 5 avec Jacuzzi, et un avec petit jardin privé. L'ambiance y est familiale, et les hôtes sont accueillis avec un apéritif autour de la piscine. (05 90 98 84 45 ; www.habitationcantamerle.com ; rte de Morne-l'Habituée ; bungalow 2/6/8 pers 90-150/290-390/390-490 € la nuit selon saison et confort, 3 nuits au minimum, petit-déj 15 € ; P)

Bananier

Juste au sud de Saint-Sauveur sur la N1, ce lieu-dit surgit au détour d'un virage, surplombant la mer. Juste avant le hameau, un adorable port de pêche est niché sous les cocotiers. Les pêcheurs y déchargent tranquillement leurs prises depuis les bateaux, et les vagues accueillent de nombreux surfeurs.

Activités

Poyo Surf Club

SURF

26 CARTE P. 114, C6

Cet excellent club de surf et de Bodyboard, basé au Moule (p. 90), officie également ponctuellement sur la plage Salée. Ce spot est en effet le seul *beach-break* de l'île (c'est-à-dire que la vague est créée par la remontée de la plage et non par un récif) et il se révèle idéal pour les débutants, qui finissent sur le sable noir au lieu de frôler les patates de corail.

Explorer

Sud Basse-Terre et Soufrière

Relief volcanique montagneux, forêts luxuriantes, rivières, cascades et longues plages de sable noir vous attendent dans ce coin de Guadeloupe où il fait bon randonner. Autour de la Soufrière, le plus haut volcan des Petites Antilles, les villes de Trois-Rivières, Vieux-Fort, Basse-Terre et Saint-Claude proposent un panel de plaisirs architecturaux, culturels et nature.

Si le temps est dégagé, grimpez tôt à la Soufrière (p. 126) ou traversez la forêt tropicale jusqu'aux chutes du Galion (p. 127), plus accessibles. D'humeur à vous imprégner d'histoire ? Mettez alors le cap sur la ville de Basse-Terre et visitez la distillerie Bologne (p. 136), la cathédrale Notre-Dame de la Guadeloupe (p. 135) et le fort Louis-Delgrès (p. 135), puis déjeunez à la Table créole (p. 137). Autres options : vous adonner au canyoning avec Vert intense (p. 139), vous baigner au saut de Matouba (p. 140), au Bassin bleu (p. 136), ou découvrir le littoral à cheval avec les Écuries de la Coulisse (p. 131). En fin de journée, admirez le coucher de soleil au phare de Vieux-Fort (p. 130), avant un dîner d'exception à l'habitation Desmarets (p. 137).

Comment y aller

Les bus de la compagnie **Grand Sud Caraïbe** (www.transportsgsc.com) desservent Trois-Rivières, Vieux-Fort et Saint-Claude au départ de Basse-Terre.

Pour rejoindre la Soufrière et les points de départs de randonnées, une voiture est indispensable.

Carte du sud de Basse-Terre p. 128

La jungle à l'approche de la Soufrière

Les incontournables

La Soufrière

En plein cœur du parc national, la "vieille dame" de la Guadeloupe attire 300 000 personnes par an. Culminant à 1 467 m, le volcan est toujours actif : en témoignent les vapeurs sulfureuses qui se dégagent du sommet. Sa dernière éruption eut lieu entre juillet 1976 et mars 1977, obligeant l'évacuation de la population. La zone est toujours sous haute surveillance. L'ascension du volcan, accessible à tous, est une expérience exceptionnelle.

CARTE P. 128, E1

Depuis Trois-Rivières, suivez la direction de Basse-Terre, puis la D9 qui monte à travers la forêt jusqu'à Saint-Claude. De là, la D11, étroite et tortueuse, mène en 5 km aux Bains-Jaunes.

Tour du volcan

Depuis les Bains-Jaunes (où l'on peut se baigner dans de l'eau chaude), le **Pas-du-Roy**, un sentier bien balisé et pavé par endroits, ouvert en 1887 par l'infanterie de marine, grimpe à travers la forêt humide jusqu'à l'ancien parking de la Savane-aux-Mulets (30 à 40 min de marche). De là, vous pouvez rejoindre le sommet de la Soufrière par le **chemin des Dames**, courant sur les flancs du volcan, en 1 heure 30. Assez facile au début, il offre, lorsque le brouillard se déchire, un sublime point de vue sur les Saintes, Marie-Galante et la Dominique. Puis la température baisse, l'alizé forcit à mesure que vous approchez du dôme, et le chemin devient plus raide. D'aspect lunaire, le Dôme est hérissé de pitons, de fractures et de crevasses profondes. Sa fragile végétation – mousses, lichens, sphaignes, lycopodes et étranges plantes à fleurs – reçoit 10 à 12 m de pluie par an ! On peut le contourner par le col de l'Échelle (environ 30 min de marche). Le terrain étant souvent très accidenté, renseignez-vous auprès du siège du parc national avant de l'emprunter. La descente se fait en une heure par le chemin des Dames jusqu'aux Bains-Jaunes. Spectaculaire mais aussi plus sportive (935 m de dénivelé), la **trace Carmichaël** permet de rejoindre Matouba (comptez 6 heures aller-retour).

Autres randonnées

Depuis les **Bains-Jaunes**, vous aurez aussi la possibilité d'arpenter d'autres sentiers, bien indiqués : les très belles **chutes du Galion** (4 km, 2 heures 30 aller-retour, niveau intermédiaire), hautes de 40 m et au pied desquelles on peut se baigner, ou encore l'ancien volcan de la Citerne par la **trace de l'Armistice** (3 heures aller-retour, difficile), qui débute au Galion.

★ À savoir

- Avant de partir, renseignez-vous sur l'état des sentiers auprès du **parc national** (05 90 41 55 55 ; www.guadeloupe-parcnational.com ; Montéran, Saint-Claude ; lun, mar, jeu 8h-12h30 et 14h-17h, mer 8h-13h, ven 8h-12h30).
- Les nuages enveloppent le sommet 300 jours par an. Pour jouir d'une vue dégagée, partez tôt (vous éviterez aussi les flots de touristes).
- Des barrières interdisent l'accès aux failles et au dôme : les vapeurs sulfureuses qui s'en dégagent irritent les yeux, la peau et les voies respiratoires. Il faut être accompagné d'un guide (qui vous fournira des masques à gaz) pour accéder au cratère.
- Équipez-vous de chaussures fermées, d'un coupe-vent imperméable, d'une polaire, d'une réserve d'eau et de quelques barres de céréales. Ne partez pas après 14h (la nuit tombe vite dans les Caraïbes).

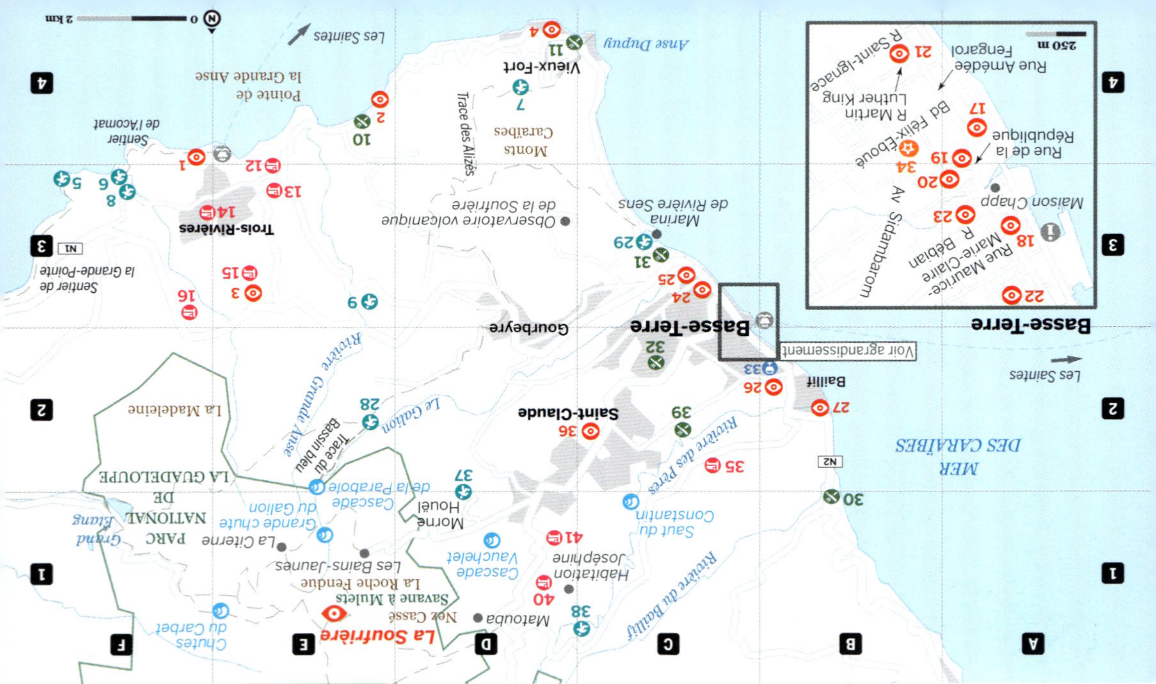
A
B
C
D
E
F
1
2
3
4
N
0
2 km
La Soufrière
Nez Cassé
Savane à Mulets
La Roche Fendue
Les Bains-Jaunes
La Citerne
Grande chute du Galion
Cascade de la Parabole
Trace du Bassin bleu
Chutes du Carbet
Grand Étang
PARC NATIONAL DE LA GUADELOUPE
La Madeleine
Rivière Grande Anse
Le Galion
Matouba
Habitation Joséphine
Cascade Vauchelet
Morne Houël
Saut du Constantin
Rivière du Baillif
Rivière des Pères
Saint-Claude
Gourbeyre
Basse-Terre
Baillif
N2
N1
MER DES CARAÏBES
Les Saintes
Voir agrandissement
Marina de Rivière Sens
Observatoire volcanique de la Soufrière
Trace des Alizés
Monts Caraïbes
Vieux-Fort
Anse Dupuy
Trois-Rivières
Pointe de la Grande Anse
Sentier de l'Acomat
Sentier de la Grande-Pointe
Les Saintes
1
2
3
4
5
6
7
8
9
10
11
12
13
14
15
16
24
25
26
27
28
29
30
31
32
33
35
36
37
38
39
40
41
Basse-Terre
Maison Chapp
Rue Maurice-Marie-Claire
R Bébian
Av Sidambarom
Rue de la République
Bd Félix-Éboué
R Martin Luther King
R Saint-Ignace
Rue Amédée Fengarol
17
18
19
20
21
22
23
34
250 m

Trois-Rivières

Au sud de la Basse-Terre, Trois-Rivières est célèbre pour ses nombreux vestiges précolombiens. Cernée par une nature exubérante, la petite ville s'étage de la colline au port. À égale distance de la route d'accès aux chutes du Carbet (p. 122) et de celle qui mène à la Soufrière (p. 126), elle est également le port privilégié pour rejoindre le plus aisément l'archipel des Saintes, à 10 km au large. Un point de chute stratégique, donc, à condition d'être motorisé.

Voir

Parc archéologique des Roches gravées ART RUPESTRE

1 CARTE CI-CONTRE, F4

Ce beau parc d'un hectare abrite un jardin botanique, ainsi qu'une vingtaine de roches gravées d'étonnants pétroglyphes figurant des visages humains et des silhouettes très dépouillées. Datant de l'an 300, ils ont été tracés par les Amérindiens Arawaks et constituent des témoignages précieux de l'époque précolombienne. Les roches gravées sont classées monument historique. La visite guidée – très instructive et gratuite – dure 1 heure et passe au cœur de la forêt. Préférez celles du matin (10h ou 11h), pour la très belle lumière. (05 90 92 91 88 ; rte de l'Embarcadère ; entrée libre ; visite guidée 9h, 10h, 11h, 14h, 15h, 16h mar-sam)

Plage de Grande-Anse FAMILIALE ET SPORTIVE

2 CARTE CI-CONTRE, E4

Cette longue et belle plage de sable noir et fin, bordée de cocotiers, est réputée pour ses rouleaux. Si elle réjouit les adeptes de Bodyboard, les baigneurs doivent être attentifs aux forts courants. C'est aussi un lieu de ponte des tortues marines. Pour s'y rendre depuis Trois-Rivières, suivez la D6 vers Vieux-Fort. Après le virage à la sortie du lieu-dit Faubourg, roulez encore sur 3 km.

Maison de la banane BANANERAIE

3 CARTE P. 128, E3

Plus petite que la plantation Grand Café à Sainte-Marie (p. 119),

Pétroglyphe du parc des Roches gravées

La voile traditionnelle à Vieux-Fort

On voit de beaux bateaux en bois naviguer autour de Vieux-Fort : ce sont les canots de pêche traditionnels, remis au goût du jour depuis la fin des années 1990. On en trouve une trentaine dans tout l'archipel guadeloupéen. Ils sont en acajou et en poirier ; le mât est en corossolier, et la bôme, très longue, est en bambou ; ils pèsent 250 kg, pour 5,35 m de longueur. C'est sur ces embarcations que se court le Tour de Guadeloupe de voile traditionnelle. Depuis plus de 15 ans, cet événement sportif majeur attire métropolitains et stars de la voile guadeloupéenne, qui partent en équipages de 6 personnes (7 pour les filles). Tous les dimanches matin à l'anse Dupuy, à Vieux-Fort, vous pouvez assister aux entraînements. Vers 13-14h, après l'effort, les équipages se retrouvent au **Terminus Bar**, sur la cale : l'occasion pour les férus de navigation de discuter avec les voileux locaux !

cette bananeraie permet de comprendre le cycle de ce fruit tropical, très cultivé sur la "côte au vent", ainsi que l'histoire de sa production. La visite, très instructive, comporte une petite vidéo, une exposition, un tour commenté des plantations, et se ponctue par une dégustation. On y découvre également une maison de planteur, ainsi qu'un petit jardin tropical et médicinal. Comptez 2 heures. (☎ 05 90 92 70 75 ; www.maisondelabanane.com ; lieu-dit La Regrettée ; adulte/enfant 8/7 € ; 9h30-12h et 14h-17h lun-sam)

Vieux-Fort VILLAGE MARITIME

4 CARTE P. 128, D4

Ce minuscule village, situé 11 km à l'ouest de Trois-Rivières, abrite à l'anse Dupuy le **fort l'Olive**, dont les canons se dressent au-dessus du canal des Saintes. Le **phare** blanc de Vieux-Fort (1955) marque l'extrémité sud de l'île de Basse-Terre ; à ses pieds, des iguanes paressent sur les roches volcaniques. Plutôt venté, l'endroit attire les véliplanchistes confirmés et les amateurs de vue exceptionnelle. Autour du phare, l'herbe est propice à la sieste et le site prétexte à d'agréables balades. Ne manquez pas de faire un tour au **Centre de broderie et arts textiles** (☎ 06 90 63 03 91 ; 9h-17h lun-mar, 13h-17h mer, 9h-13h jeu, 9h-17h ven-sam), autrefois implanté sur le site et aujourd'hui installé à la mairie de Vieux-Fort (☎ 05 90 92 00 00 ; place Marie-Eusèbe).

Activités

Randonnées BALADES EN FORÊT

Au départ de l'anse de la Grande Ravine, le **sentier**

de la Grande-Pointe (5 carte p. 128, F3 ; 5 km) passe par la forêt domaniale du littoral, et emmène à la découverte de pétroglyphes amérindiens, d'une batterie et de sa poudrière, ainsi que d'un ancien moulin à vent asphyxié par un figuier maudit, et les ruines d'une sucrerie. Paysages sauvages, panorama superbe sur les Saintes et la Dominique, et plongeon dans le passé assurés ! Le **sentier de l'Acomat** (6 carte p. 128, F3 ; 1 heure) s'élance de l'anse Duquéry au parc des Roches gravées, à travers un riche sous-bois de raisiniers et poiriers, d'où l'on atteint vite le littoral. La **trace des Alizés** (7 carte p. 128, D4 ; 65 km, 5-6 jours de marche, niveau hautement sportif), unique sentier de Grande Randonnée (GR®) de la Guadeloupe, va de Vieux-Fort jusqu'à Sainte-Rose (voir p. 182). Faites appel à un guide avant de vous y engager.

Les Écuries de la Coulisse PROMENADES ÉQUESTRES

8 CARTE P. 128, F3

Ce centre équestre sérieux propose des balades à cheval, tous niveaux confondus, à travers pâturages et forêts semi-humides, en longeant le littoral. Départ tous les jours à 9h et à 14h. Sur réservation. (05 90 98 10 26/ 06 90 31 33 13 ; www.ecuries-de-la-coulisse.com ; 500 rte du Chemin Neuf ; balade 1 heure 30 48 €)

Le phare de Vieux-Fort (p. 130)

Sources de Dolé SOURCES CHAUDES

9 CARTE P. 128, E3

L'eau minérale de Capès-Dolé (l'une des deux marques guadeloupéennes qu'on trouve en bouteille dans les supermarchés) jaillit à une température de 33°C au nord-est de Gourbeyre. L'usine se situe le long de la D7, après le pont de la rivière Grande-Anse, au lieu-dit Soldat : arrêtez-vous à l'arrêt de bus "Cité Pagésy". Si la baignade dans le bassin public en basalte est déconseillée, le "Bain des amours", situé à 10 minutes de marche en amont et où l'eau se déverse en cascade naturelle, est, lui, à ne pas manquer. À faire de préférence tôt le matin, avant l'affluence.

Se restaurer

La Paillote du Pêcheur POISSONS €€

10 CARTE P. 128, E4

Ce restaurant de bord de mer, sans prétention mais authentique, sert du poisson grillé ultrafrais, nappé d'une sauce chien qui émoustille les papilles ! Les langoustes, que vous choisissez vivantes, sont cuites sous vos yeux ; Jean-Claude, le patron, ancien pêcheur et sacré personnage, est passé maître en la matière... Sur la route de Grande-Anse, après Trois-Rivières, prenez à gauche après [illegible]. (05 90 92 94 98 ; bord [illegible]rte de Grande-Anse ; menu [illegible] 16 €, menu langouste 35-45 € ; [illegible]f dim-lun, soir sur réservation)

Le Phare AVEC VUE €€

11 CARTE P. 128, D4

Crêpes salées ou sucrées, plats du jour d'influence créole, pizzas le soir... La cuisine proposée ici n'a rien de renversant, et la qualité du service est inconstante. Pourtant, le lieu remporte un réel succès auprès des habitants. Il faut dire qu'il possède un atout de taille : une terrasse cosy face au phare de Vieux-Fort, et son sublime coucher de soleil. Concerts et DJ sets le soir en fin de semaine. Service en continu. (05 90 10 29 69 ; 156 rue du Phare, Vieux-Fort ; plats du jour 16 €, galettes 8,50-11 €, pizzas 13-15 € ; tlj sauf mar)

Se loger

An Ti Kaz La ÉCOGÎTES €

12 CARTE P. 128, E3

Une farandole de bananiers, balisiers et pruniers de Cythère, un calme olympien et une maîtresse des lieux adorable... Difficile de ne pas succomber au charme d'An Ti Kaz La ! S'y lovent trois cases ventilées par les alizés, flanquées de deux chambres doubles (chacune dotée d'une salle de bains et d'un petit salon avec frigidaire) réunies autour d'une cuisine ouverte. Possibilité de demi-pension : Mi-Marie entretient un potager bio grâce auquel elle mitonne de délicieux plats créoles. Accès handicapés. (05 90 03 71 03/ 06 90 39 46 39 ; www.tikaz-la.com ;

Le Jardin Malanga (p. 134)

allée des Ylang-Ylang, Joyeux Faubourg ; gîte d/qua 60/110 € la nuit, 330/590 € la semaine ; wifi P)

Kas'a Flo

STUDIOS ET GÎTES €€

13 CARTE P. 128, E3

Le portail blanc coiffé d'un bougainvillier rose de cette maison juchée en haut d'un morne s'ouvre sur un dégradé de bleu : celui de la piscine qui se confond avec, au loin, l'azur de la Caraïbe où baignent très distinctement les Saintes. Il s'ouvre également sur le sourire de Valérie et les quatre appartements cosy et colorés dont elle dispose : deux studios et deux F3, très confortables, avec terrasse privative. Service de baby-sitting (7 €/heure) et de restauration (formule plat/dessert 15 €, petit-déj 6 €). (05 90 94 31 75/06 90 32 52 71 ; www.giteskasaflo.com ; 21 lot. Tolbiac 1, chemin de La Regrettée ; studio d/tr 80/90 € la nuit et 430/500 € la semaine, F3 4/6 pers 145/205 € la nuit et 595/655 € la semaine ; piscine wifi clim)

Coco et Zabrico

BUNGALOWS €€

14 CARTE P. 128, F3

Voici trois petites maisons (2 à 4 pers) et deux duplex (2 à 6 pers) entièrement équipés, dispersés dans un jardin verdoyant de 3 000 m² avec piscine. Une *ajoupa* (cabane) en bois regroupe des tables autour d'un barbecue. Dîner (12 €/pers) et petit-déjeuner (5 €) sur réservation. Tarifs spécial famille. En remontant du centre-ville par la rue Gerville-Reache, prenez à droite et suivez les panneaux. (05 90 92 83 50/ 06 90 67 71 73 ; www.cocoetzabrico.fr ; Duquery, rte de Gaigneron ; bungalow d 430-520 € la semaine, duplex 2/3-4/5-6 pers 475-550/650-750/770-800 € la semaine selon saison ;)

L'Îlot Fruits Guadeloupe

À LA FERME **€€**

15 CARTE P. 128, E3

Ces 4 gîtes (2-4 pers) installés en pleine nature répondent à des normes écologiques : construits en bois de manière traditionnelle, ils sont alimentés par des panneaux solaires et des éoliennes. Un hamac est suspendu sur chaque terrasse privative. Jolie piscine, fruits de la propriété à disposition

Notre-Dame de Guadeloupe (p. 135)

© MARIE DUFAY

et magnifique vue sur la mer. Également une villa pouvant accueillir jusqu'à 8 personnes. (06 90 54 93 00 ; www.ilot-fruits.com ; rte de La Regrettée ; gîte d/qua 525-630/560-700 € semaine, villa 4/6/8 pers 190-200/200-220/220-240 € la nuit selon saison ;)

Le Jardin Malanga

HAUT DE GAMME **€€€**

16 CARTE P. 128, F3

Luxe, calme et volupté pour ce magnifique domaine arboré, où s'égrènent 3 cottages en bois et une somptueuse maison centenaire abritant 3 chambres spacieuses, meublées avec goût dans un style colonial. Pour ne rien gâcher, une piscine à débordement qui donne directement sur les Saintes, et, le soir, une table d'hôte raffinée (sur réservation). (05 90 92 67 57 ; www.jardinmalanga.com ; rte de l'Ermitage ; cottage d 253-312 €, maison coloniale ch/ste 280-336/387-456 € selon saison, petit-déj inclus ;)

Basse-Terre

Siège du pouvoir français dès le milieu du XVIIe siècle, Basse-Terre fut le centre de l'économie coloniale jusqu'au XVIIIe siècle et le lieu de résidence de l'aristocratie créole. La ville est chargée d'histoire : elle fut régulièrement la cible des attaques anglaises, et c'est ici que fut proclamée l'abolition

Saveurs et ambiance

Plus authentique et moins cher que celui de Pointe-à-Pitre, le **marché de la rue de la République** (17 carte p. 128, A4 ; rue de la République ; 5h-13h tlj sauf dim) a lieu chaque matin, sauf le dimanche, à Basse-Terre. C'est surtout le samedi qu'on y apprécie toute son animation ! Tissus en madras, rhums arrangés, confitures locales, épices, gousses de vanille fleurissent sur les étals des doudous, parfois racoleuses, mais souvent très sympathiques.

de l'esclavage le 29 mai 1848. Économiquement affaiblie par de nombreuses catastrophes naturelles, elle a vu l'activité de son port bananier décliner dans les années 1970, au profit de Pointe-à-Pitre. Elle est aujourd'hui la capitale administrative de la Guadeloupe. La commune de Gourbeyre, 1 km au sud de Basse-Terre, abrite le seul port de plaisance de la Basse-Terre : la marina de Rivière-Sens. On y trouve plusieurs commerces, restaurants et bars : sympathique en soirée pour siroter un verre.

Voir

La ville ARCHITECTURE

Le centre-ville conserve, dans ses rues étroites et commerçantes, quelques maisons anciennes, dont certaines malheureusement abandonnées : la **maison Chapp** (18 carte p. 128, A3 ; 42 cours Nolivos), la **maison Coquille** (19 carte p. 128, A4 ; 4 rue Léonard), la **maison Liensol** (20 carte p. 128, A3 ; rue de la République), la **maison Matis** (21 carte p. 128, B4 ; 256 rue Amédée-Fengarol)...

Des visites thématiques, organisées par la **Maison du patrimoine** (22 carte p. 128, A3 ; 05 90 80 88 70 ; 24 rue Baudot ; visite 2 heures environ sur rdv ; adulte/12-18 ans 6/3 €), permettent de découvrir cet héritage architectural. De petite taille, la **cathédrale Notre-Dame de Guadeloupe** (23 carte p. 128, A3 ; pl. Saint-François ; matin mar-dim) fut construite en pierre volcanique à partir de 1736. Son intérieur est particulièrement riche. La partie sud de la ville, le long du boulevard Félix-Éboué, comprend d'imposants bâtiments publics (palais de justice, conseil général...) conçus par Ali Tur. À quelques rues au sud du boulevard, non loin du fort Delgrès, l'**église Notre-Dame-du-Mont-Carmel** (24 carte p. 116, C3 ; tous les matins) est un haut lieu de dévotion.

Fort Louis-Delgrès ARCHITECTURE MILITAIRE

25 CARTE P. 128, C3

La construction du fort débuta en 1640. Occupé à plusieurs

reprises par les troupes anglaises, il changea souvent de nom, et porte depuis 1989 celui du célèbre anti-esclavagiste Louis Delgrès, en l'honneur duquel un imposant mémorial a été érigé en 2002. Classé monument historique, ce superbe exemple d'architecture militaire, utilisé comme caserne jusque dans les années 1970, abrite notamment deux expositions, l'une consacrée à la Soufrière et à son éruption en 1976, et l'autre à Louis Delgrès et à la "guerre de la Guadeloupe", insurrection antillaise de mai 1802 face à la menace du rétablissement de l'esclavage décidé par Bonaparte et acté quelques mois plus tard. Du bastion, on jouit d'une belle vue sur la ville et le volcan. (☎05 90 81 37 48 ; au bout de la rue Stanislas-Pierre-Joseph ; entrée libre ; ⌚mar-ven 9h-16h30, sam-dim 9h30-16h30, visite guidée 10h mar-dim)

Distillerie Bologne RHUM

26 ◉ CARTE P. 128, B2

Cette distillerie très active compte parmi les plus authentiques de l'île. Située face à la mer et au pied de la Soufrière, juste avant la rivière des Pères, elle produit le rhum blanc préféré des Basse-Terriens (1,8 million de litres à 50° écoulés par an). Pendant la période des récoltes, optez pour l'intéressante visite guidée, qui se conclut, comme il se doit, par une dégustation, et, pourquoi pas, par quelques achats. (☎05 90 81 12 07 ; www.rhumbologne.fr ; N2 à la sortie de la ville vers Baillif ; adulte/enfant 7,50/5 € ; ⌚visites guidées variables, uniquement durant récolte fév-juil, boutique lun-ven 8h-13h30, parfois le samedi également ; se renseigner)

Baillif VESTIGES MILITAIRES

27 ◉ CARTE P. 128, A2

Ce bourg situé immédiatement au nord de Basse-Terre, aujourd'hui zone industrielle et artisanale, recèle des vestiges militaires datant des invasions anglaises du XVIIe siècle : le plus notable est la tour défensive du Père-Labat (1703), qui en marque l'entrée.

Activités

Trace du Bassin bleu CASCADE

28 CARTE P. 128, E2

Au-dessus de Gourbeyre, c'est une belle baignoire naturelle creusée dans la pierre volcanique et alimentée par une petite cascade, où était autrefois captée l'eau de la rivière du Galion ; elle est surmontée de plusieurs bassins reliés les uns aux autres par des toboggans naturels, qu'on rejoint en remontant le cours de la rivière grâce à des cordes. Depuis la mairie de Gourbeyre, rejoignez le plateau du Palmiste par la route du Bassin bleu. Franchissez la barrière ONF qui matérialise le départ du sentier : la balade dure 1 heure 30 aller-retour sur un sentier facile, dans une bananeraie puis dans la forêt.

Rêve de Nav' CROISIÈRE AUX SAINTES

29 CARTE P. 128, C3

Olivier vous emmène aux Saintes en petit comité à bord de son Sun Fast 37, au cours d'une traversée sportive où vous pourrez, si vous le souhaitez, participer aux manœuvres. Au programme : découverte de la baie, déjeuner, escales snorkeling sur une épave, au Pain de Sucre ou sur l'îlet à Cabrit. Possibilité de croisières plus longues (de 2 à 8 jours). Sur réservation. (06 90 91 11 00 ; www.revedenav.com ; marina de Rivière-Sens, Gourbeyre ; adulte/-12 ans 85/65 € ; départ 9h, retour 18h)

Se restaurer

Wam Africa SÉNÉGALAIS €€

30 CARTE P. 128, B1

L'un des rares restaurants africains de Guadeloupe ! Caché derrière la station-service Total, ce bar-grill aux murs orange ornés de fresques fait voyager les papilles : *maffe* (viande mijotée dans une sauce à l'arachide), *alokos* (bananes plantains frites), *dibi* (viande grillée au feu de bois) ou encore *thiep bou djeun* (ragoût de poisson au riz et légumes), le plat national sénégalais. Le tout, savoureux et copieux. (06 90 57 18 78 ; www.wamafrica.com ; 25 av. du Père-Labat, Baillif ; plats 13-15 € ; mer ven et sam soir)

La Table créole GASTRONOMIQUE €€€

31 CARTE P. 128, C3

Sur sa terrasse à quai bordée de voiliers, le chef Christophe Moreau propose une cuisine créole créative, à base de produits frais de saison. Fricassée de pintade et ouassous ; tartare de thon aux épices et wakamé... *La* valeur sûre de la marina. Pensez à réserver. (05 90 81 38 52 ; www.restaurant-la-table-creole.fr ; marina de Rivière-Sens, Gourbeyre ; plats 19-22 € ; lun-sam)

Habitation Desmarets GASTRONOMIQUE €€€

32 CARTE P. 128, C2

Cette maison de 1823, restaurée dans les règles de l'art, héberge

Association Hier & Après

Cette association a pour objectif la revalorisation du patrimoine architectural de Basse-Terre, classée "Ville d'art et d'histoire", et notamment d'une série de maisons du XVIIIe siècle du quartier du Carmel, laissées à l'état d'abandon. Parmi ses projets : la sortie courant 2021 de l'application "Driv'en ville", offrant une visite de Basse-Terre en réalité augmentée. Une initiative prometteuse, à suivre de près ! (06 90 34 57 19 ; www.helloasso.com/associations/association-sos-patrimoine)

l'un des restaurants les plus chics de Basse-Terre. Sur la belle terrasse ouverte sur le jardin tropical et l'ancienne distillerie, ou dans la salle aux murs de pierre volcanique éclairée le soir aux bougies, on se régale d'une cuisine gastronomique qui marie avec finesse saveurs hexagonales et antillaises : mijotée de lambis au rhum vieux, pomme rôtie et foie gras poêlé ; *ceviche* de poisson aux baies et agrumes, et purée de légumes-pays... En prime, le midi en semaine, un menu à prix doux. (05 90 81 73 69 ; lieu-dit Desmarais ; formule/menu midi semaine 22/25 €, plats 19-32 € ; mar-sam)

Boire un verre

David Vigneau — SALON DE THÉ

33 CARTE P. 128, B2

Dissimulée dans une zone commerciale anodine à la sortie de Basse-Terre, cette petite boutique-salon de thé contemporaine présente, derrière la vitre de son long comptoir, un défilé de pâtisseries fines à se damner ! Si toutes les créations originales de ce brillant artisan originaire du Sud-Ouest vous donnent le tournis, et que vous ne parvenez pas à choisir (nous avons un faible pour le "grand cru" et la "tarte charlotte"), vous pourrez aussi succomber à ses délicieux chocolats, glaces et sorbets. (05 90 32 82 10 ; allée des Flamboyants, zone de Calebassier – derrière le Monoprix ; lun-sam 9h-19h et dim 8h-13h)

Sortir

L'Artchipel — THÉÂTRE ET CONCERTS

34 CARTE P. 128, A4

Ce grand édifice rouge et gris, tout en longueur, abrite une très belle salle de spectacles à la programmation éclectique. Scène nationale engagée, elle accueille pièces de théâtre, ballets, concerts et expositions. (05 90 99 29 13/ 05 90 99 97 22 ; www.lartchipel.com ; bd Félix-Éboué ; billetterie lun-ven 8h-12h et 14h-18h, jusqu'à 20h30 les jours de spectacle, sam de spectacle 10h-13h et 16h-20h30)

Se loger

L'offre d'hébergement pour les voyageurs est réduite à Basse-Terre. Il est préférable de se rendre à Baillif ou à Saint-Claude (voir p. 140), où les établissements sont nombreux et plus agréables.

Paradis Tropical — BUNGALOWS **€€**

35 CARTE P. 128, C2

Sur les hauteurs de Baillif, cette propriété familiale égrène dans un grand jardin avec piscine un chapelet de F2 et F3 mitoyens et fonctionnels, à la déco acidulée, ainsi que 5 bungalows en bois, indépendants les uns des autres. On jouit ici surtout du calme et d'une vue magnifique sur la mer et/ou la montagne. Bon accueil. (06 90 33 31 41/06 90 35 99 18 ; www.paradis-tropical.net ; 910 rte de Saint-Louis, Baillif ; gîte d/qua 100-110/125-151 € selon confort et saison, petit-déj 10 € ;)

Saint-Claude

Charmant bourg d'altitude entouré de forêts, où le parc national a établi son siège social, Saint-Claude est la porte d'entrée de la Soufrière. C'est une base idéale pour passer la nuit et entreprendre l'ascension du volcan tôt le lendemain matin. Vous y verrez de beaux exemples de cases créoles anciennes ; autour de la place de la Mairie, admirez l'église de style latino-américain et son émouvant cimetière.

Le cimetière de Saint-Claude

Voir

Habitation Beausoleil FONDS D'ART CONTEMPORAIN

36 CARTE P. 128, C2

Ce très beau domaine anciennement dévolu à l'exploitation de la canne à sucre comprend plusieurs bâtiments rénovés. L'un d'eux héberge le Fonds d'art contemporain départemental de la Guadeloupe, qui conserve plus d'une centaine d'œuvres d'artistes caribéens contemporains. Une petite partie y est exposée. Il accueille également d'intéressantes expositions temporaires. (05 90 99 78 53 ; Montéran ; entrée libre ; mar-jeu 9h-13h et 14h-17h, ven 9h-12h30 et 14h-17h, sam 10h-12h30 et 14h-17h)

Activités

Vert intense CANYONING ET RANDONNÉE

37 CARTE P. 128, C1

Cette agence très réputée organise des randos guidées, notamment sur la Soufrière (départ 8h, retour 13h, 40 €/pers), ou encore des sorties canyoning tous niveaux (35-70 €/pers selon âge et difficulté) aux quatre coins de Basse-Terre. Son approche 100% nature vous permet de découvrir de façon sportive le volcanisme, la faune et la flore de la région ! (05 90 99 34 73/06 90 55 40 47 ; www.vert-intense.com ; morne Houël, rte de la Soufrière ; tlj sur réservation)

Association Aw Total COURS DE GWO KA

VOIR 36 CARTE P. 128, B2

Si vous voulez vous initier – ou vous perfectionner – au gwo ka, vous êtes au bon endroit ! Logée au cœur de l'habitation Beaus (ci-contre), cette association propose régulièrement penda les vacances scolaires des stages sur une semaine (l'après-midi, du lundi au vendredi). Vous serez guidé par Joby Julienne, l'un des chaleureux musiciens du groupe K'Koustik... (06 90 75 73 83/06 90 93 37 79 ; habitation Beausoleil, Montéran ; stage semaine avec 1 heure 30/jour 50 €)

Saut de Matouba CASCADE

38 CARTE P. 128, C1

Pour rejoindre depuis Saint-Claude cette très jolie chute dotée d'un trou d'eau, encaissée au fond de la forêt, prenez la direction de Matouba, passez les 2 ponts puis bifurquez à gauche en direction de Morne-Savon après la stèle en l'honneur de Louis Delgrès. Environ 400 m plus loin, suivez la route qui monte à droite puis, immédiatement, la première rue à gauche. Vous parviendrez à l'habitation Joséphine : c'est dans cette demeure familiale, rebâtie à l'identique, que Saint-John Perse (voir p. 41 et p. 245) venait en vacances. Environ 600 m plus loin, la trace du saut de Matouba se poursuit le long d'un champ de bananiers. Après 10 minutes de descente glissante, on parvient à la petite rivière et à sa cascade, que l'on entend bouillonner. Attention, la baignade y est dangereuse ; on peut piquer une tête un peu plus en amont. Lors de nos recherches, le saut de Matouba était interdit d'accès par arrêté municipal. Renseignez-vous auprès du siège du parc national (voir p. 127).

Se restaurer

L'Oasis du domaine de Beauvallon BUFFET €€

39 CARTE P. 128, C2

Une très belle allée de palmiers mène à cette demeure surplombant la mer, cernée par les champs de canne de la distillerie Bologne... Les locaux l'empruntent en nombre à l'heure du déjeuner pour se rassasier d'une cuisine fraîche et plutôt correcte, servie à volonté, en formule buffet (apéritif inclus). La salle du restaurant, elle, est moins spectaculaire – cadre moderne, rehaussé de tableaux colorés –, mais reste agréable et bien ventilée. Petite piscine accessible le week-end. (05 90 80 89 78 ; 1468 rte de Bologne ; buffet adulte/-12 ans 25/12 € ; lun-sam midi et ven soir)

Se loger

Les Colibris BUNGALOWS €

40 CARTE P. 128, D1

Avec vue sur la Caraïbe et le sommet de la Soufrière quand elle daigne sortir la tête des nuages, ces 2 gîtes (2 à 6 pers), séparés par une belle allée de palmiers, sont spacieux, lumineux et naturellement ventilés. Tout équipés, décorés de meubles en bambou, ils disposent d'une agréable terrasse privative, cernée par les balisiers. Accueil chaleureux de Jeanine, la maîtresse des lieux. (06 90 58 27 40 ; gitesguadeloupelescolibris.fr ; allée des Sandragons, Matouba ; d 450-500 € la semaine selon saison, +15 €/nuit par pers supp ;)

Les Bananes vertes

BUNGALOWS NATURE **€€**

VOIR 37 CARTE P. 128, C1

Les gîtes écolos fondés par Vert intense (p. 139) sont superbement intégrés dans un paysage verdoyant, à proximité de Saint-Claude. Très calmes, bénéficiant de belles terrasses, les 3 studios mitoyens – donnant sur la piscine et dotés d'une kitchenette extérieure – et les 5 lodges (2-5 pers) – dont un avec Jacuzzi privatif, et une réjouissante cabane dans les arbres – arborent une déco simple mais très réussie, où le bois est à l'honneur. Une excellente adresse ! (05 90 99 34 73/06 90 55 40 47 ; www.lesbananesvertes.fr ; studio 90-105 €, lodge d/qua 130-180/180-240 € selon confort ;)

Habitation Matouba

GÎTES EN PARC FLORAL **€€€**

41 CARTE P. 128, C1

Cette très belle demeure coloniale, entourée d'un parc remarquable de 3 ha, est une invitation à la détente et à la déconnexion. S'y nichent deux appartements romantiques (4-6 pers) en duplex, aux chambres spacieuses, et un studio de plain-pied, décorés de mobilier ancien. Également, un petit pavillon pour une à deux personnes, attenant à la maison de Nicole, la très attachante propriétaire, qui a grandi sur le domaine et connaît tous les coins secrets pour se baigner dans les environs. (05 90 80 09 28 ; www.habitationmatouba.com ; Petit Parc, route de Matouba ; d/qua 90-130/140-180 € la nuit selon saison ;)

Explorer

Ouest Basse-Terre

Vieux-Habitants a pratiqué tous les types de cultures depuis sa fondation au XVIIe siècle, mais c'est pour sa production de café que l'on connaît surtout ce gros bourg cerné de luxuriantes vallées. Bouillante s'étend sur plusieurs kilomètres d'une côte de sable noir, englobant la plage de Malendure et la fameuse réserve Cousteau. À Pointe-Noire, réputée pour son artisanat du bois, de belles cases ornent les rues.

Les paysages de la côte ouest se prêtent à de belles randonnées matinales – sentier de Mamalier (p. 149), trace du Petit Malendure (p. 153) ou des Contrebandiers (p. 158), saut d'Acomat (p. 159) – ainsi qu'au canyoning (p. 152). Plutôt d'humeur marine ? Explorez la réserve Cousteau en kayak (p. 152), au cours d'une plongée (p. 152), d'une randonnée palmée (p. 158) ou sortez observer les baleines à bosse (p. 151). Après le déjeuner, découvrez l'univers du café à Vieux-Habitants – au musée du Café (p. 147), au domaine de Vanibel (p. 147) ou à l'habitation La Grivelière (p. 147) – et celui du chocolat à Pointe-Noire, à la Maison du cacao (p. 157) ou chez Gwakako (p. 158). Le soir, goûtez à la cuisine de la Table de Manon (p. 161) ou de O z'épices (p. 154).

Comment y aller

Les bus de la compagnie **Grand Sud Caraïbe** (www.transportsgsc.com) relient Basse-Terre à Vieux-Habitants et à Bouillante.

La voiture est le moyen le plus fiable et rapide.

Carte de l'ouest de Basse-Terre p. 146

Sur la route de la Grivelière © NICOLAS BENZONI

Les incontournables

Réserve Cousteau

Forte d'une riche biodiversité sous-marine, la "réserve Cousteau" s'est forgé une réputation internationale. Une célébrité qui a un coût : on estime à 80 000 le nombre de plongées par an au large de Malendure ! Cette fréquentation n'est pas sans impacter un écosystème déjà fragilisé par le réchauffement climatique. Le parc national de la Guadeloupe a, de fait, imposé certaines mesures et instauré une charte de bonnes pratiques.

CARTE P. 146, A3

Les îlets Pigeon

Situés à 1 km du littoral, ces deux îlots volcaniques doivent leur nom à un riche propriétaire terrien et acteur important de l'industrie sucrière au XVIIIe siècle. Le plus grand mesure 7 ha, le plus petit seulement 1 ha. Un chenal sableux de 30 m de large les sépare ; autour, les fonds plongent brutalement dans la mer. Les îlets sont recouverts d'une végétation sèche (mancenillier, poirier, frangipanier...). Ils se découvrent idéalement lors d'expéditions en kayak (voir p. 152).

Faune et fonds marins

Dans les années 1960, le commandant Cousteau a attiré l'attention sur les îlets Pigeon en déclarant que la zone était l'un des plus beaux sites mondiaux de plongée et qu'elle méritait d'être protégée... Il ne s'y était pas trompé : le vaste éventail de plongées permet à tous, débutants comme confirmés, de découvrir des fonds et une faune exceptionnelle : 38 espèces de coraux durs, 26 espèces de gorgones, 267 espèces de mollusques, 155 espèces de poissons, 3 espèces de tortues, 28 espèces d'algues... Trois épaves (le *Gustavia*, le *Franjack* et l'*Augustin-Fresnel*) viennent compléter une offre déjà bien fournie. Depuis 2004, le site rend hommage au commandant : un buste en bronze trône fièrement... par 12 m de fond.

★ À savoir

- Il est interdit de jeter l'ancre autour des îlets ; des bouées de mouillage fixes sont prévues aux abords de la réserve.
- Pour accéder au site, les prestataires vous demanderont 1 € par personne pour payer au parc national la taxe dite "Barnier".
- Bouillante (p 151), Pointe-Noire (p. 156) et Deshaies (p. 169) concentrent l'essentiel des prestataires proposant des sorties dans la réserve et sur les îlets.
- Dans la réserve, vous pouvez aussi observer des baleines à bosse (voir p. 151), qui croisent au large entre décembre et mai.

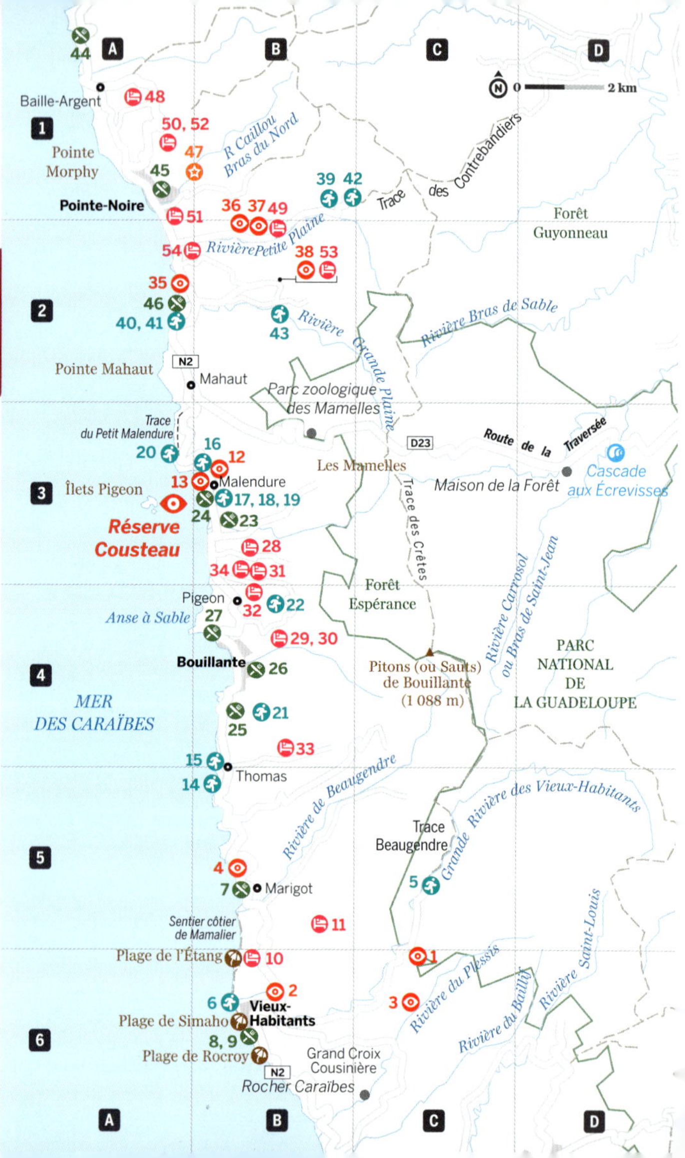

A
B
C
D
1
2
3
4
5
6
0
2 km
Baille-Argent
Pointe Morphy
Pointe-Noire
R Caillou
Bras du Nord
Trace des Contrebandiers
Forêt Guyonneau
Rivière Petite Plaine
Rivière Bras de Sable
Rivière Grande Plaine
Pointe Mahaut
N2
Mahaut
Parc zoologique des Mamelles
Trace du Petit Malendure
D23
Route de la Traversée
Cascade aux Écrevisses
Maison de la Forêt
Les Mamelles
Îlets Pigeon
Malendure
Réserve Cousteau
Trace des Crêtes
Forêt Espérance
Rivière Carrosol ou Bras de Saint-Jean
Pigeon
Anse à Sable
Bouillante
Pitons (ou Sauts) de Bouillante (1 088 m)
PARC NATIONAL DE LA GUADELOUPE
MER DES CARAÏBES
Thomas
Rivière de Beaugendre
Grande Rivière des Vieux-Habitants
Trace Beaugendre
Marigot
Sentier côtier de Mamalier
Plage de l'Étang
Rivière du Plessis
Rivière du Bailly
Rivière Saint-Louis
Vieux-Habitants
Plage de Simaho
Plage de Rocroy
Grand Croix Cousinière
Rocher Caraïbes
44
48
50, 52
47
45
36 37 49
51
54
38 53
39 42
35
46
40, 41
43
20
16
12
13
17, 18, 19
24
23
28
34
31
32
22
27
29, 30
26
21
25
33
15
14
4
7
5
11
10
1
2
3
6
8, 9

Vieux-Habitants

Fondé en 1636, ce gros bourg doit son nom à sa longue tradition agricole – le terme "habitants" dans les îles désignait ceux qui avaient reçu une concession sur laquelle ils avaient établi une "habitation", une exploitation agricole. Aujourd'hui encore, d'importantes plantations maraîchères occupent l'intérieur des terres et approvisionnent les marchés de Pointe-à-Pitre et de Basse-Terre. Doté d'une grande église aux vitraux bleus, dont le porche (1701) est l'œuvre de tailleurs de pierre du Limousin, le bourg est traversé par une rivière aux rives bordées de manguiers. Une belle randonnée la relie à la rivière Duplessis, où se cachent des pétroglyphes amérindiens.

Voir

Habitation La Grivelière EXPLOITATION CAFÉIÈRE

1 CARTE CI-CONTRE, C6

Juchée à l'entrée du parc national, cette exploitation de café classée monument historique est enchanteresse. Entièrement réhabilitée et toujours en activité, elle vous entraîne dans un parcours passionnant autour de la fameuse graine, de la maison du maître à la case des esclaves, des claies au hangar et à la bonifierie (lieu de transformation du café). Fermée pour travaux lors de notre passage, l'habitation devrait accueillir à sa réouverture, prévue courant 2021, un restaurant et des chambres d'hôtes. Prenez la D27 juste avant la sortie de Vieux-Habitants, en direction de Bouillante. Une petite route en mauvais état serpente dans un paysage splendide sur environ 6 km jusqu'à La Grivelière. (05 90 98 63 06 ; www.habitation-lagriveliere.com ; vallée de la Grande-Rivière)

Musée du Café HISTOIRE DU CAFÉ

2 CARTE CI-CONTRE, B6

Ce clinquant musée a son charme ; le jardin, la mise en espace des machines, anciennes et modernes, ainsi que les panneaux explicatifs, sont intéressants. De l'histoire du café en Guadeloupe et dans le monde à la dégustation, tout y est très bien présenté. Le café Chaulet est vendu à la boutique. Le site abrite la petite chocolaterie artisanale des Suprêmes (05 90 95 81 76/06 90 33 22 34 ; www.chocolaterie-les-supremes.com ; mar-ven 9h-17h, sam 9h-13h), qui y vend les excellents produits de sa confection. (05 90 98 54 96 ; www.cafe-chaulet.com ; Le Bouchu ; visite et dégustation adulte/enfant 6/4 €, gratuit -6 ans ; 9h-17h tlj, visites jusqu'à 16h)

Domaine de Vanibel CAFÉ ET VANILLE

3 CARTE CI-CONTRE, C6

Victor Nelson et ses enfants, Françoise et Joël, ouvrent les portes de leur exploitation et font découvrir – au cours d'une passionnante visite guidée – l'histoire des productions de café, de banane et de vanille guadeloupéennes. Dégustation en fin de parcours

Aux abords de Vieux-Habitants

de leur délicieux café, l'un des plus prestigieux du marché (ou d'une tasse de cacao – tout aussi bon) et de fruits exotiques. Boutique sur place, ainsi que des hébergements (voir p. 150). Prenez la direction "formation agricole", montez tout droit, passez le lieu-dit Beausoleil et suivez les panneaux en bois. Accès handicapés. (☎05 90 98 40 79 ; www.vanibel.fr ; Cousinière ; visite et dégustation adulte/enfant 8,50/5 € ; ⏰visites guidées jan-avr lun-sam 14h30 et 15h45, mai-déc lun-ven 15h, fermé en sept)

Anse à la Barque PLAGE

4 ◎ CARTE P. 146, B5

Cette jolie baie, jadis marquée par le débarquement d'esclaves, lieu de rendez-vous des flibustiers et des corsaires, est aujourd'hui un lieu calme, fréquenté surtout par les pêcheurs. En 1806, deux navires français, *La Seine* et *La Loire*, transportant une cargaison de 400 000 francs-or, furent coulés par les Britanniques. Ce trésor n'a jamais été retrouvé... Vieux-Habitants abrite d'autres plages de sable gris et de petits galets, comme celles de l'**Étang**, de **Simaho** et de **Rocroy** (carte p. 146, B6).

Activités

Trace Beaugendre RANDONNÉE

5 CARTE P. 146, C5

Cette trace spectaculaire (3 heures), relie les deux rivières de Vieux-Habitants. Elle débute au bout de la rivière de Beaugendre, grimpe abruptement jusqu'à la crête Corossol (640 m) dans une végétation touffue, et rejoint la Grande Rivière. Le sentier, fortement abîmé par le passage de l'ouragan Maria en 2017, était impraticable lors de nos recherches : renseignez-vous auprès du parc national (p. 127).

Sentier de Mamalier RANDONNÉE

6 CARTE P. 146, B6

Ce sentier côtier (1 heure 30 aller ; 2,5 km ; facile) démarre du bourg (non loin de la plage de Simaho) et vous emmène jusqu'à la pointe Beaugendre, à travers des paysages de zones humides propices à l'observation ornithologique. Attention, en cas de fort courant, il est conseillé de rebrousser chemin et de ne pas traverser le bras principal de Grande Rivière.

Se restaurer

La Grillade CRÉOLE €€

7 CARTE P. 146, B5

Dans un virage en bord de route, ce tout petit restaurant donne sur la mer et attire une clientèle fidèle depuis 20 ans. Les assiettes sont copieuses, la cuisine est simple mais réussie : brochette de poisson sur gratin de banane ou poulet grillé sur salade de riz. Bons cocktails de fruits frais et punchs maison. Service souriant. (05 90 98 49 32 ; Marigot, sortie de Vieux-Habitants en direction de Bouillante ; plats 9,90-17, 50 €, menu 12,90 €, langouste 39 € ; midi lun-sam)

An Ba Rézen Là CRÉOLE €€

8 CARTE P. 146, B5

Sur une terrasse face à la mer, vous dégusterez steak de thon grillé, brochette de ouassous, ou encore suprême de volaille au coco, accompagnés de riz au giraumon ou d'un gratin de patates douces. Bon rapport qualité/prix et accueil chaleureux. (05 90 92 10 88 ; www.anbarezenla.fr ; plage de Simaho ; plats 7,50-15 € ; midi tlj sauf jeu, soir sur réservation)

Les Alizés CRÉOLE €€

9 CARTE P. 146, B5

Juste à côté de l'adresse précédente, cette petite case ouverte sur la plage est réputée pour sa savoureuse cuisine créole : bourse ou vivaneau grillés, daube de requin, ragoût de porc ou de bœuf… servis avec un florilège d'accompagnements, dont un bon gratin de papaye verte. (06 90 51 11 90 ; plage de Simaho ; plats 7-20 € ; midi tlj sauf mar)

Se loger

Les Cocotiers GÎTES NATURE €

10 CARTE P. 146, B5

Chez Anne et Thierry, tout près de la plage de l'Étang (au bout d'une route un peu accidentée), vous logerez dans l'un des deux studios écologiques, simples et coquets, naturellement ventilés, aménagés dans une case au cœur d'un grand jardin faisant face à la mer. Si vous avez l'âme d'un Robinson, vous

© MARIE DUFAY

Anse à la Barque (p. 148)

pourrez dormir quasi à la belle étoile, sous un carbet aménagé (futon, moustiquaire, douche extérieure, toilettes sèches...), bercé par les vagues. Délicieux petit-déjeuner. Repas du soir à la demande (15-30 €/pers) tout aussi gourmand. Possibilité de massages et de cure "ressourcement". (05 90 98 33 18/07 67 13 68 48 ; www.bungalows-cocotiers-guadeloupe.com ; 664 chemin de l'Étang ; bungalow d/qua 50-60/90-100 € la nuit, 2 nuits au minimum en haute saison, 280-350/560-630 € la semaine selon saison, bivouac 1-2 pers 40 €/nuit petit-déj inclus ;)

Gîtes de Vanibel DANS UNE CAFÉIÈRE €€

VOIR 3 CARTE P. 146, C6

Isolés sur les hauteurs de Vieux-Habitants, plantés sur une belle pelouse arborée, les gîtes du domaine de Vanibel méritent leurs 2 et 3 épis : les 2 pavillons, 2 studios et le duplex (mitoyen à l'un des studios), joliment décorés, sont confortables et peuvent accueillir de 2 à 4 personnes. Vous profiterez d'une fraîcheur agréable – et d'un calme olympien – dans ce cadre merveilleux cerné par la forêt tropicale. Il est préférable d'y arriver de jour la première fois, car l'accès est assez compliqué (voir p. 147). (05 90 98 40 79 ; www.vanibel.fr ; domaine de Vanibel, Cousinière ; gîtes 2/4 pers 315-350/495-550 € la semaine selon saison ;)

Habitation Getz DANS LES ARBRES €€

11 CARTE P. 146, C5

Une adresse exceptionnelle ! On est d'abord charmé par l'ancienne habitation caféière de 1780, construite en mahogany et meublée comme au XVIIIe siècle, dont les galeries donnent sur le luxuriant jardin : elle abrite deux superbes chambres d'hôtes avec des salles de bains très soignées. Les trois cabanes (2-4 pers) nichées dans les arbres offrent une vue à couper le souffle sur la mer et la canopée, et tout le confort... Même dans les toilettes sèches, on se croirait dans un film d'aventures ! Très bon accueil de Benoît, le nouveau propriétaire. (05 90 24 46 86/06 90 58 70 20 ; www.habitation-getz.com ; rte de Géry ; ch 100 € la nuit, cabane 110-130 € la nuit pour 2 pers, 15 €/pers supp, petit-déj inclus ;)

Sources chaudes de Bouillante

Réputées efficaces contre les rhumatismes, les sources chaudes de Basse-Terre sont très appréciées des Antillais, qui viennent s'y délasser en fin de journée et le week-end. Elles sont nombreuses à Bouillante, qui leur doit son nom. Citons notamment le **Bain du Curé** (**14** carte p. 146, B5) près de la plage de l'anse à Sable sur la route de la gendarmerie, et la **source de l'anse Thomas** (**15** carte p. 146, B4), au nord de la ravine Thomas, sur la route allant vers Campèche. Empruntez le chemin vers la mer jusqu'au pont cassé, garez-vous puis revenez sur vos pas pour prendre un petit chemin qui longe le rivage et mène jusqu'au petit bassin de pierres. L'eau arrivant de la source à 70°C se mélange à l'eau de mer, et donne un bain à 45°C environ.

Bouillante

La ville tire son nom de ses sources thermales d'eau chaude, réputées pour leurs vertus antirhumatismales. Traversée par la N2, Bouillante est le site de la centrale géothermique du même nom ; c'est la seule de ce type en France. Elle ne se visite pas.

Voir

Évasion tropicale

OBSERVATION DES BALEINES ET MUSÉE

12 CARTE P. 146, B2

Cette association a pour but de recenser et protéger cachalots, dauphins et baleines. Ses créateurs, Caroline et Renato, organisent, avec leur fils Manolo, des sorties en mer d'une demi-journée, consacrées à l'observation des cétacés, sur une saintoise de 10 m ou un catamaran de 15 m (adulte/enfant 65/45 €, départ 8h), ainsi que des balades pédagogiques de 2 heures, le long du littoral, à la découverte des tortues des Caraïbes et de la végétation volcanique (adulte/enfant 40/30 €). Une mine d'informations que vient compléter leur petit musée blanc et bleu, Balen Ka Souflé. (05 90 92 74 24/06 90 44 14 85 ; www.evasiontropicale.org ; 1 rue des Palétuviers, face au rocher de Malendure ; entrée libre ; 8h-12h et 14h-18h tlj)

Plage de Malendure

PLONGÉE

13 CARTE P. 146, B3

Située le long de la N2, la plage de Malendure, belle étendue de sable gris, est le principal point de départ des sorties de plongée vers les îlets Pigeon (voir p. 152), à 1 km du rivage. Aujourd'hui très fréquentée, elle s'est vue annexer un grand parking où se sont installées des échoppes de souvenirs. C'est encore, malgré tout, un lieu de mouillage prisé des plaisanciers.

Les clubs de plongée de Bouillante

Les centres de plongée fleurissent sur la plage de Malendure, et changent de direction tous les 2-3 ans. Les prestations sont presque similaires (et plus onéreuses que sur d'autres sites de l'île) et on peut difficilement échapper à l'effet "tourisme de masse" que confère l'endroit. Parmi tous ces prestataires, nous en recommandons deux en particulier, réputés pour leur sérieux :

- **Les Heures saines** (16 carte p. 146, B3 ; 05 90 98 86 63 ; www.heures-saines.gp ; 7h45-18h tlj) est la plus ancienne structure. Ses prestations, très complètes, sont vraiment excellentes. Baptêmes enfant/adulte 41/51-61 €, explo 46 €.
- **Plaisir Plongée Karukera** (17 carte p. 146, B3 ; 05 90 98 82 43 ; www.ppk-plongee-guadeloupe.com ; 9h-17h30 tlj) est une petite structure sérieuse et conviviale qui organise 3 sorties par jour (9h30, 12h et 14h30). Comptez 55 € pour un baptême adulte, 45 € pour un enfant, et 45 € l'explo.

Les autres plages de Bouillante (anse à Sable, Petite-Anse...) ont souffert du mauvais temps ces dernières années et arborent un visage moins attractif ; elles restent cependant agréables à fréquenter.

Activités

Gwada Pagaie

KAYAK

18 CARTE P. 146, B3

Location de kayaks (2, 3 ou 4 places) sur la plage de Malendure pour visiter la réserve Cousteau. Comptez 15 minutes pour rejoindre les îlets Pigeon. Palmes, masque et tuba sont fournis, ainsi qu'une carte topographique et une planche étanche d'identification des poissons. Briefing sécu avant le départ, petit pot offert au retour. (06 90 93 91 71 ; www.gwadapagaie.com ; plage de Malendure ; sortie 3/4 heures 25/30 €/pers, journée 35 €/pers ; 8h-17h tlj)

Canopée Forest Adventure

CANYONING ET RANDONNÉE

19 CARTE P. 146, B3

Ces guides très pros, passionnés de botanique et respectueux de la nature connaissent par cœur les rivières, gorges, ravines, canyons et cascades de Basse-Terre, que vous descendrez en rappel ou en toboggan. Les parcours sont accessibles à tous, mais les plus techniques raviront ceux qui sont déjà expérimentés. Également, des randonnées à la Soufrière. (05 90 26 95 59 ; www.canopeeguadeloupe.com ; plage de Malendure ; sorties adulte/enfant 50-85/40-60 €/pers selon programme ; 8h-18h tlj)

Trace du Petit Malendure

BALADE LITTORALE

20 CARTE P. 146, A3

La promenade qui mène du Petit Malendure à l'anse Colas (2 heures aller) ne vous demandera que peu d'efforts : elle suit le littoral, entre forêt sèche et petites criques permettant de se rafraîchir. Belle vue sur les îlets Pigeon. Le départ a lieu sur la plage du Petit Malendure (à 200 m après la plage de Malendure, en direction de Pointe-Noire).

Jardin d'Anichi

COURS DE CUISINE €€

21 CARTE P. 146, B4

Ce lieu de ressourcement au cœur de la forêt tropicale (voir p. 154) propose des cours de cuisine créole axés sur la naturopathie et les produits *péyi*. Mylène y partage son savoir-faire ; vous mettez la main à la pâte avant de déguster ! (06 90 74 20 56 ; www.jardindanichi.com ; chemin Descoudes, juste avant Bouillante depuis Vieux-Habitants, prendre à droite direction Plateau-Lycée professionnel ; cours 65 €, sur réservation)

Se restaurer

Chez Dada

CRÉOLE €€

23 CARTE P. 146, B3

Face aux îlets Pigeon, cette gargote de bord de route sert des plats créoles simples, au bon rapport qualité/prix : acras, fricassée de chatrou, colombo de cabri ou de poulet... Ni carte bancaire ni chèque. (05 90 98 13 40 ; rue des Galets, entre Malendure et Pigeon ; menu 12,50-15 € ; tlj)

La Touna

MÉTRO-CRÉOLE €€

24 CARTE P. 146, B3

Une vaste maison en bois ouverte sur la mer et les îlets Pigeon, près de la plage de Malendure, avec une terrasse aménagée autour d'un deck. Le service y est professionnel et rapide. Parmi les spécialités : tartare de thon et sa crème d'avocat ; poisson-lion à la cardamome et risotto ; baba flambé au rhum vieux... Choix carnés et burgers également. Réservez. (05 90 98 70 10 ; www.la-touna.com ; Pigeon-Galets ; plats 16-25 € ; menu midi 25 €, menu langouste 48 €, mar-sam midi et soir et dim midi)

Randonnée et handicap

La structure écotouristique **Ti Gli Gli** (22 carte p. 146, B4 ; 05 90 98 73 49/06 90 59 30 95 ; www.tigligli.com ; rue de Poirier, Pigeon, Bouillante) accueille en randonnée les personnes à mobilité réduite grâce à une "Joelette" : ce fauteuil monoroue tout-terrain nécessitant deux accompagnateurs permet l'accès à certaines traces, mais aussi à des balades en campagne, ou sur le sable. L'un de leurs gîtes (au sein d'un parc verdoyant et fonctionnant à l'énergie solaire) est aussi conçu pour les recevoir.

Aux 4 Mondes CUISINE DU MONDE €€

25 CARTE P. 146, B4

À la sortie de Bouillante, au bord de la route qui mène à Vieux-Habitants, cette case bleu azur à la jolie terrasse plantée de cactus jouit d'une belle réputation. On vante la qualité de ses plats aux saveurs voyageuses – nems au poisson et giraumon, poulet massala, wok de bœuf aux légumes... – et de ses concerts (jazz, blues, funk, musiques caribéennes...) le week-end. (05 90 41 63 79/06 90 47 07 66 ; Douenele ; plats 18-25 € ; menus 20-30 € ; mar-ven midi et soir, sam soir et dim midi)

O z'épices CUISINE ÉVOLUTIVE €€

26 CARTE P. 146, B4

Amoureux des épices et des produits locaux, le chef Jimmy Bibrac – dont la réputation n'est plus à faire – en joue habilement en cuisine, magnifiant poissons et crustacés : requin sauce curcuma, marlin à la crème de cive... Joliment dressés. Réservation indispensable. Concerts le dimanche midi. (05 90 38 87 61 ; N2, Falaise ; plats 28-35 € ; mer-sam midi et soir et dim midi)

Plage de Malendure

Jardin d'Anichi ÉCOTABLE D'HÔTES €€

27 CARTE P. 146, B4

Ne vous laissez pas impressionner par la route qui mène à ce petit éden ; filez au pas, mais filez droit ! Dans une case traditionnelle en bois, au cœur de la forêt tropicale, Mylène donne une seconde vie aux plantes, fruits et légumes de son jardin. Elle en exalte les saveurs au cours de repas intimistes (sur réservation, au moins 48 heures à l'avance). Si vous succombez à l'enchantement du lieu, vous pourrez même y passe la nuit : le domaine recèle aussi une chambre d'hôtes, dans une jolie case face à la mer. (06 90 37 89 22 ; www.jardindanichi.com ; chemin Descoudes, juste avant Bouillante depuis Vieux-Habitants, prendre à droite direction Plateau-Lycée professionnel ; menu 48 €, forfait dîner et chambre d'hôtes pour 2 pers 150-180 €/nuit ; jeu-dim midi)

Se loger

Hamac Camp BIVOUAC €

28 CARTE P. 146, B3

Envie de dormir à la belle étoile au cœur de la forêt tropicale ? Posez-vous quelques jours sous l'un des petits carbets d'Anne et Dom : un réchaud à gaz pour la popote, des hamacs moustiquaires (draps et duvet fournis) pour la nuit, ainsi qu'un espace feu de camp, une douche à l'eau de rivière et des toilettes sèches. Un retour à l'essentiel, en symbiose avec la nature. Accueil chaleureux et généreux en recommandations. (06 90 63 53 53 ; https://hamaccamp.wixsite.com/guadeloupe ; chemin de l'Habituée-Négresse, Birloton ; adulte/-12 ans 25/15 € la nuit, petit-déj 5 €)

Les Jardins de l'Espérance BUNGALOWS €

29 CARTE P. 146, B4

Cinq gîtes colorés (2-6 pers) répartis dans deux maisons créoles jaune d'or, au cœur d'un écrin tropical, avec vue sur une petite piscine bordée de palmiers. Terrasse, cuisine ouverte, clim, bonne literie... tout le confort et la propreté nécessaires à des vacances sereines. Accueil charmant. (05 90 98 88 27/06 90 42 91 11 ; www.gite-bouillante-jdle.com ; chemin de l'Habituée-Négresse, Birloton ; bungalow d/qua 380-520/590-740 € la semaine selon saison ;)

L'Escale tropicale BUNGALOWS €€

30 CARTE P. 146, B4

Adossées à la forêt tropicale, ces 4 lumineuses cases créoles (2-4 pers), joliment aménagées dans les tons pastel, s'ouvrent sur un jardin fleuri avec piscine. Tout équipées (TV, hamac, barbecue,

Dans les rues de Bouillante

clim, brasseurs d'air, machine à laver commune...), elles offrent un bon rapport qualité/prix. (05 90 32 05 52/06 90 24 20 52 ; www.escale-tropicale.com ; chemin de l'Habituée-Négresse, Birloton ; bungalow d/qua 360-490/530-590 € la semaine selon saison ;)

Rêve et Alizé GÎTES ÉCOTOURISTIQUES €€

31 CARTE P. 146, B3

Ces très belles cases créoles en bois (de 2 à 6 pers), décorées avec beaucoup de charme, possèdent de grandes terrasses et des chambres spacieuses. Elles se dressent au cœur d'un immense jardin où coule une rivière et percé d'une piscine – en matière de baignade, vous aurez le choix ! Accueil charmant des nouveaux propriétaires. (05 90 98 94 54 ;

www.reveetalize.com ; rte de la Glacière, Pigeon ; bungalow d/qua 82-112/102-154 € la nuit selon saison ;)

La Koumbala BUNGALOWS DE CHARME €€

32 CARTE P. 146, B4

Confortables et appétissants comme des bonbons, ces deux bungalows (de 2 et de 4 pers) bénéficient d'une terrasse isolée des regards, au cœur d'un beau jardin tropical. Deux chambres avec kitchenette extérieure (bien équipée mais sans plaques de cuisson) sont aussi disponibles dans la maison de la propriétaire. Ici, la ventilation naturelle des alizés fait office de clim (aidée de moustiquaires et brasseurs d'air). En prime, une piscine donnant sur la mer. Repas maison préparés à la demande (30 €/2 pers). (05 90 26 43 79 ; www.koumbala.com ; rue de Poirier, Pigeon ; d 340-460 €, bungalow d/qua 370-570/540-750 € la semaine selon saison ;)

Habitation Massieux ÉCOLODGE €€€

33 CARTE P. 146, B4

Sur les hauteurs de Bouillante, au cœur d'un jardin luxuriant, 3 chambres et un lodge en bois ont été aménagés avec goût – draps brodés, magnifiques meubles chinés... – dans une ancienne demeure de planteurs, selon des critères écologiques. S'y ajoute, dans le sous-bois, une case ouverte sur la nature pour couple ou petite famille d'aventuriers. Une adresse iconoclaste réputée, qui, lors de notre passage, souffrait d'un certain laisser-aller... (05 90 98 89 80 ; route de Marquis, Thomas ; case/d avec petit-déj 60/84-90 €, lodges 2/4 pers 100/130 € selon saison ; petit-déj 7 € ;)

Gwo Caillou BUNGALOWS DE LUXE €€€

34 CARTE P. 146, B3

Voici 5 très belles cases en bois de rose (de 2 à 7 pers), isolées les unes des autres, plantées dans un superbe jardin avec piscine. Spacieuses et confortables, égayées çà et là de notes ethniques, elles disposent de tout l'équipement nécessaire. Mention spéciale pour l'accueil, très attentionné. L'adresse est très prisée : réservez plusieurs mois à l'avance. (05 90 98 99 97 ; www.gwocaillou.com ; rte de la Glacière, Pigeon ; bungalow 2-4 pers/4-6 pers 410-690/710-980 €, villa 4-7 pers. 810-1 120 € la semaine selon saison ;)

Pointe-Noire

Pointe-Noire est une ville assez étendue qui doit son nom à l'ombre apportée par les montagnes qui se dressent à l'est. La plupart des habitants vivent de la pêche et des plantations de café – appelé ici "pur arabica de la côte sous le vent". On y voit quelques jolies cases en bois, qui rappellent que de nombreux charpentiers de marine et scieurs de long s'installèrent ici au XVIIIe siècle. Cette tradition de l'artisanat du bois est aujourd'hui l'un des fers de lance de l'écotourisme local.

Voir

Maison du cacao MUSÉE-DÉGUSTATION

35 CARTE P. 146, B2

Cet écomusée retrace de manière ludique l'histoire du cacao. La visite, de 1 heure environ, se termine par une dégustation du vrai cacao d'origine, qui rayera définitivement de la liste de vos courses la boisson chocolatée classique. Une boutique à l'entrée permet d'acheter de délicieux chocolats fins à 100% ou 90% de cacao, du cacao pur, du beurre de cacao… (05 90 98 25 23 ; www.maisonducacao.fr ; Grande Plaine ; adulte/enfant 8/4 € dégustation comprise ; musée 9h30-16h lun-sam, boutique 9h30-17h)

Parc aquacole POISSON ET OUASSOUS

36 CARTE P. 146, B2

La visite de ce parc de 2,5 ha permet de tout savoir sur les crustacés et les poissons guadeloupéens. Vous pourrez aussi en acheter, ou les pêcher vous-même (par exemple du rouget créole – canne à pêche et appâts 5 €) dans l'un des 10 étangs du site. On peut visiter l'écloserie accompagné par un biologiste, et assister aux récoltes de ouassous. Une table d'hôtes propose du loup caraïbe, des ouassous poêlés à l'orange, au lait de coco… (ven et dim midi uniquement, sur réservation). (05 90 98 11 83 ; www.parc-aquacole.fr ; rte des Plaines, à droite après le pont ; visite libre 4 €, visite guidée adulte/enfant 8/4 € ; tlj 9h-17h sauf sam, fermé lun en basse saison, visite guidée 11h ven et dim)

La Vanilleraie de Fety PLANTATION DE VANILLE

37 CARTE P. 146, B2

Une visite instructive d'une quarantaine de minutes pour découvrir la culture de la vanille et le savoir-faire patient et minutieux qu'elle requiert. En sus, la possibilité d'acheter, pendant la saison des récoltes (de déc à mars), les gousses issues de la production locale, valant largement leur prix d'or… (06 90 37 13 24 ; rte des Plaines, juste après le parc aquacole ; visite guidée 5 €, gratuit -12 ans ; mar-sam 9h15, 10h15, 11h15 et 14h15, 15h15, 16h15)

Écomusée La Manon CAFÉ, VANILLE ET CACAO

38 CARTE P. 146, B2

À l'entrée de l'habitation La Manon (p. 161), ce bel écomusée truffé d'ustensiles anciens, avec vue plongeante sur la vallée des Plaines, offre une incursion dans la production de café, de vanille et de cacao guadeloupéenne : dégustation d'un cru bonifieur, projection de vidéos, et un sentier balisé au cœur des plantations, prétexte à une agréable balade. Des ateliers accompagnés de botanistes sont programmés : consultez la page Facebook de l'habitation La Manon. (06 90 61 94 04 ; Gros-Morne, chemin de Thomy, route d'Acomat ; mar-dim 9h30-17h)

Activités

Gwakako
FABRICATION DE CHOCOLAT

39 CARTE P. 146, B1

Dans sa jolie case posée à la lisière de la forêt tropicale, Claude vous initiera à la fabrication du chocolat. De la cabosse à la tablette, celui-ci n'aura plus de secret pour vous. Vous repartirez avec le produit de votre confection : un 70% cacao, boosté, au gingembre, au piment ou aux éclats de noisettes. Une expérience ludique, instructive, et ô combien délicieuse ! (05 90 26 74 85 ; www.guakako.com ; rte des Plaines, environ 3 km après le parc aquacole ; atelier adulte/enfant 50/30 € ; lun-sam 9h30 et 14h30, sur réservation)

An Ba Dlola
RANDONNÉE PALMÉE

40 CARTE P. 146, A2

Antoine Maestracci est corse, et ancien capitaine de l'équipe de France d'apnée : si vous n'êtes pas très à l'aise dans l'eau, c'est les yeux fermés que vous suivrez cet homme sympathique et pédagogue pour une randonnée palmée à la rencontre de la faune sous-marine des îlets Pigeon. Il vous en contera tous les secrets... Initiation à l'apnée et à la pêche sous-marine également. (06 90 47 11 61/06 90 18 79 66 ; www.guadeloupe-plongee.fr ; plage Caraïbe ; rando palmée adulte/enfant 40/30 €, apnée/pêche sous-marine 60 €/pers à partir de 4 pers)

Anse Caraïbe Plongée
PLONGÉE

41 CARTE P. 146, A2

À l'entrée de Pointe-Noire, l'anse Caraïbe, longue étendue de sable noir, est idéale à parcourir en famille. Jazz, toujours très pro et de bonne humeur, y tient un sympathique centre de plongée, à l'excellente réputation et orienté écotourisme. Il propose entre autres des départs vers la réserve Cousteau. (06 90 64 04 34 ; www.anse-caraibe-plongee-guadeloupe.org ; plage Caraïbe ; baptême adulte/enfant 55/40 €, explo 45 € ; sorties 9-14h tlj)

Trace des Contrebandiers
RANDONNÉE

42 CARTE P. 146, B2

Ce sentier bien fléché part du lieu-dit l'Espérance et longe durant 6,5 km (3 heures 30 aller ; niveau

Randonner “différent”

Yalodé (06 90 56 58 10 ; www.kayak-guadeloupe.fr ; adulte/-12 ans 44/39 €, rdv par téléphone ; tte l'année, départs 8h30) propose une approche originale de la nature sauvage de Basse-Terre, en mélangeant botanique, histoire... mais aussi contes et légendes. À partir de 7 ans (et sans limite d'âge tant que vous êtes en bonne condition physique), vous randonnez (3 heures 30) en forêt avant de vous offrir de belles glissades sur les toboggans naturels des rivières qui cernent Pointe-Noire.

intermédiaire) le même parcours en forêt que celui emprunté par les contrebandiers acheminant clandestinement le rhum des distilleries de Sainte-Rose vers la côte sous le vent. On traverse des plantations de mahogany ou d'acomats avant de grimper une crête d'où le panorama sur le Grand Cul-de-Sac Marin est magnifique. La fin de la randonnée s'effectue sous le couvert de la forêt.

Saut d'Acomat — RANDO ET BAIGNADE

43 CARTE P. 146, B2

Cette randonnée de 30 minutes aller-retour (le chemin est raide dans sa dernière partie) mène à une cascade de 10 m de haut, de plus en plus fréquentée par les touristes qui apprécient de se baigner dans cette vasque naturelle couleur jade, au milieu d'une végétation luxuriante. Prenez la D16 en direction d'Acomat, puis à droite aux 2 pattes-d'oie.

Se restaurer

Voir aussi **la Table de Manon** (p. 161 ; ven-sam et dim midi, ou sur réservation)

La Route du Roots and Family — FOOD TRUCK €

44 CARTE P. 146, A1

Posée sur la jolie plage de Petite-Anse, cette minuscule roulotte blanche rehaussée de couleurs rastas sert une cuisine simple, saine et ultrafraîche, parfaite pour caler un creux entre deux baignades : légumes de saison au poisson fumé, crêpes au lait et à la farine de coco, salées ou sucrées, et délicieux jus de fruits frais. (06 90 09 41 78 ; plage de Petite-Anse ; jus 3€, plats 5-6 € ; mar-dim 11h-18h30)

Initiation au chocolat avec Gwakako (p. 158)

Aka Tole — CRÉOLE €€

45 CARTE P. 146, A1

Un authentique lolo, où on suit le foot à la télé, joue aux dominos, et refait le monde autour d'un ti-punch. Le patron, Ghislain, sert de copieux ouassous, des poissons grillés ou au court-bouillon, des ragoûts de cabri ou de bœuf, des fricassées de lambi, accompagnés de l'incontournable duo riz-haricots rouges. Également à emporter. (05 90 80 51 67/ 05 90 98 19 52/06 90 38 18 80 ; rue Félix-Dragon, près du front de mer ; plats 10 € ; tlj)

Le Reflet

CRÉOLE €€

46 CARTE P. 146, B2

Sur la plage Caraïbe, ce restaurant sert des plats simples et copieux, dans une ambiance détendue. Acras, ouassous, chatrou, colombos, poisson grillé ou en court-bouillon accompagné d'un gratin de christophine ou de riz au giraumon. En somme, la parfaite petite adresse de plage. (05 90 98 11 51 ; plage Caraïbe ; menus 16-30 €, menu langouste 35 € ; midi tlj, soir sur réservation, fermé jeu en basse saison)

Sortir

Plézi

CONCERTS ET DJ

47 CARTE P. 146, B1

Sur les hauteurs du bourg, ce bar-restaurant atypique, niché dans la verdure, au bord de la rivière, est bien connu des locaux pour ses concerts (jazz, soul, reggae, musique caribéenne), ses soirées karaoké et ses brunchs avec DJ le dimanche. (06 90 71 35 72 ; https://fr-fr.facebook.com/restoplezi ; chemin de l'Îlet ; ven-sam soir et dim midi)

Se loger

Gîtes Beaugendre

GÎTES AVEC VUE €

48 CARTE P. 146, A1

Perchés dans un joli jardin, ces deux gîtes en bois (2 et 4 pers) mitoyens disposent chacun d'une belle douche extérieure aux murs safran et ocre, ainsi que d'une cuisine en terrasse avec vue sur mer. Pas de clim mais des brasseurs d'air, car les lieux sont naturellement ventilés… Les propriétaires, deux anciens libraires belges, vous y feront un bel accueil. (05 90 98 29 41/06 90 61 65 44 ; gitebeaugendre.free.fr ; chemin de Morphy ; bungalow d/qua 420-510/710-850 € la semaine selon saison ; P)

West Indies

INSOLITE €

49 CARTE P. 146, B1

Une adresse qui emporte notre adhésion pour son originalité et son dépaysement absolu. Vous pouvez dormir dans une cabane perchée, un carbet, un moulin et même une roulotte. Superbement décorés entre luxe et rusticité, et offrant tout le confort et de beaux espaces ouverts sur la forêt ou l'étang, ils ont tous une terrasse et accueillent jusqu'à 4 personnes. (05 90 92 96 17 ; www.westindiescottage.com ; 62 chemin des Plaines ; cabane/carbet/moulin/roulotte 600-750/700-840/600-700/500-650 € la semaine pour 2 pers + 5 € par pers supp ; P)

Parc aux Orchidées

ÉCOGÎTES €€

50 CARTE P. 146, A1

Voici sans doute l'un des hébergements les plus originaux de la Guadeloupe, et pourtant peu connu. Ce jardin ornemental recèle plus de 200 variétés d'orchidées… ainsi que 4 charmants bungalows en bois (2-5 pers), une piscine et un Jacuzzi. On y goûte une tranquillité et un dépaysement certains ! Formules massages, spas… (05 90 38 56 77 ; www.parcauxorchidees.com ; 723 rte de Trou-Caverne ; bungalow d/qua 57-115/95-132 € la nuit selon confort et saison ; P)

KazAnne

GÎTES €€

51 CARTE P. 146, A1

Récemment reprise par un charmant couple, cette adresse jouit d'un point de vue de choix sur la Caraïbe et d'un environnement calme dans un beau jardin. Autour de la piscine : une grande villa divisée en trois logements distincts – une chambre pour deux (avec frigo et micro-onde), un studio et un appartement tout équipé (2-5 pers) avec chambre en mezzanine –, ainsi qu'un bungalow indépendant pour 2 personnes, et deux Jacuzzis. Table d'hôtes possible (adulte/enfant 22/10-15 €). (05 90 95 58 75 ; www.kazanne.net ; 535 rte de Monchéri ; chambre/bungalow/studio/app 32-92/37-100/61-100/120-140 € la nuit selon saison ; petit-déj adulte/enfant 10/7 € ;)

Villa Rose Caraïbes

BUNGALOWS ET CHAMBRES D'HÔTES €€

52 CARTE P. 146, A1

Dans un jardin tropical à l'ambiance zen, avec piscine, bassins naturels et vue sur mer : 4 bungalows (jusqu'à 5 pers) dont un sur pilotis (notre préféré) et 2 chambres d'hôtes avec kitchenette. Situés dans les hauteurs et naturellement ventilés, ils sont très confortables et arborent une déco personnalisée. Bonne table d'hôtes le soir (menu 22 €). Excellent accueil. (05 90 99 96 62/06 90 42 32 66 ; www.villarosecaraibes.com ; chemin de Varin, Gommier ; d/qua 440-490/530-630 € la semaine selon saison ; P)

Habitation La Manon

LODGES DE CHARME €€€

53 CARTE P. 146, B2

Bernadette vous accueille sur sa belle plantation de café, cacao et vanille sur les hauteurs de Pointe-Noire, avec vue sur la mer et la vallée des Plaines. S'y nichent 3 cases pour 4 personnes, trouées d'une petite piscine privée, ainsi qu'un gîte et une adorable chambre (avec kitchenette) pour 2 personnes, décorés avec goût. On y jouit de tout le confort et d'une quiétude absolue. Table d'hôtes avec piano-bar et concerts certains soirs. (06 90 61 94 04 ; www.habitation-la-manon.com ; chemin de Thomy, rte d'Acomat ; ch 360 450 € ; gîte 2/4 pers 450-540/900-1 800 € la semaine selon confort et saison ; P)

Gîtes Rocher Caraïbes

ÉCOVILLAGE €€€

54 CARTE P. 146, B1

Dans un beau jardin donnant sur la mer, le gîte Kaz a Man Tiren, une case créole vieille de 130 ans, entièrement restaurée, le bungalow Ti' Kaz (tous deux dotés d'un Jacuzzi), et la villa Gran' Kaz (avec 3 chambres et piscine privée) raviront les amoureux et les familles. Sans vis-à-vis, ils sont gaiement décorés et très confortables. Un beau mélange d'esprit cosy et nature ! (05 90 94 33 83/06 90 72 24 77 ; www.rocherscaraibes.com ; 9 rte des Rochers ; gîte/bungalow/villa 950/830/1 900-2 030 € la semaine ; P)

Explorer

Nord Basse-Terre et route de la Traversée

Essentiellement rocheux, le littoral est longé par une jolie route sinueuse (N2) et bordé de superbes plages. Fondée vers 1740 et ancien grand centre agricole, Sainte-Rose est l'un des points de départ d'excursions dans le Grand Cul-de-Sac Marin (voir p. 96). À partir de la pointe nord de l'île, le relief devient moins escarpé et la végétation plus sèche. En descendant vers Pointe-à-Pitre, les champs de canne à sucre réapparaissent.

Commencez par une matinée sportive. Vous aurez l'embarras du choix ! Randonnée sur la trace Mazeau (p. 169), jusqu'au saut des Trois-Cornes (p. 176), au saut de la Lézarde (p. 180), ou sur les sentiers de la Maison de la forêt (p. 181)... Plongée dans la réserve Cousteau (p. 170) ou baladez-vous à cheval sur la plage avec le ranch des Deux-Îlets (p. 169)... En famille, vous pourrez explorer la mangrove à bord de catamarans à pédales (p. 176)... L'après-midi, lézardez sur l'une des plages (p. 164) ou visitez le jardin botanique (p. 169) et l'écomusée de la Guadeloupe (p. 174). Le soir, profitez de l'une des bonnes tables de Deshaies (p. 169).

Comment y aller

Des compagnies de bus privées relient Deshaies à Sainte-Rose et à Pointe-Noire, et desservent la route de la Traversée au départ de Pointe-Noire.

Louer une voiture est l'option la plus fiable et pratique.

Carte du nord de Basse-Terre p. 168

Sur la route des Mamelles (p. 181) © NICOLAS BENZONI

Plage de la Perle

Les incontournables

Les plages entre Deshaies et Sainte-Rose

Cette portion de côte abrite de superbes plages de sable brun ou blond, à la configuration très différente de celles de Grande-Terre. Longues ou intimes, bordées d'une végétation luxuriante, de petites falaises ou d'une barrière de corail, elles ont toutes leur identité. On s'y rend en amoureux, en famille, entre amis, pour nager ou jouer dans les vagues. Petit tour d'horizon de nos préférées...

CARTE P. 168

accès par la N2 depuis Pointe-à-Pitre ou Pointe-Noire

Plage Leroux

La plage Leroux, très tranquille, est située aux abords du village de Ferry (au sud de Deshaies). On y accède au niveau du restaurant Au Bon Accueil qui propose un excellent sorbet coco ; la plage est en contrebas. En forme de demi-lune et longue de 80 m, elle est idéale en famille : les rouleaux et courants sont faibles, et les enfants pourront pratiquer le snorkeling tant ses eaux sont poissonneuses, surtout à droite de la plage. Cocotiers, tamariniers et raisiniers la bordent.

Plage de Grande-Anse

Encadrée à ses deux extrémités par de belles collines et bordée par la forêt, cette plage magnifique est située à 2 km au nord de Deshaies. Des tertres de sable ocre s'étirent sur toute sa longueur, sous les cocotiers, et les rouleaux font la joie des enfants et des surfeurs. L'environnement a été préservé, le béton prohibé et le camping est interdit. En fin de semaine, la plage est plus fréquentée. Le parking est ombragé, de nombreux lolos permettent de déjeuner ou de prendre un verre, et nombre de petits artisans y vendent bijoux en coco ou en graines, paréos et chapeaux tressés. Le coucher du soleil y est superbe. Juste après le point de vue de Gadet et avant l'embranchement pour l'anse Rifflet, vous pourrez assister à la pêche au crabe.

Plage de la Perle

On peut la rejoindre à pied depuis la plage de Grande-Anse, en empruntant un sentier littoral menant de piscines naturelles en petites criques. La plage de la Perle se trouve sur la route de Sainte-Rose : peu connue des touristes, elle est pourtant très jolie, avec son sable brun, son eau turquoise et ses flamboyants. Elle est protégée par une barrière de corail. On a vue sur l'îlet Kahouanne, et

★ À savoir

- Sur cette portion du nord de Basse-Terre, peu protégée de la houle, la baignade peut être rendue difficile lorsque le vent souffle : les rouleaux importants, les fonds qui descendent abruptement et les forts courants présentent alors un réel danger. Si la météo n'est pas des plus clémentes, contentez-vous de faire trempette !
- Juste au-dessus de la plage de la Perle, l'anse du Grand-Bas-Vent, au pied de l'hôtel Fort-Royal, vaut également le détour, mais la baignade y est déconseillée en raison de ses rouleaux. Profitez simplement de son joli sable roux.

les Bodyboarders trouveront des vagues plaisantes. Ceux qui viennent en voiture pourront se garer sur un petit parking dans le sable. Si vous avez envie de manger un bokit, **Sous les tropiques** (à droite de l'entrée de la plage ; tous les soirs sauf dim) est une des meilleures adresses de Deshaies. Le dimanche midi, Léandre Rabot prépare ses excellentes cassaves à l'entrée de la plage, et des "beach parties" sont organisées.

Plage de Clugny et plage des Îles

Non loin de la plage de la Perle, toujours dans la même direction, vous atteindrez la plage de Clugny, très proche de la route, mais absolument superbe. Les vagues y déroulent longuement et les adeptes du Bodyboard et du skim se feront plaisir. Longue de 1 km, elle affiche un beau sable doré et une végétation luxuriante ; il est très agréable d'y faire une balade les pieds dans l'eau. Un petit creux ? Le lolo Chez Francine (voir p. 177) vous attend sous les cocotiers.

Plus retirée, mais soumise à des rouleaux dangereux, la plage des Îles prolonge celle de Clugny ; les pélicans adorent y pêcher. On peut se garer à l'ombre sous les arbres. Une belle balade (8 km/3 heures aller), le long du littoral, permet de rejoindre la plage des Amandiers via la pointe Allègre et la plage de Nogent.

Plage des Amandiers et plage de Nogent

À 3 km avant Sainte-Rose, la belle et tranquille plage des Amandiers comblera les amateurs de farniente ; elle est bien sûr bordée d'amandiers. La bande de sable roux y est assez étroite. On y trouve des carbets, où les habitants s'installent le dimanche pour un pique-nique avec vue sur le Grand Cul-de-Sac Marin. Attention aux récifs coupants près du bord. Le restaurant la Terrasse des Amandiers (voir p. 177) la surplombe.

Sainte-Rose dispose aussi d'une plage confidentielle, à l'aspect plus sauvage et délaissé que les autres, mais qui a son charme : la plage de Nogent, 2,5 km avant la plage des Amandiers. On y accède en traversant un lotissement, puis une route en terre. Vous n'y verrez que des pêcheurs à la ligne sur les récifs, et peut-être des tortues venues pondre la nuit.

Grande-Anse au couchant

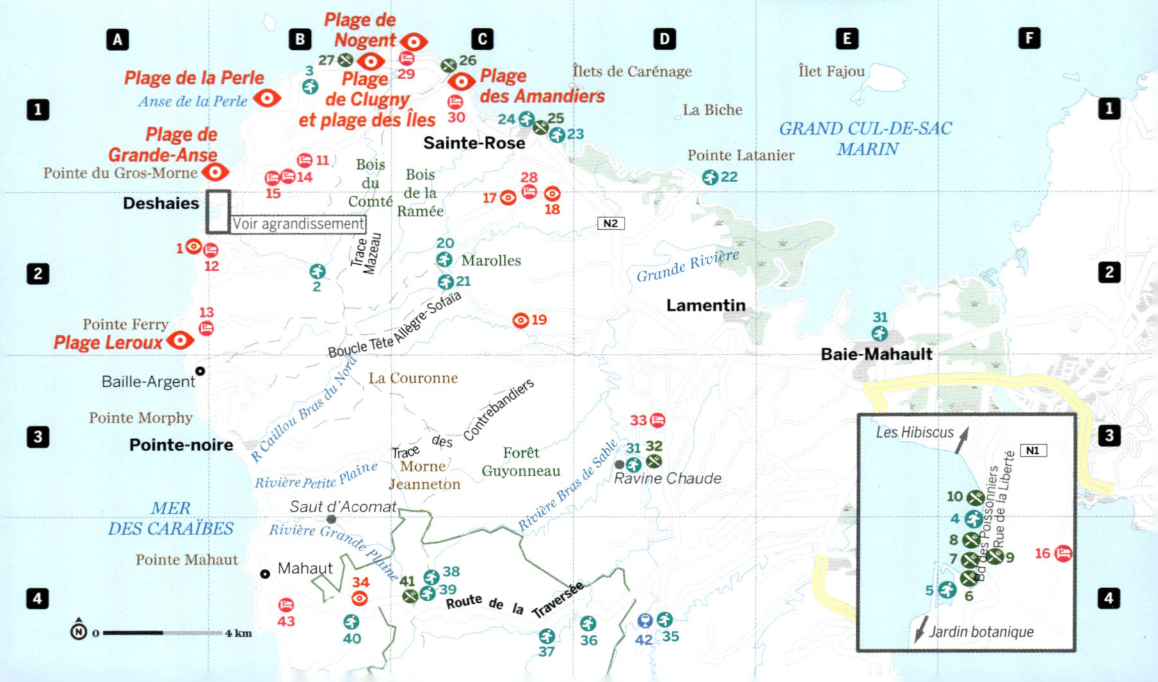

A
B
C
D
E
F
1
2
3
4
Plage de Nogent
Plage de Clugny et plage des Îles
Plage des Amandiers
Plage de la Perle
Anse de la Perle
Plage de Grande-Anse
Pointe du Gros-Morne
Îlets de Carénage
Îlet Fajou
La Biche
GRAND CUL-DE-SAC MARIN
Pointe Latanier
Sainte-Rose
Deshaies
Voir agrandissement
Bois du Comté
Bois de la Ramée
Trace Mazeau
Marolles
N2
Grande Rivière
Lamentin
Pointe Ferry
Plage Leroux
Boucle Tête Allègre-Sofaïa
Baie-Mahault
Baille-Argent
La Couronne
Trace des Contrebandiers
Pointe Morphy
Pointe-noire
R Caillou Bras du Nord
Morne Jeanneton
Forêt Guyonneau
Ravine Chaude
Rivière Bras de Sable
Rivière Petite Plaine
Saut d'Acomat
Rivière Grande Plaine
MER DES CARAÏBES
Pointe Mahaut
Mahaut
Route de la Traversée
Les Hibiscus
N1
Bd des Poissonniers
Rue de la Liberté
Jardin botanique
0 4 km
1 2 3 4 5 6 7 8 9 10 11 12 13 14 15 16 17 18 19 20 21 22 23 24 25 26 27 28 29 30 31 32 33 34 35 36 37 38 39 40 41 42 43

Deshaies

Longtemps enclavé au fond d'une baie profonde, ce joli port de pêche a vu sa notoriété grimper – notamment grâce à la série anglaise *Meurtres au paradis*, en partie tournée sur place –, et propose aujourd'hui nombre d'hébergements et de restaurants, appréciés des surfeurs et des familles. Une petite plage de galets noirs borde le village. Au XVIIIe siècle, une batterie de canons fut installée pour protéger la baie des Anglais et des pirates, qui ont pillé le bourg à maintes reprises.

Voir

Jardin botanique

EN FAMILLE

1 CARTE CI-CONTRE, A2

La visite de ce somptueux jardin de 5 ha, ex-propriété de l'humoriste Coluche, dure en moyenne 1 heure 30. Il passe par un grand étang aux nénuphars, une volière où l'on peut nourrir les perroquets, des allées d'orchidées ou d'hibiscus, une cascade, une source hébergeant des ouassous, une palmeraie et une plantation de cactus. Offrant une grande variété d'espèces, le sentier ombragé mène également à un grand restaurant panoramique, au centre. Fauteuils roulants et poussettes disponibles à l'accueil. Dommage que les tarifs soient si élevés... (☎ 05 90 28 43 02 ; www.jardin-botanique.com ; adulte/enfant 15,90/10,90 € ; 9h-16h30 tlj ; P)

Activités

Trace Mazeau

RANDONNÉE

2 CARTE CI-CONTRE, B2

Entre le sommet de la route de Mazeau (500 m après le jardin botanique, en direction de Pointe-Noire) et Solitude à Sainte-Rose, voici 7 km de superbe randonnée (2 heures 30) à travers des paysages divers : forêt humide parsemée de plants d'ignames, fougères à foison, vue sur le Grand Cul-de-Sac Marin et champs de canne. Prévoyez de bonnes chaussures de marche.

Ranch des Deux-Îlets

RANDONNÉE ÉQUESTRE

3 CARTE CI-CONTRE, B1

Situé sur la N2, environ 300 m avant la plage de Clugny en allant vers Sainte-Rose, ce club équestre très sympathique organise des cours et des balades à cheval, ou à poney pour les enfants. Avec vos montures, vous irez, selon la formule choisie, de la montagne à la mer en passant par la savane, avec possibilité de baignade si la mer n'est pas trop agitée pour les chevaux. (☎ 05 90 28 51 93 ; ranch-2-ilets.ffe.com ; Métuvier ; balade montagne 1 heure/montagne et mer 2 heures/montagne, mer et baignade 3 heures 35/60/75 € ; tlj 8h-19h)

Tropicalsub Diving

PLONGÉE

4 CARTE CI-CONTRE, F4

Situé dans la rue principale de Deshaies, ce club très

sérieux organise baptêmes et explorations sur une douzaine de sites dont la réserve Cousteau. Au programme : épaves, récifs, faune, plongées de nuit... Il organise également des “safaris tortues” (45 € ; sur réservation) et des formations tous niveaux (dont PADI). Accueil des plongeurs handicapés. (05 90 28 52 67/ 06 90 53 72 86 ; www.tropicalsubdiving.com ; bd des Poissonniers ; baptêmes adulte/enfant 60-70/50-60 € selon site, explo 55-65 € ; tlj départ 8h, retour 12h30)

Revenge

PÊCHE AU GROS

5 CARTE P. 168, F4

Le sympathique et très professionnel Vincent Herpe vous fait découvrir (ou pratiquer, si vous êtes déjà expert en la matière !) la pêche sportive. Au programme de ces sorties à la journée (3 à 4 pers au max) : marlin bleu, daurade coryphène, thazard et thon. (06 90 67 79 81 ; 140 €/pers, accompagnateur 70 €, repas, matériel et assurance compris ; départ du port 7h, retour vers 15h)

Spa Tendacayou

BIEN-ÊTRE

VOIR 16 CARTE P. 168, F4

Avec sa cascade, son bassin d'eau de rivière, son jardin zen et son solarium avec vue sur la mer, ce spa tropical offre une pause bien-être de choix et permet, à défaut d'y résider, de s'immerger dans l'univers atypique de Tendacayou (voir p. 173). L'accès aux personnes extérieures est possible en réservant un soin, un bain japonais ou une table au restaurant (voir p. 171). Ce qui fait rapidement grimper l'addition... (05 90 28 42 72 ; www.tendacayou.com ; hauts de Deshaies, Matouba ; accès bassins 1 heure : 20 €, massages 50-135 €, bassins et bain japonais 1 heure 30 : 60 € ; tlj 10h-12h et 14h-19h, fermeture à 18h lun-mar, basse saison mer-dim 10h-12h30 et 14h-18h)

Se restaurer

Chez Lélette

CRÉOLE €€

6 CARTE P. 168, F4

Un petit restaurant familial – où Coluche avait ses habitudes – qui sert une cuisine créole classique, avec pour qualités la fraîcheur de son poisson et ses plats faits maison (colombos, poulet boucané...). Prenez votre faim en patience, car ici la lenteur est souvent de mise... (05 90 28 99 07 ; bd des Poissonniers ; plats 13-23 €, langouste 32,50 €, menu 20 € ; tlj sauf mer et dim soir)

Paradise Kafé

ASIATIQUE €€

7 CARTE P. 168, F4

Créée par un sympathique couple de globe-trotteurs, cette petite case de pêcheur meublée de mobilier récup' et ouverte sur la plage sent bon les vacances. On vient y siroter un cocktail original, les pieds dans le sable, et se rassasier de l'un des plats du jour d'inspiration asiatique : bœuf shiitaké, bo bun, *khao pad*... Arrivez tôt ou réservez ! (06 90 19 40 09 ;

bd des Poissonniers ; plats 14,90-16,90 € ; ven-mar soir)

Mahina

MÉDITERRANÉEN €€

8 CARTE P. 168, F4

Un petit air de Grèce flotte autour de cette maison à la façade bleu et blanc. C'est pourtant l'Italie qui l'emporte à l'ardoise, où osso buco, cannellonis, *parillada* de viandes et poissons à la plancha côtoient quantité de pizzas (à partir de 18h30, également à emporter). Grande terrasse, en bord de plage. Ambiance survoltée certains soirs. (05 90 88 95 38 ; www.mahina.fr ; 139 bd des Poissonniers ; pizzas 10-14 €, plats 14-28 € ; mar-dim, réduits hors saison)

La Kaz du douanier

MÉTRO-CRÉOLE €€

9 CARTE P. 168, F4

Difficile d'échapper à *Meurtres au paradis*, dont les photos ornent la façade de cette belle case en bois. Ce n'est évidemment pas pour contempler à loisir l'un des décors de la série que l'on s'attable ici, mais pour déguster une cuisine bistrot savoureuse et bien dressée. Réservation préférable. (05 90 84 85 75 ; 84 bd des Poissonniers ; plats 13,50-29,50 €, menu midi 18,50 € ; tlj sauf dim et lun midi)

La Savane

SEMI-GASTRONOMIQUE €€€

10 CARTE P. 168, F3

Un restaurant très agréable dans un cadre africain un peu kitsch, avec terrasse au-dessus

© MARIE DUFAY

Au jardin botanique (p. 169)

des vagues, qui sert des plats créoles ou hexagonaux raffinés : croustillant de foie gras au chutney de mangue, tartare de marlin à la crème de coriandre, loup Caraïbe au pesto... Délicieux desserts. (05 90 91 39 58 ; bd des Poissonniers ; plats 15-23 € ; dim mar midi et soir, jeu-sam soir, fermé mer)

La Table du poisson rouge

SEMI-GASTRONOMIQUE €€€

VOIR 16 CARTE P. 168, F4

Incontournable, le restaurant de Tendacayou (p. 173) s'harmonise avec l'esprit des lieux : multicolore et dépaysant. Les mille détails décoratifs donnent des airs de *Nautilus* à cet endroit atypique, avec vue plongeante sur la Caraïbe. À la carte, des plats aux saveurs métissées, qui font la part belle aux produits locaux et de saison : filet de thazard, émulsion citronnelle et curcuma ; mi-cuit de marlin sauce maracuja... Réservation indispensable. (05 90 28 42 72 ; www.tendacayou.com ; hauts de Deshaies ; plats 20-30 € ; mer-dim)

Se loger

Piton Bungalows BUNGALOWS €€

11 CARTE P. 168, B1

Située sur les hauteurs naturellement ventilées de Deshaies, cette bonne adresse dispose de 6 charmants bungalows en bois pouvant accueillir couples ou familles (8 pers au maximum). Bien tenus, ils sont disposés dans un grand jardin tropical avec piscine et barbecue. Possibilité de petit-déjeuner (10 €) et de dîner (25 €). Propriétaires très chaleureux, donnant de bons conseils sur la région. (05 90 28 47 55 ; www.pitonbungalows.com ; 7 imp. Pomme-Rose, Caféière ; bungalow d/qua/8 pers 469-805/567-980/1 050-1 820 € la semaine selon confort et saison ; P)

Au jardin des colibris ECOLODGES €€

12 CARTE P. 168, B2

Classée refuge par la Ligue pour la protection des oiseaux, cette adresse porte bien son nom ! Sophie et Mathieu vous accueillent dans leur écrin tropical de 10 000 m² près du jardin botanique. Les gîtes (2 à 6 pers) sont clairs, colorés et bien équipés (ils sont tous climatisés). Notre cœur s'emballe surtout pour les cases créoles en bois (2 à 4 pers) et les cabanes insolites (2 à 4 pers), notamment le "nid des colibris" avec son hamac suspendu. Également plusieurs villas (jusqu'à 8 pers), certaines avec piscine privative. (05 90 28 52 68/06 90 58 62 11 ; www.aujardindescolibris.com ; Villers ; gîtes 385-1 295 €, cases 483-1 295 €, cabanes 413-2 233 €, villas 595-1 743 €/semaine selon confort et saison ;)

Bleu des îles BUNGALOWS €€

13 CARTE P. 168, A2

À 150 m de la merveilleuse plage Leroux, en plongée sur la mer et Montserrat, ces bungalows nous ont conquis pour leur confort, leur propreté et leur bon goût. Kitchenette en terrasse, chambres coquettes et climatisées, jardin tropical avec une piscine joliment aménagée... Un petit havre de paix que Fred cultive avec succès. (05 90 23 76 93/06 90 65 34 46 ; www.bleudesiles.com ; chemin de Bornave, Ferry ; bungalow d/qua 535-805/690-935 € la semaine selon confort et saison ;)

Ecolodges Karet ÉCOLODGES €€

14 CARTE P. 168, B1

À quelques minutes de la plage de Grande-Anse, voici 3 magnifiques bungalows en bois exotique (2 ou

5 pers), parfaitement intégrés dans leur environnement, au cœur d'un jardin tropical, en bordure de rivière. Cuisine américaine et douche semi-extérieure font partie de leurs agréments. Chacun possède en outre une terrasse et un jardin privatif isolés des regards. Également, une belle villa créole (8 pers), spacieuse et aérée, avec piscine. (05 90 28 47 74 ; www.ecolodgeskaret.com ; allée du Cœur, Ziotte ; bungalow d/qua 570-930/815-1 370 €, villa 1 680-2 650 € selon saison ; P)

Caraïb' Bay Hotel

DUPLEX DE CHARME **€€€**

15 CARTE P. 168, B1

Cette structure écotouristique, jouxtant la précédente, cumule les bons points : un accueil adorable et très pro, des suites en duplex (avec terrasse et kitchenette) à la déco chatoyante, disséminées dans un beau parc tropical, du calme, une piscine, un bar... Également deux charmants bungalows climatisés (2-4 pers). (05 90 28 54 43 ; www.caraibbayhotel.com ; allée du Cœur, Ziotte ; duplex/villa d 120-200/110-210 € la nuit, petit-déj inclus, villa qua 120-270 € la nuit, 1er petit-déj offert, petit-déj adulte/enfant 9/12 € ; @)

Écolodge Tendacayou

HAUT DE GAMME **€€€**

16 CARTE P. 168, F4

Un entrepreneur et sa compagne peintre ont composé un monde à part, jouant d'une architecture inventive pour ces 12 cases en bois, singulières et colorées. Certaines sont perchées dans les arbres (lits suspendus, chambre en bambou, bain japonais...). Une adresse exceptionnelle, avec vue sur la mer, piscine d'eau de rivière et spa (p. 170). Excellente table d'hôtes (p. 171). On accède à l'habitation en suivant les petits poissons rouges semés le long de la route. Réservez longtemps à l'avance. (05 90 28 42 72/06 90 64 08 70 ; www.tendacayou.com ; hauts de Deshaies, Matouba ; bungalow d/4 pers 212-392/194-542 € la nuit selon confort et saison, petit-déj et accès au spa inclus, tarifs dégressifs à partir de 5 nuits, + 20-40 €/pers le week-end, dîner au restaurant inclus ; P)

Case de luxe à l'Écolodge Tendacayou

Sainte-Rose

Malgré la chute de la production de la canne à sucre et la fermeture des moulins, l'économie sucrière reste importante pour les agriculteurs de la région. Le centre-ville ne présente pas d'intérêt particulier hormis l'église Saint-Pierre, mais le port de pêche a un charme désuet qui ne laisse pas insensible.

Voir

Écomusée de la Guadeloupe

JARDIN CRÉOLE

17 CARTE P. 168, C2

Sur la D19 en direction de Sofaïa, ce parc paysager fait l'objet d'une visite passionnante, qui commence par la dégustation d'un fabuleux chocolat chaud ! Grâce à des panneaux didactiques, on y apprend les usages traditionnels de diverses écorces, fleurs, fruits, épices, tiges et feuilles, notamment ceux des plantes médicinales. Un film présente la fabrication du bâton de cacao. On y découvre aussi les jeux d'antan, comme la *bouwèt* ou la *trotinett* en bois. La Kaze (case antillaise) raconte l'histoire du peuplement de l'île et de ses 32 communes. Les propriétaires louent également deux bungalows bien tenus (2/4 pers 60/80 €/nuit, 4 nuits au minimum, et 270-310/440-490 € la semaine selon saison) et proposent une **table d'hôtes** (midi mar-dim, plats 15-50 €) réputée pour sa roucouyade de poisson. (05 90 28 67 98 ; www.ecomusee.gp ; ravine Cheval ; adulte/enfant 10-5 € ; 9h-16h30 mar-dim)

Musée du Rhum

EN FAMILLE

18 CARTE P. 168, C2

À 50 m de la N2 à droite, vers le lieu-dit Bellevue, sur le site de la **distillerie Reimonenq**, ce musée dit "du Rhum" ne lui est pas exclusivement dédié. Certes, vous y découvrirez un vieil alambic, une série de coutelas, une vidéo sur l'histoire du rhum, mais aussi... 40 maquettes de bateaux retraçant l'histoire de la marine à voile, une collection de 5 000 espèces d'insectes issus du monde entier, et le panel des métiers de l'artisanat guadeloupéen. Peu à voir avec la fameuse eau-de-vie... que vous pourrez néanmoins déguster en fin de visite. Boutique, dotée notamment du fameux "Cœur de chauffe". (05 90 28 70 04 ; www.rhum-reimonenq-musee.com ; Bellevue ; adulte/10-18 ans/-10 ans 6/4/3 € ; 9h-17h lun-sam)

Domaine de Séverin

ANCIENNE DISTILLERIE

19 CARTE P. 168, C2

Lors de notre passage, cette distillerie réputée n'était plus en activité. La visite libre de l'ancienne maison coloniale d'Henri Marsolle et des jardins, suivie d'une balade d'une demi-heure en petit train, permet surtout de prendre la mesure du domaine, situé dans un beau cadre naturel, et de sa splendeur passée. Dégustation en fin de parcours. Restauration de bonne facture sur place. L'embranchement qui y mène, sur la N2 à La Boucan, juste avant le pont sur la Grande Rivière à Goyave, est bien signalé. (✆ 05 90 69 85 44 ; www.distillerieseverin.com ; Cadet ; visite guidée avec petit train adulte 5 €, gratuit -12 ans ; ⏲ 9h-17h lun-sam, départ train 9h30, 10h30, 11h30, 14h30, 16h en saison)

Activités

Boucle Tête Allègre-Sofaïa

RANDONNÉE

20 CARTE P. 168, C2

Une randonnée assez longue et plutôt ardue (15 km, 6 heures aller-retour). Le sentier commence par un chemin argileux qui longe une plantation de vanille, dans les sous-bois. Vous rejoignez le lit de la rivière Moustique, puis retrouvez le sentier botanique qui mène aux sources chaudes de Sofaïa : ces dernières, aux vertus curatives, surgirent après le tremblement de terre de 1843, mais des travaux d'agrandissement du bassin les ont réduites à un discret filet d'eau sous lequel on peut se doucher (ne soyez pas surpris par l'odeur de soufre !). Vous longez ensuite une plantation de mahogany jusqu'à la forêt dense humide. De Sainte-Rose, prenez la D19, direction Sofaïa. Départ de la route forestière de la Muraille.

Le vieil alambic du musée du Rhum (p. 174)

Saut des Trois-Cornes

CASCADE

21 CARTE P. 168, C2

Une belle randonnée conduit à cette cascade en 1 heure. Au bout de la D19, après Sofaïa, vous atteindrez un grand parking d'où part un sentier de découverte de la forêt. Il mène à une rivière que vous traverserez avant d'atteindre le saut des Trois Cornes, une très jolie chute d'eau au cœur de la forêt. Au retour, un chemin plus facile emprunte la route forestière ; la douche d'eau chaude naturelle et sulfureuse de Sofaïa vous attend près du parking. En redescendant vers Sainte-Rose, admirez la vue sur le lagon. Prévoyez de bonnes chaussures de marche.

Rando Passion

KAYAK ET RANDOS

22 CARTE P. 168, D1

Cette structure sérieuse organise des sorties en canoë-kayak et en mini-catamaran électrique dans le Grand Cul-de-Sac Marin (voir p. 96). Au programme : découverte de la mangrove et de la diversité faunique du lagon, accompagné par Christian Rouel, guide naturaliste passionné. Randos pédestres et location de matériel également. (05 90 28 98 73/ 06 90 49 83 77 ; www.randopassion.fr ; port de pêche de Morne-Rouge ; excursions commentées kayak/ mini-cata 35/40 € la demi-journée ; tlj sur réservation)

Nico Excursions

MANGROVE EN BATEAU

23 CARTE P. 168, C1

Agréé par le parc national, ce prestataire est connu pour la qualité de ses excursions en petit groupe. Il vous emmène à la découverte de l'îlet Blanc et de la rivière de Carénage, puis vous chaussez palmes, masque et tuba pour trois séances de snorkeling (sur la barrière de corail, sur une épave et dans les racines des palétuviers rouges). (05 90 28 72 47/06 90 53 09 65 ; www.nicoexcursions.com ; port de Sainte-Rose ; demi-journée adulte/enfant 40/25 € ; tlj départs 8h ou 9h et 14h ou 15h selon la période, sur réservation)

Mangrove Écotour

MANGROVE EN PÉDALO

24 CARTE P. 168, C1

Une manière écologique et ludique d'explorer le Grand Cul-de-Sac Marin ! Sur les catamarans à pédales jaune poussin de Raoul vous vous faufilerez, presque sans effort, au cœur de la mangrove à la découverte de son écosystème. (06 90 80 90 09 ; www.mangrovecotour.com ; tout au bout du port de pêche ; demi-journée adulte/ enfant 30/20 €, gratuit -6 ans ; tlj départ 9h ou 14h sur réservation)

Se restaurer

Chez Olivier

CRÉOLE €

25 CARTE P. 168, C1

Dans le centre du bourg, cette cantine familiale sans prétention sert une cuisine créole simple et goûteuse, au bon rapport qualité/prix. (06 90 37 91 78 ; 1 av. Franck-Miatti ; menus 16-20 € ; tlj sauf lun)

La Terrasse des Amandiers

CRÉOLE €€

26 CARTE P. 168, C1

Surplombant la plage des Amandiers, dans le virage de la route, ce petit restaurant connu de tous prépare des spécialités créoles (acras, crabe farci, lambis en sauce colombo, gratin de christophine), ainsi que des langoustes entières. Service prompt, et l'on s'attarde volontiers pour discuter avec le patron, Jean-Noël, autour d'un dernier ti-punch. (05 90 68 59 09/06 90 99 09 36 ; plage des Amandiers ; plats 19-25 €, menu 22 €, menu langouste 30 € ; tous les midis, soir sur réservation)

Chez Francine

CRÉOLE €€

27 CARTE P. 168, B1

Incontournable, ce lolo bleu et jaune l'est surtout pour sa vue paradisiaque : le dégradé turquoise de la belle plage de Clugny. Installé sous les cocotiers ou sur la terrasse ombragée, on prend le temps de se détendre et d'apprécier le cadre – le service n'est pas toujours très réactif – avant d'attaquer colombos (de poulet, raie, cabri...), poisson grillé ou langouste (40 €). (06 90 43 48 32 ; plage de Clugny ; plats 15-22 € ; tous les midis, fermé mar)

Se loger

La Créolina

GÎTES AU CALME €€

28 CARTE P. 168, C1

Dans un agréable jardin donnant sur le Grand Cul-de-Sac Marin, voici 2 gîtes de plain-pied, spacieux (jusqu'à 6 pers) et bien équipés, et, à l'abri des regards, une cabane en bois douillette et romantique, avec un arbre traversant la chambre. À l'entrée de la propriété, s'ajoutent deux studios de 35 m² (lits queen size, kitchenette, terrasse), faisant face à la piscine et attenant à la maison des chaleureux nouveaux propriétaires, Daniella et Pascal. (05 90 84 65 89/06 90 55 28 30 ; www.lacreolina.com ; chemin de Lachaise ; cabane 420-550 €, gîte 2/4 pers 360-450/595-695 € la semaine, + 12 € par pers supp ;)

Coco Bungalows

BUNGALOWS DE CHARME €€

29 CARTE P. 165, C1

Dans une zone résidentielle de Sainte-Rose, à deux pas de la plage, 5 bungalows pour deux personnes (dont un équipé pour les personnes à mobilité réduite), aux couleurs acidulées, sont dispersés dans un superbe jardin. Climatisés et bien équipés, ils possèdent une terrasse avec cuisine et douche extérieure, pour se rincer après la plage. Une petite piscine au sel vient compléter le cadre. Barbecue à disposition. Excellent accueil de Rémy et Raymond.

(06 90 48 58 42 ; www.coco-bungalows-guadeloupe.com ; 14 allée Vanille ; bungalow 392-546 € la semaine selon saison ;)

Indigo Palmes

BUNGALOWS AVEC VUE **€€€**

30 CARTE P. 165, C1

Dans un beau jardin bordé de champs de canne, ces trois jolis bungalows pour deux personnes sont ultra-équipés et bénéficient d'une terrasse avec micropiscine (un "bac à punch") et vue sur la Caraïbe. Lave-linge à disposition. Accueil chaleureux de Line et Denis. (06 90 29 92 25 ; www.indigopalmes.com ; 72 chemin du Comté-de-Loheac ; bungalow 560-865 € la semaine selon confort et saison ; P)

Langoustes fraîchement pêchées

MARIE DUFAY

Baie-Mahault

La route qui relie Sainte-Rose à Pointe-à-Pitre passe par Lamentin (du nom de ce mammifère marin qui croisait jadis dans les parages, voir p. 25), une commune entourée de champs de canne qui ne présente pas d'intérêt particulier. La N2 qui mène à Grande-Terre traverse une région parfaitement plate jusqu'à Baie-Mahault, banlieue résidentielle de Pointe-à-Pitre. C'est ici que commence l'immense zone industrielle et commerciale de Jarry (p. 46).

Activités

Espace Thermo Ludique

THERMALISME

31 CARTE P. 168, D3

Tirant parti des vertus curatives des sources de Ravine-Chaude, ce centre balnéaire, rénové en 2016, offre, en extérieur, un bassin de détente, avec jets et Jacuzzi, et une piscine de nage de 25 m. L'eau, qui oscille entre 28 et 33°C, est naturellement riche en minéraux soulageant, entre autres, sciatiques et rhumatismes. (05 90 57 16 70 ; rte de Ravine-Chaude, Lamentin ; entrée pour 2 heures adulte/enfant 8/5 € ; mar-dim 9h-20h)

Se restaurer

La Belle Chaudière

CRÉOLE **€€€**

32 CARTE P. 168, D3

Dans un décor de briques roses et de poutres apparentes, on

© EMILIE THIÈSE

Profitez des sources de Ravine-Chaude à l'Espace Thermo Ludique (p. 178)

s'attable ici pour un agréable moment culinaire : beignets de ouassous, omelette d'oursins, brochette de lambi, millefeuille de patate douce, crème caramel coco et son tulle de manioc... Un peu cher, et la qualité du service est aléatoire, mais le contenu de l'assiette en vaut la peine. Terrasse avec vue sur la montagne. (☎ 05 90 25 96 46 ; rte de la station thermale de Ravine-Chaude, Lamentin ; plats 17-34 €, langouste 34 € ; ⏲ mar-dim sauf sam midi et dim soir)

Se loger

Ekolodj Manten TENTES LODGES €€

33 CARTE P. 168, D2

Pour les adeptes du "glamping", ce campement écologique propose 7 tentes lodges (dont une adaptée aux personnes à mobilité réduite) avec structure en bois, au style épuré et très confortables, composées de deux chambres, d'une cuisine, d'une salle de bains et d'une terrasse. Espace détente (sauna et massages) et piscine avec jolie vue sur la montagne (et ses couchers de soleil).
En projet, l'élaboration d'un potager, le traditionnel "jardin créole", accessible aux hôtes. Petit-déjeuner à la demande. Location de vélos et de voitures électriques. (☎ 06 90 53 24 06 ; www.ekolodj-manten.fr ; chemin de Grosssou-Boyer, Lamentin ; écolodge 120 €/nuit, 2 nuits au minimum, 700 €/semaine ; Wi-Fi, piscine, P)

Route de la Traversée

Aussi appelée la route des Mamelles, la D23, inaugurée en 1967, coupe à travers le parc national de la Guadeloupe. Cette belle route sinueuse de 30 km, taillée dans une végétation tropicale formée de fougères, d'épais bosquets de bambous et de futaies, d'immenses acajous et de gommiers, est la seule à traverser Basse-Terre d'est en ouest. En chemin, remarquez les orchidées, les heliconias et les gingembres qui poussent dans la forêt humide.

La route, qui part de la N1, à 15 minutes à l'ouest de Pointe-à-Pitre, est bien fléchée et en bon état. On la parcourt en moins d'une heure jusqu'à Pointe-Noire. Attention toutefois aux habitués qui passent en trombe sur cette route étroite ne permettant pas toujours les dépassements. Pour mieux découvrir les atouts de cet itinéraire, prenez le temps de vous arrêter pour déjeuner ou faire une balade.

Voir

Parc des Mamelles-zoo de Guadeloupe

EN FAMILLE

34 CARTE P. 168, B4

La visite de ce parc, d'environ 2 heures, vous mènera à travers une forêt luxuriante sur un sentier balisé de panneaux explicatifs. Si les différentes espèces d'arbres et de fleurs tropicales qui s'y observent sont un enchantement, la présence de certains animaux, en revanche, peut laisser perplexe... Possibilité de rencontrer les soigneurs (deux rdv possibles, se renseigner). Les aventuriers en herbe se rendront quant à eux dans la canopée pour passer d'arbre en arbre, sur d'étroites passerelles à 20 m de hauteur. (☎05 90 98 83 52 ; www.zoodeguadeloupe.com ; adulte/enfant 15,50/9 €, gratuit - 3 ans ; 10h-17h30, dernière entrée 16h ; P)

Activités

Saut de la Lézarde

BALADE ET CASCADE

35 CARTE P. 168, D4

Malheureusement fermée depuis 2010 par arrêté préfectoral, cette cascade d'une dizaine de mètres de hauteur, perdue dans une épaisse végétation tropicale, se rejoint en une très belle promenade d'une heure aller-retour. Le départ se situe au début de la route de la Traversée (à gauche au rond-point de Vernou). Le sentier est bien indiqué.

Cascade aux Écrevisses

BAIN DE FOULE

36 CARTE P. 168, D4

Très prisée des touristes, cette petite chute d'eau tombe dans un large bassin en pleine forêt vierge. On l'atteint en quelques minutes de marche depuis le parking, sur la gauche de la route, 2 km avant

Dans la cascade aux Écrevisses

la Maison de la forêt. Aire de pique-nique et accès handicapés.

Maison de la forêt SENTIER DE DÉCOUVERTE

37 CARTE P. 168, C4

La Maison de la forêt, installée dans une petite case en bois, présente une exposition sur la forêt tropicale du parc national. Un plan donne les itinéraires des passionnantes – mais souvent embourbées – promenades jalonnées de bornes pédagogiques (20 min ou 1 heure). Des tables de pique-nique sont installées le long de la rivière Bras-David, pleine de crevettes d'eau douce. Environ 2 km plus loin, une petite route en mauvais état, sur la gauche, mène à une autre aire de pique-nique tranquille, agréablement située au bord de l'eau. Trois sentiers de randonnée partent de la Maison de la forêt : la trace du Bras-David (1 heure, facile), la trace de la rivière Quiock qui compte 18 traversées de ce cours d'eau (4 heures ; à éviter par temps de pluie), et la trace des Ruisseaux (1 heure 30). (Entrée libre ; 9h-16h30 lun-sam, 9h-12h30 dim, fermé le week-end en basse saison ; P)

Balade des Mamelles PANORAMA

38 CARTE P. 168, C4

Plus à l'ouest, si le temps est dégagé, vous aurez une belle vue sur Pointe-à-Pitre depuis l'arrière du gîte de Mamelles (voir plus bas), situé en hauteur au nord de la route. Les "mamelles" en question sont les deux monts

En terrasse à la brasserie les Bières de la Lézarde (p. 183)

arrondis auxquels on accède par un sentier pédestre. D'autres belles balades partent de la route, à 800 m (à gauche) et 1,2 km (à droite) après le restaurant. Il existe au total 5 itinéraires balisés, de 30 minutes à 2 heures 30. C'est aussi d'ici que part la difficile **trace des Crêtes** (10 km ; 5 heures) : renseignez-vous auprès du parc national (voir p. 127).

Trace des Alizés nord GRANDE RANDONNÉE

39 CARTE P. 168, C4

Au départ du col des Mamelles, cette randonnée très sportive à travers la forêt humide suit le seul sentier GR© de Guadeloupe jusqu'au refuge la Belle-Hôtesse à Pointe-Noire (14,3 km, 6 heures). Il est possible d'y passer la nuit, puis de poursuivre le GR© vers le nord jusqu'au littoral de Sainte-Rose. Il est déconseillé de s'y aventurer sans être accompagné d'un guide.

Le Tapeur PARCOURS AVENTURE

40 CARTE P. 168, B4

Juste en face de l'entrée du zoo des Mamelles, ce parcours aventure dans les arbres comporte des grandes tyroliennes divertissantes. Plusieurs parcours sont proposés afin de satisfaire aussi bien les familles que les adeptes de sensations fortes. Prévoyez des chaussures fermées et une tenue de sport (gants et harnais fournis). Restauration sur place. (06 90 44 17 51 ; www.letapeur.fr ; adulte/3-7/8-12 ans 25/12/20 €, taille minimale 1,20 m ; tlj 9h-17h)

Se restaurer

Gîte des Mamelles CRÉOLE €€

41 CARTE P. 168, C4

Une étape incontournable sur la route de la Traversée, du fait de sa vue panoramique sur Grande-Terre et Pointe-à-Pitre, de sa cuisine de qualité et de l'accueil chaleureux d'Henri, le maître des lieux. Depuis une terrasse aérée ou dans la salle à la décoration rustique, vous pourrez entre autres déguster le fameux calalou, plat traditionnel de Pâques, composé de feuilles de madère, de crabe, de chiquetaille de morue et de riz blanc. Concerts ponctuellement programmés le soir en fin de semaine. (06 90 39 90 06 ; plats 14-29 € ; midi mar-dim, ven et sam soir sur réservation)

Prendre un verre

Les Bières de la Lézarde BRASSERIE ARTISANALE €

42 CARTE P. 168, D4

Les habitués aiment à se retrouver ici pour l'excellente bière artisanale, brassée sur place, qui s'accompagne allègrement d'une tarte du jour ou d'une planche de charcuterie. Mais pas seulement. On vient aussi pour l'apaisante beauté du lieu, qui étage ses terrasses en bois au-dessus de l'exubérance tropicale du parc national. (05 90 80 86 25 ; 1 allée de Merwart, Vernou ; demi 3,80-4,50 €, snack 4,50-9,80 € ; 11h30-21h mar-sam, 17h-21h dim)

Se loger

Il est interdit de dormir à l'intérieur du parc national de la Guadeloupe. Hormis le domaine du Rocher noir, les possibilités d'hébergement les plus proches se trouvent à Petit-Bourg (p. 115), sur la côte est de Basse-Terre ou à Bouillante (p. 151) et Pointe-Noire (p. 156) sur la côte ouest.

Domaine du Rocher noir

BUNGALOWS DE CHARME €€€

43 CARTE P. 168, B4

Un hébergement de qualité dans un site à couper le souffle ! Quatre bungalows en bois (de 2 à 6 pers), alliant mobilier brut et déco contemporaine, blottis au creux d'une nature foisonnante, surplombant la mer. Jacuzzi en terrasse, mezzanines, barbecue... On aime aussi la jolie piscine et le jardin soigné, avec ses bassins auréolés de nénuphars. Possibilité de massages sur place. Accès aux personnes à mobilité réduite. (05 90 94 03 65/06 90 50 20 25 ; www.ledomainedurochernoir.fr ; bungalow d/6 pers 205-335/295-375 € la nuit selon confort et saison, 2 nuits au minimum)

Explorer

La Désirade

À 8 km de la pointe orientale de Grande-Terre, l'île la moins visitée de l'archipel guadeloupéen oppose à une côte sud bordée de belles plages les falaises de la côte nord, inhabitée, fouettées par les vagues. De Grande Montagne (272 m), vous embrasserez d'un coup d'œil l'étonnant relief de cette terre aride, "découverte" par Christophe Colomb en 1493 et royaume des cabris et des rares iguanes Delicatissima.

En descendant du bateau, prenez le temps de flâner à Beauséjour et de faire halte à Indigo en Désirade *(p. 190), les* Ateliers *(p. 189), l'*Atelier lapidaire *(p. 189) ou* Rêves de terre *(p. 190). Poussez jusqu'au quartier des Galets et la pointe des Colibris (p. 187) avant de filez à la plage du Souffleur (p. 192) pour déjeuner, siester sous les cocotiers et palmer dans les eaux turquoise du lagon. Si vous avez la bonne idée de passer la nuit sur place, admirez le coucher du soleil à la chapelle Notre-Dame-du-Calvaire (p. 187), dînez au* Lagranlag *(p. 189) et préparez-vous à vous lever tôt le lendemain pour randonner sur l'un des sentiers de l'île.*

Comment y aller et circuler

L'île se rejoint par bateau au départ de Saint-François, sur Grande-Terre (voir encadré p. 187). Attendez-vous à de la houle pendant 10 minutes autour de la pointe des Châteaux.

Karu'lis (05 90 24 26 06 ; www.karulis.com ; aller-retour 2 €) assure, en concordance avec les horaires de bateaux, une liaison entre Beauséjour et Baie-Mahault.

Les agences de location de vélos électriques, scooters et voitures (voir p. 255) sont situées sur le débarcadère. Pour monter sur le Plateau, un 4x4 est nécessaire.

Carte de la Désirade p. 186

Pointe des Colibris (p. 187) © THOMATHZAC23/STOCK.ADOBE.COM

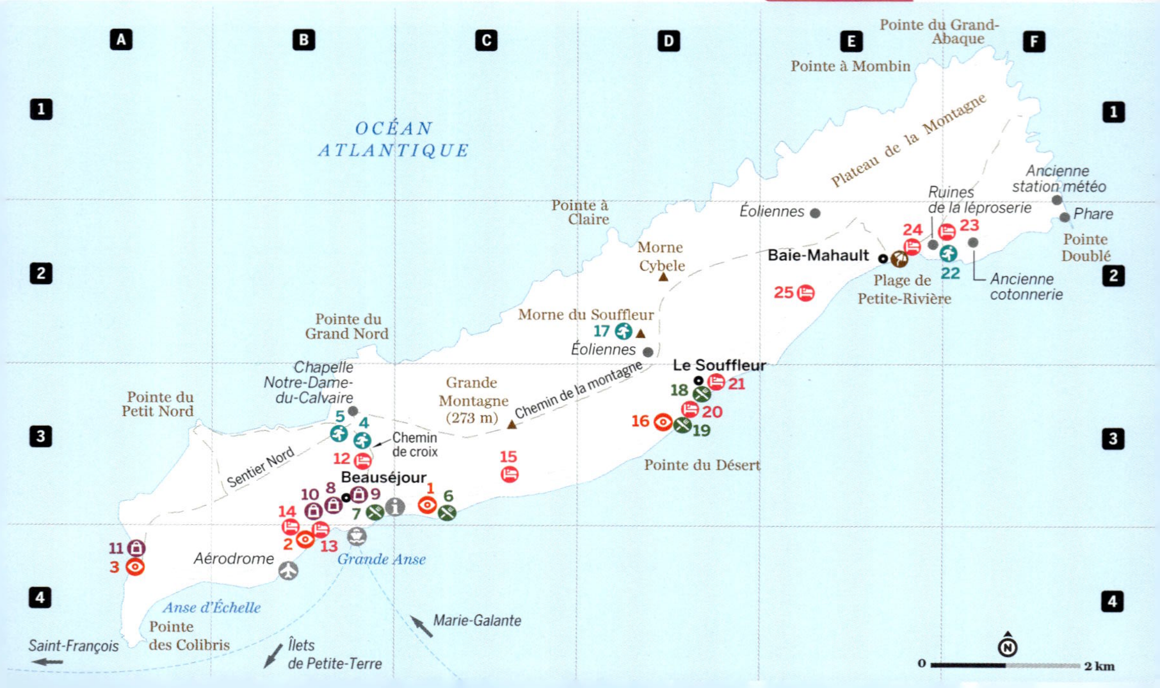
A
B
C
D
E
F
1
2
3
4
OCÉAN
ATLANTIQUE
Pointe du Grand-Abaque
Pointe à Mombin
Plateau de la Montagne
Ancienne station météo
Phare
Pointe Doublé
Ruines de la léproserie
Éoliennes
Pointe à Claire
Morne Cybele
Baie-Mahault
Plage de Petite-Rivière
Ancienne cotonnerie
Morne du Souffleur
Éoliennes
Le Souffleur
Pointe du Grand Nord
Chapelle Notre-Dame-du-Calvaire
Pointe du Petit Nord
Grande Montagne (273 m)
Chemin de la montagne
Chemin de croix
Sentier Nord
Beauséjour
Pointe du Désert
Aérodrome
Grande Anse
Anse d'Échelle
Pointe des Colibris
Saint-François
Îlets de Petite-Terre
Marie-Galante
0
2 km
1
2
3
4
5
6
7
8
9
10
11
12
13
14
15
16
17
18
19
20
21
22
23
24
25

Beauséjour

Ce bourg plein de charme abrite le port de la Désirade. La longue rue principale, bordée de cases en bois, est propice à une agréable balade. Au centre-bourg, l'église Notre-Dame-de-Bon-Secours fut ravagée par un cyclone par deux fois (1899 et 1928). Son plan original (XVIIIe siècle) a été modifié lors des reconstructions. Juste à côté, le presbytère, en bois, arbore une architecture de style colonial.

Voir

Plage à Fifi À LA DESCENTE DU BATEAU

1 CARTE CI-CONTRE, B3

La plage à Fifi est la plus proche du bourg, on y trouve quelques lieux où se restaurer le midi. Le dimanche matin, les équipages de voile traditionnelle s'y entraînent.

Plage à Fanfan SABLE ET TOMBEAUX

2 CARTE CI-CONTRE, B3

À la sortie ouest du bourg, les pêcheurs entreposent et réparent leurs nasses sous les cocotiers, près du beau cimetière marin, avec ses tombes recouvertes de carrelage ou de lambis.

Quartier des Galets PAYSAGE SAUVAGE

3 CARTE CI-CONTRE, A4

Le quartier des Galets, à l'extrémité ouest de l'île, est peu connu des touristes. On y construisit en 1763 une prison destinée aux "mauvais sujets du royaume" : colons indésirables, bâtards, etc. Ce paysage pelé est le fief des iguanes des Petites Antilles (voir p. 24) : vous en verrez autour des canons orientés vers la pointe des Châteaux, témoins des batailles entre Français et Anglais en 1796.

Juste au sud, sur le plateau aride de la **pointe des Colibris**, une croix rend hommage aux marins disparus en mer.

Depuis/vers la Désirade

Depuis le port de pêche de Saint-François, **Archipel Ferries** (05 90 91 02 45/06 90 53 84 14 ; aller-retour 30/20 € ; départ 8h, 16h45, retour 6h15 et 15h45) assure une liaison quotidienne pour la Désirade.

Horaires variables selon la saison et sujets à modifications fréquentes : renseignez-vous avant votre départ. Billets en vente au guichet sur le port et dans les agences touristiques de la marina de Saint-François (p. 75).

Activités

Grande Montagne PANORAMA

4 CARTE CI-CONTRE, B3

De Beauséjour, un chemin de croix mène à la **chapelle Notre-Dame-du-Calvaire** (carte ci-contre, B3) en 1 heure. Cet édifice blanc et bleu tout droit sorti d'une île des

Cyclades fut érigé en 1905, et on s'y rend toujours en pèlerinage le Vendredi saint. Une table d'orientation offre un très beau panorama sur la partie sud-ouest de l'île, la Guadeloupe et Marie-Galante. D'ici, vous pouvez tenter la traversée de l'île à pied (2 heures, souvent en plein soleil) par le chemin de la montagne jusqu'au Plateau : tout en tuf, il est dangereux pour les scooters et n'offre aucune vue sur les côtes.

Sentier Nord

RANDONNÉE

5 CARTE P. 186, B3

Avant d'arriver à la chapelle Notre-Dame-du-Calvaire, sur le chemin de croix, un sentier balisé (3 km) sur la gauche permet d'atteindre le littoral nord, entre cayes et rochers : la baignade y est possible mais réservée aux bons nageurs. Une main courante vous aide à suivre votre chemin jusqu'à la forêt sèche. Après une piste en tuf, le sentier ramène au chemin de croix. Comptez 2 heures de marche.

Desirando

VISITE GUIDÉE DE L'ÎLE

Promenades en famille, safari nature en 4x4, treks sportifs ou découvertes nature, personnalisés à la demande et encadrés par des guides. Vous y apprendrez tout de l'histoire de l'île, comprendrez sa richesse géologique, observerez la faune et la flore. Les sorties s'achèvent par un repas en bord de mer, dans la bonne humeur ! Renseignez-vous pour les tarifs en fonction de la prestation. (☎ 06 90 62 33 76 ; www.desi-rando.com ; randos 20 €/pers, trek à la journée 50 €/pers avec repas)

Les pêcheurs de la Désirade

Les pêcheurs de la Désirade ont la réputation d'être les meilleurs de Guadeloupe : habitués à la grosse houle générée par la rencontre de la mer des Caraïbes avec l'Atlantique autour de leur île, ils sortent par tous les temps et fournissent plus de 60% du poisson consommé dans l'archipel. Perpétuant le savoir-faire de leurs ancêtres bretons, les Désiradiens pêchaient encore à la voile et à la ligne quand le reste de la Guadeloupe était équipé de moteurs, de casiers et de filets. Résultat : les fonds sous-marins n'ont pas été surexploités, et sont très poissonneux. De décembre à mai, ils attrapent la daurade ou le thazard, au large. Ensuite, ils mettent les casiers à l'eau, avec lesquels ils capturent poissons-perroquets, vivaneaux ou langoustes. En septembre, le courant est bon pour pêcher les poissons de fond à la palanque… Avec 45 bateaux de pêche, la Désirade est peut-être l'un des seuls endroits au monde où la population de pêcheurs croît de génération en génération !

Se restaurer

Les Pieds dans le sable

SUR LA PLAGE €

6 CARTE P. 186, C3

Cette petite paillote posée sur la plage à Fifi ne trahit pas son nom : vous y déjeunerez littéralement les pieds dans le sable ! Jackie y concocte tous les midis deux choix de viande et de poisson, qui varient selon l'arrivage. C'est simple, frais et sans chichis. (06 90 74 89 80 ; plage à Fifi ; plats 12-16 € ; tlj midi)

Lagranlag

CRÉOLE €€

7 CARTE P. 186, B3

Coup de foudre pour ce restaurant jaune et bleu à l'excellente cuisine créole, originale, fraîche, copieuse, servie avec rapidité et le sourire ! Goûtez la délicieuse salade de poisson-coffre, la fricassée de lambi avec ses trois gratins, et le punch aux olives-pays, spécialité de l'île. Mieux vaut réserver en saison. (05 90 20 01 00 ; www.oasisladesirade.com ; le port ; plats 12-23 € ; tlj sauf lun, dim soir et jeu soir, fermé sept)

Shopping

Les Ateliers

SAVONS ET BIJOUX

8 CARTE P. 186, B3

Dans cette belle boutique en bois, les deux Christine et Marco, le mari de l'une d'elles, exposent le fruit de leurs créations : peintures, miroirs en mosaïques, bijoux fantaisie... ainsi que de délicieux

Notre-Dame-de Bon Secours, Beauséjour

savons artisanaux saponifiés à froid, à l'huile de coco. Également quelques produits de terroir désiradiens. (06 90 75 15 24/ 06 90 40 74 48 ; rue Philippe-Pain ; tlj 8h30-12h30 et 14h-15h30, fermé après-midi hors saison)

Atelier lapidaire

TAILLE DE PIERRE

9 CARTE P. 186, B3

Géologiquement, la Désirade est l'île la plus ancienne des Petites Antilles, et possède de nombreux gisements de quartz, jaspe ou magmatique. Madame Tonton vous expliquera tout des techniques de collecte, de préparation et de taille des pierres qu'on transforme en jolis bijoux ou en œufs décoratifs. Il est possible de s'initier à la taille (adulte/enfant 25/15 €). (05 90 22 19 78 ; rue Beauséjour, derrière le

La plage du Souffleur (p. 192)

centre technique ; tlj 8h-12h, après-midi sur rdv)

Indigo en Désirade

TEINTURES VÉGÉTALES

10 CARTE P. 186, B3

Après un temps à Marie-Galante, où il a créé, avec Anne, la Maison de l'indigo (p. 206), Ghislain est retourné à son premier amour, la Désirade... Sans pour autant délaisser celui des teintures végétales, qu'il élabore ici avec la talentueuse Renée. *Indigofera tinctora*, curcuma, roucou, campêche, pourpre... pigmentent les poétiques tableaux, sacs, T-shirts, robes et foulards, en vente dans leur jolie boutique. On peut en réaliser soi-même – et donner ainsi une seconde vie à ses vêtements tachés – au cours d'un atelier (25 €/2 heures 30, sur réservation). (07 69 40 57 14 ; 10 rue Jean-Baptiste-Mirre, à côté de la mairie ; tlj 9h-15h30)

Rêves de terre

CÉRAMIQUES

11 CARTE P. 186, A4

Si vous aimez la céramique, prenez la peine de vous rendre chez Marcella ! Cette lumineuse Argentine vous ouvrira les portes de son atelier aux recoins atypiques (parlez-lui de la maison de lutins...). Vous y découvrirez ses créations – certaines très poétiques et originales – réalisées à partir de la terre locale, et pourrez vous initier (ou perfectionner) au tournage et au modelage (stage 25 €, sur réservation) (06 90 72 93 43 ; chemin des Lataniers ; sur rdv)

Se loger

Hôtel Oasis
DANS LE BOURG €

12 CARTE P. 186, B3

Cet hôtel à la façade orange, verte et bleue possède 2 studios et 4 chambres, au confort simple, mais propres et clairs. Pas de vue spectaculaire, un peu de promiscuité avec les autres clients, mais c'est le meilleur rapport qualité/prix dans le bourg. (05 90 20 01 00 ; www.oasisladesirade.com ; Désert Saline ; d/studio 54/66 €, petit-déj 8 € ;)

Oüaliri Beach
SUR LA PLAGE €

13 CARTE P. 186, B4

Récemment repris par un jeune couple adorable, cet hôtel aligne ses 6 chambres au confort sommaire (les matelas devraient toutefois avoir été changés lorsque vous lirez ces lignes) et à la déco minimaliste – murs blancs et quelques meubles en bois exotique – face à la mer. Seul vrai luxe, celui de se prélasser dans un hamac entre deux cocotiers... Et de jouir à loisir de l'agréable salle commune, quasi à fleur d'eau. (05 90 89 68 50/05 90 20 20 08/ 06 90 75 76 74 ; rue Schœlcher ; d/tr 55/70 €, petit-déj 7,50 € ;)

Paradis des sables
BUNGALOWS €

14 CARTE P. 186, B4

Sur la route qui mène aux Galets, cette résidence abrite 3 gîtes aux couleurs vives (bleu, jaune et rose), flambant neufs et parfaitement équipés, pouvant accueillir jusqu'à 4 personnes (une chambre double et un convertible dans le salon). On regrette seulement que le jardin ne soit pas plus étoffé, pour garantir plus d'intimité à chaque bungalow. Jacuzzi extérieur à dispo. (06 90 59 20 04 ; Les Sables ; d nuit/semaine 70/400 €, + 10 €/pers supp ; P)

Gîte de la Grande Ravine
CHEZ L'HABITANT €

15 CARTE P. 186, C3

Josie et René proposent quatre gîtes spacieux et coquets pour 2 à 7 personnes. Terrasse avec vue sur mer, petit jardin fleuri, le tout bien ventilé car situé sur les hauteurs, et climatisé la nuit. Petit carbet et barbecue. La plage à Fifi est à 200 m à pied. Repas et petit-déjeuner (7 €) sur commande. (05 90 20 02 71/06 90 86 05 31 ; lesgitesdelagranderavine.com ; Le Désert ; gîte d/qua 65/95-130 € la nuit, 350/500-700 € la semaine ; P)

Le Souffleur

À mi-chemin entre Beauséjour et Baie-Mahault, le quartier de pêcheurs du Souffleur est à flanc de falaise. De la plage, en regardant vers le Plateau, on voit le parc éolien (le premier à avoir été établi en Guadeloupe, en 1992) qui alimente la totalité de l'île en électricité ; le surplus produit est redirigé vers la Guadeloupe.

Voir

Plage du Souffleur

LA PLUS BELLE DE L'ÎLE

16 CARTE P. 186, D3

Du sable blond et fin, des palmiers et des amandiers en pagaille… Vous aurez sûrement envie d'y paresser plusieurs heures, rafraîchi par une brise quasi permanente. Protégée par une barrière de corail, elle est idéale pour s'adonner à la baignade et au snorkeling. Durement touchée par le cyclone Hugo en 1989, la plage arbore de nouveau un visage idyllique.

Activités

Morne du Souffleur

RANDONNÉE

17 CARTE P. 186, D2

Un chemin non balisé en face de l'arrêt de bus grimpe jusqu'au Plateau. La promenade, tout en dénivelé, vaut la peine : au pied des éoliennes, vous aurez une superbe vue sur l'île, de la pointe du Désert à celle de Baie-Mahault.

Les îlets de Petite-Terre : paradis en danger ?

Petite-Terre est un archipel de 200 ha situé à 7,5 milles marins – environ 14 km – de la Désirade, à laquelle il est administrativement rattaché depuis 1998. Constituée de deux îlots inhabités (Terre-de-Bas et Terre-de-Haut) et d'un lagon poissonneux, cette réserve naturelle est le territoire de 10 000 iguanes des Petites Antilles, d'agoutis et d'oiseaux migrateurs qui s'y reproduisent. De la plage à la mangrove, de la forêt à la lagune, on goûte ici une enivrante sérénité. Le phare, aujourd'hui automatisé, est le plus ancien de Guadeloupe, et abrite un musée de la Faune et de la Flore. L'Office national des forêts (ONF) et le Conservatoire du littoral, qui en sont propriétaires, contrôlent le nombre de visiteurs, qui s'élève à près de 300 par jour en haute saison. On ne peut y dormir ou faire du feu, et les mouillages, très fréquentés le week-end, sont réglementés ; des gardiens veillent à ce que l'afflux de touristes – prompts par exemple à nourrir les iguanes – n'ait pas d'impact conséquent sur cet environnement fragile.

Des pêcheurs désiradiens proposeront peut-être de vous emmener sur les îlets ; renseignez-vous auprès de l'office du tourisme pour organiser une sortie. Attention cependant aux prestataires “improvisés”, qui ne sont pas assurés pour le transport de passagers : en cas d'accident, vous ne seriez pas couvert. Mieux vaut se rabattre sur les excursions organisées au départ de Saint-François (voir encadré p. 77), qui comprennent traversée, baignade avec masque et tuba, repas, boisson et visite.

On redescend à gauche vers le bourg ou à droite sur Baie-Mahault. Comptez 1 heure 30 de marche.

Se restaurer

Rose-Ita

CRÉOLE ET SNACK €€

18 CARTE P. 186, D3

Cette adresse sympathique dresse sa grande terrasse fuchsia au-dessus du lagon. Simples et fraîches, les assiettes créoles valorisent viandes et poissons désiradiens et avoisinent avec quelques plats rapides. (06 90 71 98 26/06 90 76 88 09 ; plage du Souffleur ; snack 4-10 €, plats 12-35 €, formules midi 15-25 €, formule langouste ou cigale 40 € ; midi tlj, soir ven dim)

La Roulotte

CRÉOLE €€

19 CARTE P. 186, D3

Sur la sublime plage du Souffleur, un petit restaurant les pieds dans le sable comme on les aime qui permet de se sustenter – poisson et langouste grillés, fricassées de chatrou et de lambi… goûteux et frais – entre deux explorations palmées dans les eaux du lagon. (05 90 20 02 33/06 90 54 19 64 ; plage du Souffleur ; plats 12-25 €, menu 16 €, langouste 32 € ; tlj midi, sauf lun-mar)

Se loger

Alizéa

BUNGALOWS €

20 CARTE P. 186, D3

Tout en blanc, bleu et orange, les 4 bungalows de la charmante Viviane sont accueillants et très propres. Ils jouissent chacun d'une kitchenette sur la terrasse en bois, avec vue imprenable sur la mer. La décoration décline les couleurs vives des façades. Petit jardin tropical avec barbecue, et grand espace commun, pour la convivialité. (06 90 44 84 79 ; www.gites-alizea.com ; bungalow d nuit/semaine 70/455 € ;)

Club Caravelles

RÉSIDENCE DE CHARME €

21 CARTE P. 186, D3

Bien tenus et équipés, ces 3 bungalows en duplex offrent 2 à 5 couchages. Ils donnent sur un jardin, la piscine, et ont un accès direct à la mer. Petit-déjeuner et dîner sur commande, location de voitures à l'usage des clients (12 €/2 heures ou 38 €/jour, tarif dégressif selon nombre de jours). (05 90 20 04 00 ; www.desiradoo.com ; 500 m après la plage du Souffleur ; bungalow d nuit/semaine 100/480 €, deux nuits au minimum ;)

Baie-Mahault

Le quartier de Baie-Mahault, avec ses petites cases créoles, abrite les ruines de la léproserie implantée sur l'île en 1728. Tenue par les sœurs catholiques de la Charité, elle accueillit durant deux siècles les malades, et ferma ses portes en 1958. La **plage de Petite-Rivière** (carte p. 186, E2) est idéale pour la baignade.

Le phare de la pointe Doublé

Activités

Promenade de la pointe Doublé

SAUVAGE

22 CARTE P. 186, F2

Juste après le cimetière marin de Baie-Mahault, les ruines de l'ancienne cotonnerie, en activité de 1918 à 1922, ne valent guère le détour, mais poussez jusqu'au **phare** (carte p. 186, F2) de la pointe Doublé, à l'extrémité est de l'île, pour découvrir un beau cadre sauvage où gambadent des cabris. Plus loin, l'ancienne station météo est perchée sur une petite falaise ventée. Depuis sa cessation d'activité en 1971, ce bâtiment blanc à l'architecture Art déco est à l'abandon. Au nord-ouest, la **pointe du Grand-Abaque** (carte p. 186, F1) offre une vision de bout du monde.

Se loger

Gîtes des Remparts

GÎTES ISOLÉS €

23 CARTE P. 186, F2

Sur la route qui mène à l'extrémité est de l'île, la dernière propriété faisant face à la mer possède, au fond de son jardin, deux maisonnettes où se nichent deux studios mitoyens, un T2 et un T3. L'un des deux studios et le T2 ont la clim, tandis que le T3, à l'étage, est naturellement ventilé. Barbecue et lave-linge à disposition. Accès direct à la plage. Accueil sympathique de Molière. (06 90 38 61 72 ; www.location-vacances-antilles.com ; rte du Phare ; studio 62-76 €, app d/qua 65-73/79-87 € selon saison ;)

Gîtes Bord de mer SUR LA PLAGE €€

24 CARTE P. 186, E2

Ces 3 gîtes (pour 2 adultes et 2 enfants) bien équipés et dotés d'une grande véranda, offrent tout le confort. On y goûte le calme – la plage de Petite-Rivière n'est qu'à quelques mètres. La charmante Raymonde vous aiguillera sur les activités locales et vous gâtera des fruits de son jardin au petit-déjeuner. (05 90 20 03 04/06 90 48 47 02 ; www.gitesdesirade.com ; plage de la Petite-Rivière ; bungalow d nuit/semaine 80/525 €, + 15 €/pers supp, petit-déj 8 € ;)

Gîtes les Flots bleus BUNGALOWS €€

25 CARTE P. 186, E2

Ces 6 gîtes pour 2-4 personnes, distribués sur 3 bungalows, ont vue sur la mer. Côté déco : tissus dans les tons chocolat, meubles en teck... Une douche extérieure et un barbecue sont à disposition dans le grand jardin calme. Possibilité de location de voitures (30 à 40 €/jour). (05 90 83 53 72/06 90 75 80 75 ; près de la chapelle ; bungalow d nuit/semaine 87/504 €, + 15 €/pers supp, petit-déj 8 € ;)

Explorer

Marie-Galante

À 25 km au sud-est de la Guadeloupe, Marie-Galante est la plus grande de ses îles satellites, et l'une des plus authentiques. Essentiellement rural, ce plateau calcaire tout rond, surnommé "la grande galette", s'ouvre progressivement au tourisme. On trouve des falaises sauvages sur la côte atlantique, un superbe littoral au sud doté de très belles plages, et une campagne encore préservée. Ici est fabriqué le meilleur rhum de Guadeloupe, titrant jusqu'à 59° !

Rendez-vous tôt à l'habitation Murat (p. 201), à la distillerie Bielle (p. 201) et à la distillerie du domaine de Bellevue (p. 214), pour profiter des sites les plus visités de l'île. Dégustez (modérément) l'un des meilleurs rhums du monde, puis attablez-vous dans un restaurant de choix : O'Vivier (p. 204), la Table du Père Labat (p. 205)... Pour digérer, paressez sous les cocotiers du lagon de Capesterre (p. 212) ou sur l'une des plages de Saint-Louis (p. 208). Autre option : explorer le nord de l'île jusqu'à Gueule Grand-Gouffre (p. 209)... À moins que vous ne préfériez l'admirer depuis les airs avec E.L.I Autogire (p. 203). En fin de journée, cap Chez Henri (p. 211) ou à la Source (p. 214) pour une soirée musicale, ou à la Playa (p. 215), pour un dîner raffiné.

Comment s'y rendre et circuler

Marie-Galante est à 45 minutes de bateau de Pointe-à-Pitre et Saint-François (voir encadré p. 202).

Les loueurs de véhicules (p. 255) sont situés autour de la gare maritime.

Des bus desservent Grand-Bourg, Saint-Louis et Capesterre.

Carte de Marie-Galante p. 200

L'habitation Murat (p. 201)

Vaut le détour

Marie-Galante hors des sentiers battus

C'est en quittant la route du littoral qu'on découvre la véritable Marie-Galante. Au départ de Capesterre, on s'enfonce dans les terres, entre champs de canne et distilleries, et l'on se croit bientôt revenu un demi-siècle en arrière. Partout on vous saluera, et l'on vous guidera volontiers si vous êtes perdu. De plages en bonnes adresses, voici les bons plans des habitants.

❶ Le Vert de terre

Le truculent Éric connaît l'île comme sa poche. Il vous la fera découvrir de l'intérieur au cours d'une randonnée alliant nature, culture et patrimoine. Du trek à la balade familiale, des haltes chez l'habitant à l'exploration de ravines, il propose des sorties sur mesure. (☎ 06 90 28 63 65 ; oursdravines@hotmail.fr ; 20 €/pers/demi-journée, 2 pers au minimum ; réservation 48 heures à l'avance)

❷ Manioquerie Farimag

On peut voir Natacha Darin, originaire de l'île, travailler dans son **hangar** (☎ 06 90 42 26 56 ; rte des Éoliennes de Petite-Place, section Jacquelot, 2e maison à gauche ; ⏲ 9h-17h mar-sam, 10h-15h dim, confection de cassaves jeu soir, sam, dim ou sur commande) la farine de manioc (sans gluten), de coco et de *kilibibi* (maïs grillé), spécialité de Marie-Galante. On peut lui en acheter, ainsi que des cassaves sucrées ou salées, que l'on garnit à son goût. L'occasion de redécouvrir ces produits qui faisaient autrefois partie intégrante des habitudes alimentaires antillaises. Vous retrouverez les cassaves de Natacha sur le marché de Grand-Bourg le samedi matin.

❸ Anse Feuillard

À 5 km au nord de Capesterre, c'est l'une des plus agréables criques de l'île, et sûrement la plus sauvage : on y pratique le snorkeling dans un lagon parmi les cerveaux de Neptune et les cornes d'élan. Seuls quelques palétuviers et des cabanes improvisées avec du bois flotté fournissent de l'ombre. Pour la trouver, faites-vous bien expliquer la route, car il n'y a aucun panneau. Après avoir garé votre voiture là où la route s'arrête, il vous faudra marcher 20 minutes.

❹ Le Rucher de l'île

Tony Prudent et sa femme, apiculteurs passionnés, produisent l'un des meilleurs miels artisanaux de Guadeloupe. Ils vous feront découvrir l'or de ces abeilles tropicales et vous donneront mille et un détails sur leur production. Ne manquez pas leur miel aux fleurs de campêches, récolté en mars, au délicieux goût boisé. En vente également, de l'hydromel, de la propolis et du pollen. (☎ 06 90 46 74 88 ; section Faup, Grand-Bourg ; ⏲ 16h30-19h lun-mar et jeu-ven, 9h-13h mer et week-end)

❺ L'Étable du verger

Le vendredi soir, Arthur, agriculteur et éleveur, organise une grande tablée dans son **hangar à patates** (☎ 05 90 97 16 18/06 90 41 32 98 ; Verger la Rose, rte de Grolin, entre Saint-Louis et Capesterre). Vous aurez le choix entre plusieurs types de viande (colombo de cabri, ragoût de porc ou de bœuf, lapin ou coq au vin...), accompagnés de riz aux pois d'Angole, de poireaux, de fruit à pain sauté... Sa spécialité : le "léloum", un ragoût de pommes de terre et poulet fumé. On dîne en musique, et tout le monde finit par danser (20 € à volonté ; à partir de 20h).

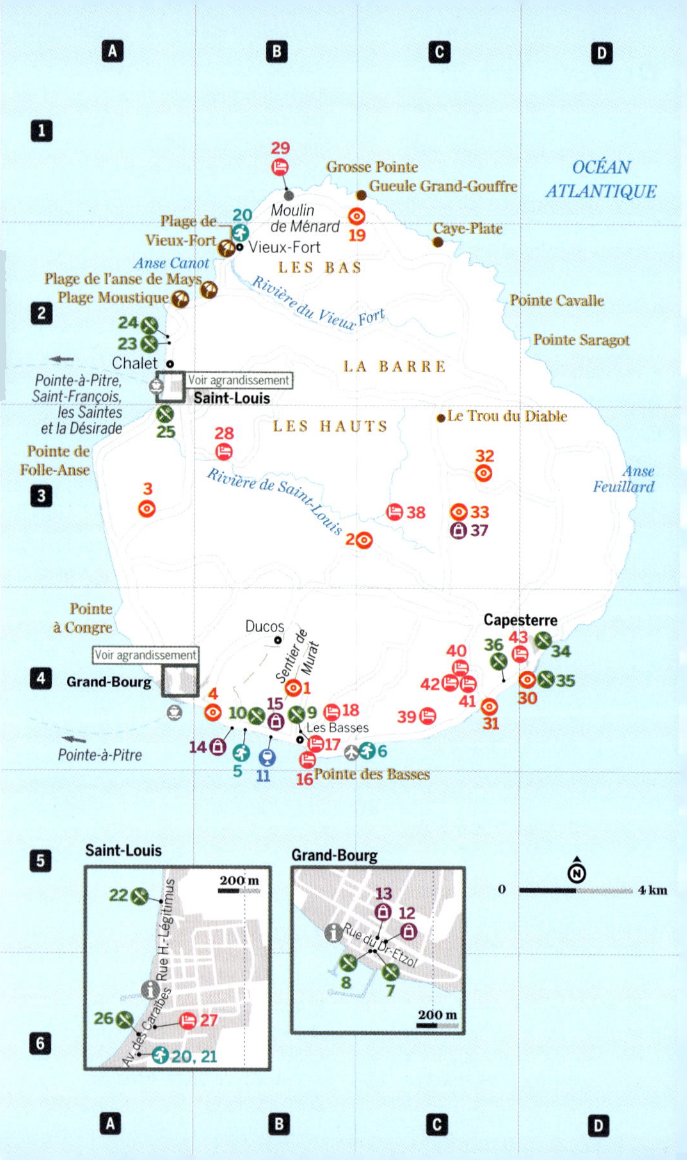
A
B
C
D
1
2
3
4
5
6
OCÉAN ATLANTIQUE
Grosse Pointe
Gueule Grand-Gouffre
Moulin de Ménard
Caye-Plate
Plage de Vieux-Fort
Vieux-Fort
Anse Canot
LES BAS
Plage de l'anse de Mays
Plage Moustique
Rivière du Vieux Fort
Pointe Cavalle
Pointe Saragot
Chalet
LA BARRE
Pointe-à-Pitre, Saint-François, les Saintes et la Désirade
Voir agrandissement
Saint-Louis
Le Trou du Diable
LES HAUTS
Pointe de Folle-Anse
Rivière de Saint-Louis
Anse Feuillard
Pointe à Congre
Ducos
Sentier de Murat
Capesterre
Voir agrandissement
Grand-Bourg
Les Basses
Pointe-à-Pitre
Pointe des Basses
1
2
3
4
5
6
9
10
11
14
15
16
17
18
19
20
23
24
25
28
29
30
31
32
33
34
35
36
37
38
39
40
41
42
43
Saint-Louis
200 m
22
Rue H.-Légitimus
Av. des Caraïbes
26
27
20, 21
Grand-Bourg
13
12
Rue du Dr-Etzol
8
7
200 m
0
4 km

Grand-Bourg

Grand-Bourg est le centre économique et administratif de l'île ; certains bateaux de passagers en provenance de Pointe-à-Pitre y accostent. Les Amérindiens s'y installèrent dès le début de l'ère chrétienne, puis les colons au milieu du XVIIe siècle.

Voir

Le bourg

LA "CAPITALE"

La ville, ravagée par un incendie en 1901, y a perdu la plupart de ses anciennes cases créoles. On peut néanmoins en admirer de beaux exemples dans les rues du Docteur-Etzol ou Beaurenon. La mairie est l'une des quelques œuvres d'Ali Tur, célèbre architecte des colonies, que compte Grand-Bourg. Ne manquez pas non plus l'**église Notre-Dame de Marie-Galante** (matin, fin après-midi) avec sa charpente et son plafond en bois bleu turquoise. La place de l'Église abrite un **marché** (7h-13h tlj) où vous pourrez goûter au bonbon *siwo* (gâteau à base de sirop de batterie), spécialité de l'île. Sur le port, on peut voir les pêcheurs ramender leurs filets colorés ; ils vous raconteront volontiers leur métier si vous les abordez avec courtoisie.

Habitation Murat

ÉCOMUSÉE

1 CARTE CI-CONTRE, B4

À 2 km de Grand-Bourg, cette ancienne maison de maître en pierre de taille, datant du début du XIXe siècle et semblable à un château bordelais, est sans doute le site le plus visité de l'île. Ce grand domaine entouré de champs de canne raconte trois siècles d'histoire sucrière. Autrefois l'une des plus grosses plantations de Guadeloupe, où plus de 300 esclaves travaillaient, la propriété garde trace de son passé dans les ruines du moulin à vent daté de 1814, du moulin à bêtes et de la sucrerie. L'habitation du domaine abrite la collection ethnographique de l'écomusée et accueille, à l'étage, expositions temporaires, conférences et concerts. Un parc et un petit jardin de plantes médicinales complètent la visite. (05 90 97 48 68 ; www.ecomusee.marie-galante@cg971.fr ; section Murat ; entrée libre ; 9h-17h lun-ven, 9h-13h sam-dim ; expo lun-ven 9h-12h30 et 14h-17h, sam-dim 9h-12h30)

Distillerie Bielle

LA PLUS POPULAIRE

2 CARTE CI-CONTRE, C3

Chaque année, 330 000 litres de rhum à 59° en sortent ! Cette entreprise familiale, fondée à la fin du XIXe siècle, a été modernisée dans les années 1980. Elle a mis en place un procédé écologique de fabrication du rhum au pur jus de canne assez unique : un bassin naturel rempli de fougères sauvages capte les matières organiques des vinasses, puis ce sont des jacinthes d'eau douce qui absorbent les reliquats. La visite du site se fait en autonomie

Depuis/vers Marie-Galante

Les horaires et dessertes des navettes étant sujets à modifications fréquentes, renseignez-vous avant votre départ.

Depuis Pointe-à-Pitre

L'**Express des Îles** (0 825 35 90 00 ; www.express-des-iles.com ; aller-retour adulte/enfant à partir de 20/26 € ; départ lun-sam 8h15, 13h15 et 17h15 pour Grand-Bourg et 13h15 pour Saint-Louis, dim 8h15, 17h15 et 19h30 pour Grand-Bourg, retour lun-sam 6h, 12h et 16h, dim 6h, 16h, 18h30 depuis Grand-Bourg) assure une liaison quotidienne.

Val'Ferry (05 90 57 45 74/ 05 90 91 45 15 ; www.valferry.fr ; aller adulte/enfant 25/15 €, aller-retour 42/25 € ; lun-sam départ 7h45, 12h30 et 17h, retour 6h20, 9h10 et 15h30, dim départ 7h45, 16h45, 19h15, retour 6h20, 15h30, 18h) assure une rotation quotidienne vers Grand-Bourg.

Depuis Saint-François

La **Comatrile** (05 90 22 26 31/ 05 90 91 02 45/06 90 50 05 10 ; www.comatrile.com ; aller-retour adulte/enfant 40,70/33,40 € ; départ 7h05 ou 8h15, retour 16h15 ou 16h30) organise des rotations vers Saint-Louis tous les jours en haute saison. Depuis Saint-Louis, on peut également rejoindre **les Saintes** (départ 8h ou 9h, retour à 15h25 ou 15h45).

aiguillée par quelques panneaux explicatifs. Dégustation-vente à la sortie. Goûtez absolument l'une des spécialités maison : la liqueur artisanale au bois bandé ! (05 90 97 93 62 ; www.rhumbielle.com ; entre Grand-Bourg et Capesterre, section Durocher ; entrée libre ; 9h30-13h lun-sam, 10h-12h dim, fermé dim mai-juin et oct-nov)

Distillerie Poisson

MYTHIQUE

3 CARTE P. 200, A3

C'est ici que le rhum le plus connu de l'île, celui du Père Labat, est fabriqué depuis 1860. S'il est libre, le gérant vous accompagnera dans les salles obscures, sur les petites échelles qui mènent aux différentes machines, pour vous commenter la fabrication. Vous pourrez déguster le délicieux rhum citron-miel, l'énergisant punch au gingembre, le mystérieux punch d'amour ou encore l'inimitable rhum vieux. (05 90 97 03 79 ; entre Saint-Louis et Grand-Bourg, section Poisson ; entrée libre ; 7h-15h lun-sam, dim 9h-13h)

Kreol West Indies

MUSÉE-GALERIE D'ART

4 CARTE P. 200, B4

La sœur aînée de la boutique-musée-galerie d'art de la pointe des Châteaux (voir p. 84), dédiée au patrimoine caribéen et à son art contemporain, prend abri à la sortie du bourg dans une jolie case de pêcheur quasiment à fleur d'eau. L'espace d'exposition est ici réduit, donnant plus d'envergure à la vente d'objets et de produits "écocitoyens". (05 90 97 21 56/ 06 90 29 29 17 ; www.kreolwestindies.com ; rue Beaurenon ; 2 € ; tlj 9h30-12h30 et 14h30-18h30)

Activités

Ti'Bulles

PLONGÉE

5 CARTE P. 200, B4

Dans une cabane colorée, sur la longue plage du 3e pont, ce centre de plongée propose 2 sorties quotidiennes. Muriel et Stéphane vous invitent à un baptême (adulte/ enfant 55/45 €), une exploration guidée (40 €), des randonnées palmées... ainsi qu'à des passages de niveaux (I/II/III 315/470/585 €). Parmi les plus beaux sites, vous découvrirez Ti Caye, devant Grand-Bourg : un tombant fréquenté par de nombreux poissons, tortues et raies. Prestations personnalisées et ambiance détendue. (05 90 97 54 98/06 90 67 70 60 ; www.tibulles-plongee.com ; rue Beaurenom ; tlj sur réservation)

E.L.I Autogire

VOL EN GYROPTÈRE

6 CARTE P. 200, C4

Le chaleureux et très professionnel Philippe vous fait prendre de la hauteur à bord d'*Appolo AG1*, son gyroptère (ULM biplace très stable à voilure tournante), pour apprécier la beauté des reliefs et des paysages de Marie-Galante. L'habitacle ouvert offre une vue grandiose à 360° ; une expérience exaltante et sécurisée, à ne pas manquer ! (06 90 90 10 15 ;

Dans la distillerie Bielle (p. 201)

www.eliautogire.net ; aérodrome Les Basses ; baptême de 25 min 50 €, tour de l'île 45 min/1 heure 30 100/150 €, tlj sur réservation, selon la météo)

Se restaurer

Ornata

BAR-RESTAURANT €

7 CARTE P. 200, C5

Face au débarcadère, ce bar-restaurant ne désemplit pas : touristes et habitants s'y mêlent pour boire un jus pressé ou manger à prix doux. Plats du jour, salades, sandwichs, viande et poisson grillé... Vous y trouverez forcément de quoi vous sustenter. Matchs de foot sur grand écran. CB à partir de 10 €. (05 90 97 54 16 ; pl. Félix-Éboué ; snack 2,50-8,50 €, plats 12-15 €, plat du jour 9,50 € ; tlj 8h-20h ;)

Circuits de randonnée

Conscients de l'intérêt du patrimoine naturel encore préservé de l'île, l'Office national des forêts et la communauté des communes de l'île ont fait le pari d'un développement écotouristique. Ainsi, 9 circuits de randonnée ont été balisés sur la côte et dans l'intérieur des terres. Comptez entre 45 minutes et 6 heures de marche pour effectuer les différents parcours, dont vous trouverez le détail sur le site de l'office de tourisme (www.ot-mariegalante.com/les-sentiers-de-randonnees-pedestres). Vous pourrez par exemple découvrir le sentier de Murat (2 heures 30, 7,5 km) qui mène de l'habitation Murat à la mare au Punch en passant par les ruines de l'usine Pirogue, ou le sentier de Vieux-Fort (3 heures, 9 km) le long du littoral et de la mangrove. Pour obtenir les services d'un guide, renseignez-vous à l'office du tourisme.

La Galante

CRÉOLE **€€**

8 CARTE P. 200, C5

Juste à côté de l'Ornata, ce bar-restaurant est aisément repérable grâce au beau portrait du vieil Antillais qui orne l'un de ses murs. Sa clientèle d'habitués s'y installe le matin pour un petit-déjeuner, le midi, en semaine, pour un plat du jour, une tarte salée ou une salade, simples et frais, et le soir, pour son ambiance groovy et chaleureuse. Plats à emporter. (05 90 97 77 35 ; www.galante-des-iles.com ; pl. Félix-Éboué ; plats 8-15 € ; lun-ven 8h30-20h, dim 14h30-20h ;)

O'Vivier

POISSONS ET LANGOUSTE **€€**

9 CARTE P. 200, B4

Spécialisé dans les produits de la mer, le restaurant des gîtes la Kabane (voir p. 216) s'est forgé en quelques années une belle réputation. Dans une salle aux airs de hutte de Robinson, bordée d'une petite piscine, on goûte une cuisine fraîche teintée d'exotisme, qui met à l'honneur les prises du moment : poisson cuit dans une feuille de bananier ou pané au sésame, en ceviche, carpaccio ou tataki ; langouste au lait de coco, grillée ou flambée au rhum vieux... Ou encore une marmite de pêcheur, royale ! Également un choix de galettes pour les enfants ou les envies carnées. Pas de CB. (05 90 97 20 75/06 90 34 46 20 ; rte de Beaufils ; plats 11-30 €, galettes 8-14 € ; tlj sauf mer-jeu)

Le Murat

MÉTRO **€€**

10 CARTE P. 200, B4

Si vous êtes en manque de saveurs hexagonales, prenez une table dans ce restaurant, qui nous a été chaudement recommandé. Planches de charcuterie et de fromages ; rognon à la moutarde ;

souris d'agneau sauce au vin ; calamars au chorizo... Et une carte des vins bien fournie. Le cadre, tout en bois et aéré, à deux pas du lagon, vous rappellera, lui, que vous êtes bien aux Antilles. (06 90 47 82 30 ; rte de Murat ; plats 12-26 €, langouste 35-36 € ; tlj sauf lun-mer midi)

La Table du Père Labat

MÉTRO-CRÉOLE €€

VOIR 3 CARTE P. 200, A3

Ce restaurant planté à l'entrée de la distillerie Poisson a changé de propriétaire peu après notre passage. À l'ardoise, toujours, des plats où les meilleurs produits antillais flirtent avec ceux du Vieux Continent. Chatrou au chorizo, pavé de thon Rossini, thazard gratiné à l'aïoli, burger de thon à l'encre de seiche... D'après nos sources, la qualité de la cuisine n'aurait pas baissé. À vous de juger ! Réservation conseillée. (05 90 97 46 54/06 90 37 84 91 ; entre Saint-Louis et Grand-Bourg, section Poisson ; plats 21-35 €, langouste 35 € ; mar-dim, sauf dim soir)

Prendre un verre

Sun 7 Beach

SUR LA PLAGE

11 CARTE P. 200, B4

Sous la véranda posée au bord du lagon, vous admirerez le soleil se coucher sur la mer en sirotant un cocktail, et en vous partageant peut-être quelques tapas ou une pizza. Ambiance décontractée, mêlant touristes et Marie-Galantais. (05 90 97 87 58 ; section Murat ; lun-ven, soir jusqu'à 20h)

Shopping

Océom-Terre et Mer

BIJOUX

12 CARTE P. 200, C5

Dans la jolie boutique de Rachel Jacob vous trouverez les créations uniques de son mari Jean-Pol, véritable artisan-poète : ses bijoux naturels réalisés avec des coquillages, objets marins et végétaux trempés dans un bain d'or 24 carats, sont sans doute le souvenir le plus original que vous puissiez rapporter de Marie-Galante. (06 90 37 60 44 ; www.oceom.fr ; rue du Docteur-Etzol, face au supermarché 8 à Huit ; 9h-12h tlj sauf dim, réduits hors saison)

Sur la façade de la Galante (p. 204)

Grand-Bourg, côté plage

La Suite

ARTISANAT CARIBÉEN

13 CARTE P. 200, C5

Cave à rhum, librairie, boutique de vêtements et de cosmétiques, cet espace rassemble les passions de Joëlle, créatrice des lieux, autour d'une thématique commune : la valorisation de la culture et du savoir-faire caribéens. Expositions et rencontres artistiques de temps à autre. (05 90 97 06 90 ; www.lasuitemariegalante.com ; 38 rue du Docteur-Etzol ; tlj 9h-13h et 15h-19h)

Maison de l'indigo

TEINTURES

14 CARTE P. 200, B4

Dans son joli atelier-boutique donnant sur le lagon, Anne crée batiks, écharpes de soie, sacs, encres ou peintures, à base de teintures végétales locales : indigo bien sûr, mais aussi curcuma, roucou, écorces, feuilles, graines... Formée à la technique des Gobelins, elle vous révélera les recettes de ces pigments qu'utilisaient déjà les Amérindiens, en échange d'une participation symbolique (2 €) pour l'aider à replanter des indigotiers aux quatre coins de l'île. Possibilité de stages (demi-journée/journée 45/80 €, sur réservation). (05 90 84 56 49/ 06 90 74 98 76 ; www.maisondelindigo.com ; rue Beaurenon, 3e Pont/Murat ; mar-sam 9h30-16h et dim 9h30-12h)

Musée Art et Tradition

POUPÉES CRÉOLES

15 CARTE P. 200, B4

Comme sa grand-mère avant elle, Lucie Seytor confectionne

des poupées de chiffon, appelées "matrones" ; ces jouets traditionnels – que vous trouverez peu ailleurs – sont des témoignages directs de la vie "d'antan lontan" (d'autrefois). Chez Lucie, l'accumulation d'objets marie-galantais est telle qu'on se croirait davantage chez un antiquaire que dans un musée-boutique, mais cette plongée dans l'histoire insulaire a son charme. (05 90 97 80 04/06 90 64 07 84 ; rte de Murat ; entrée 2 € ; poupées 45-50 € ; 9h-21h lun-dim)

Se loger

La Kallina

BUNGALOWS RÉSIDENTIELS **€**

16 CARTE P. 200, B4

À la sortie de Grand-Bourg vers Capesterre, au calme, dans un jardin fleuri, 8 chambres et 6 bungalows (2-6 pers) au confort simple s'articulent autour d'une petite piscine. Certains bungalows communiquent entre eux ; une option pratique pour les familles. L'ensemble est, certes, un peu vieillot, mais économique. Le bord de mer est tout proche. Petit-déjeuner à la demande (7 €). Accueil sympathique. (05 90 97 01 35 ; www.lakallina.com ; rte des Basses, entre Grand-Bourg et Capesterre ; ch 60 €, bungalow d/qua 65-80/96-120 € selon saison ;)

La Kabane

BUNGALOWS NATURE **€€**

17 CARTE P. 200, B4

Sur la route de Capesterre s'étagent ici, devant la Caraïbe et la Dominique, 4 bungalows en bois – une case pour 2 personnes et trois gîtes (de 2 à 6 pers) –, ainsi qu'une villa pour 8 personnes avec piscine privée. Bien équipés, ils affichent une décoration brute et colorée, aux touches ethniques. Piscine commune aux bungalows et excellent restaurant sur place (O'Vivier, p. 204). (05 90 97 20 75/06 90 62 03 38 ; www.lakabane.com ; rte de Beaufils, Grand-Bourg ; bungalow d/2-4/4-6 pers 100/140/180 € la nuit, 2 nuits au minimum, et 630/735-784/882 € la semaine, villa 1 540 € la semaine ;)

Le patrimoine rural de Marie-Galante

L'île fut "découverte" le 3 novembre 1493 par Christophe Colomb, qui la baptisa du nom de son navire amiral *Maria-Galanda*. Ses premiers habitants furent les Indiens Arawaks, puis les Caraïbes. Les colons, débarqués au milieu du XVIIe siècle, érigèrent les premières sucreries et plus de cent moulins destinés à broyer la canne, qui ne fonctionnaient que grâce aux esclaves. Anglais, Français et Hollandais se disputèrent longtemps cette terre propice à l'agriculture ; aujourd'hui encore, on y coupe la canne à la main, et on la transporte sur des charrettes à bœufs jusqu'aux distilleries.

Les Balcons de Passiflora

RÉSIDENCE HAUT DE GAMME **€€**

18 CARTE P. 200, B4

Depuis la terrasse de cette résidence, superbe vue sur Marie-Galante et les îles environnantes. Vous passerez un séjour très confortable, dans un décor tout en bois, à la fois rustique et moderne. Les deux grands bungalows (2-4 pers), nichés dans un jardin luxuriant, donnent sur un patio avec Jacuzzi. Sur la route de Grand-Bourg à Capesterre, suivez les panneaux qui montent vers le chemin Lalanne. Possibilité de restauration. (05 90 97 50 48/ 06 90 37 22 00 ; le Haut-des-Basses ; bungalow d 650-810 €/semaine selon saison, + 20-30 €/jour par pers supp, 1 semaine au minimum en haute saison ; P)

Saint-Louis

Ce tranquille village de pêcheurs est le port de plaisance de Marie-Galante où débarquent la plupart des bateaux en provenance de Guadeloupe. Il est apprécié pour son mouillage, très abrité du vent. Une belle plage se trouve à l'ouest du quai, où se tient un petit marché.

Voir

Les plages

BELLES ET SAUVAGES

Une fois passé la pointe qui marque l'extrémité nord de la baie de Saint-Louis, vous rencontrerez d'abord la **plage Moustique** (carte p. 200, A2). Cette longue étendue de sable blanc est protégée de la route par des raisiniers, cocotiers et mancenilliers (attention à ces derniers, voir p. 23). La route est

Les concours de bœufs-tirants

La mécanisation agricole des années 1970 promettait les bœufs de Marie-Galante à un bien triste sort. Ce sont en effet ces puissants animaux qui tiraient depuis toujours les cabrouets, ces charrettes servant au transport de la canne, et que l'on peut encore croiser durant la période des récoltes, de février à juillet. Mais voilà qu'un sport insolite leur a épargné la boucherie : attelés par deux à un cabrouet pesant plus d'une tonne, le couple de champions doit atteindre le plus vite possible le haut d'une pente à forte dénivellation. L'équipage n'a droit qu'à 12 coups de fouet pour motiver les bêtes ; au 13e, il doit déclarer forfait. Les propriétaires se sont regroupés en clubs pour développer ces courses qui leur permettent de mesurer la force de leurs animaux, et leur propre talent à les mener efficacement contre le chronomètre. Rencontrant un grand succès, tant parmi les Marie-Galantais qu'auprès des touristes, ces concours – qui ont lieu, ici et là, lors de nombreux week-ends dans l'année – sont l'occasion de découvrir autrement les traditions de l'île, dans un esprit festif et passionné.

peu fréquentée et la baignade dans le lagon, très agréable.

La longue **plage de l'anse de Mays** (carte p. 200, B2) prolonge la plage Moustique. Un sentier rejoint la belle **anse Canot** (carte p. 200, B2). Petite, bien abritée et loin de la route, elle est connue des amateurs de baignade, de snorkeling et des plaisanciers. Elle est assez animée et on y trouve des tables de pique-nique. Un parking ombragé permet de stationner son véhicule.

La **plage de Vieux-Fort** (carte p. 200, B2), à l'embouchure de la rivière du même nom, est, elle, assez proche de la route, sans souffrir pour autant de surfréquentation. On y trouve parking et tables de pique-nique. Au large, un îlet bucolique vous nargue de ses deux palmiers ! Attention aux cayes (récifs de corail) à fleur d'eau en vous baignant.

Route du littoral

PAYSAGES

19 CARTE P. 200, B1-C1

La route du littoral nord traverse une campagne peu habitée. Après le moulin de Ménard, un chemin sur la gauche mène à la **Gueule Grand-Gouffre** (carte p. 200, C1). Une immense dépression, percée dans le calcaire, laisse voir la mer qui passe sous une arche rocheuse. Il vaut mieux respecter les barrières car les bords sont glissants.

En continuant la route vers le sud-est, peu après la chapelle

Concours de bœufs-tirants

Sainte-Thérèse, un chemin à gauche mène à **Caye-Plate** (carte p. 200, C2). Depuis cette belle avancée sur la mer (on voit au loin la pointe des Châteaux sur Grande-Terre), on aperçoit une falaise vertigineuse, autour de laquelle les oiseaux virevoltent en permanence. Depuis un récent séisme, l'endroit est devenu dangereux.

Activités

Cismag

ACTIVITÉS NAUTIQUES

20 CARTE P. 200, B2 ET A6

Cette association possède deux bases nautiques : l'une sur la plage de Saint-Louis, où se louent Optimists (15 €/h), planches à voile (15 €/h), catamarans (25 €/h) ou kayaks de mer (10-15 €/h)...

La Gueule Grand-Gouffre (p. 209) vue du ciel

et l'autre sur la plage de Vieux-Fort, où canoës-kayaks et pédalos (9 €/h) permettent de découvrir la mangrove de la rivière du Vieux-Fort. Durant cette balade de 2 km entre les palétuviers, on observe des tortues molokoï qui se réchauffent au soleil, des hérons verts, des aigrettes... et de nombreux poissons. (05 90 97 13 72/06 90 34 62 68 à Saint-Louis/ 06 90 33 03 74 à Vieux-Fort ; plage de Saint-Louis et plage de Vieux-Fort ; 9h-16h mar-sam, dernier départ 15h)

Man'Balaou PLONGÉE

21 CARTE P. 200, A6

Installé sur la plage de Saint-Louis, Jean-Luc vous emmène en bateau pour des baptêmes (adulte/8-12 ans 50/45 €) ou des explorations (42 €). Les formations des 3 niveaux de la FFESSM sont également assurées, ainsi que des plongées de nuit (50 €). Vous rallierez le tombant de Saint-Louis, situé dans la baie du même nom, ou de Trois-Îlets. On aime le côté sécurisant et pédagogique de ce club très pro. (05 90 97 17 94/06 90 42 97 70 ; www.plongee-marie-galante.com ; 22 av. des Caraïbes ; sorties lun-sam 8h15, 10h30 et 14h, sur réservation, fermé mi-sept à mi-oct)

Se restaurer

La Baleine rouge MÉTRO-CRÉOLE €€

22 CARTE P. 200, A5

Vous ne pourrez manquer ce restaurant, dont le cétacé écarlate peint sur la façade inspire la bonne humeur. La terrasse couverte donne sur la mer : on y sert des salades originales et joliment dressées – au gravelax de daurade, aux nems de chèvre et sirop de batterie... –, des classiques de bistrot (burgers, tartare, faux-filet...), les incontournables poisson et langouste grillés, et un menu plus élaboré le soir. (☎ 05 90 48 57 87 ; 21 rue Hégésippe-Legitimus ; plats 13-22 €, menu 38 € ; ⏲ tlj sauf mar soir et mer)

Aux plaisirs des marins

POISSON GRILLÉ **€€**

23 CARTE P. 200, A2

Pour d'irréprochables plats créoles dans un cadre paradisiaque, c'est ici ! Ragoût, court-bouillon, colombo, fricassée ou poissons grillés s'apprécient sous les palmiers, dans le sable blanc léché par le lagon. Sublime vue sur la Guadeloupe et les Saintes. Plats à emporter. (☎ 05 90 97 08 11 ; section Chalet ; plats 12-16,50 €, langouste 38 € ; ⏲ midi tlj sauf lun, fermé sept)

L'Éden voile

CRÉOLE **€€**

24 CARTE P. 200, A2

On craque pour la terrasse en bois de cette ancienne case de pêcheur au-dessus de la mer, et surtout pour la truculence de Jacqueline, véritable *working girl* locale ! Dans l'assiette, en fonction du jour : boudin de poisson, coquelet farci aux oursins, fricassée de lambi, paella créole... Le ragoût de bœuf ou de porc est excellent. Menu langouste avec entrée, gratin... Un petit ponton permet aux plaisanciers d'accoster. (☎ 06 90 42 14 98 ; rte de Vieux-Fort, section Chalet ; plats 15-28 €, menu langouste 25-30 € ; ⏲ tlj)

Chez Henri

BAR-RESTAURANT **€€**

26 CARTE P. 200, A6

C'est dans la belle case de sa grand-mère, à même la plage, que ce personnage haut en couleur a monté son bar-restaurant. On s'y régale de sa fameuse omelette créole, à base de légumes-pays, banane, tomate et crème fraîche,

Sorbet coco

Danièle prépare certainement le meilleur sorbet coco de l'île (2 €) ! Ainsi que des sorbets au maracuja, à la goyave... Selon la saison. Vous la trouverez certains jours au débarcadère, mais elle accueille également les gourmands en journée dans sa **maison blanche** (**25** carte p. 200, A3 ; juste avant le cimetière de Saint-Louis en venant du bourg ; ⏲ tlj). Impossible de la manquer : un panneau lumineux indique "sorbet" ainsi que le parfum du jour. Présentez-vous à la porte et sonnez. Si elle est là, cette dame adorable vous ouvrira pour vous servir. À déguster sur sa terrasse, ou à emporter.

copieuse et délicieuse, mais aussi de carpaccios, salades ou poissons. Henri a toujours un mot chaleureux pour ses clients et vous fera goûter son rhum glacé. (05 90 97 04 57 ; www.chezhenri.net ; 8 av. des Caraïbes ; plats 13-24 € ; tlj sauf lun et mar midi)

Sortir

Chez Henri CONCERTS SUR LA PLAGE

VOIR 26 CARTE P. 200, A6

Depuis plus de 30 ans, Henri Vergerolle fait bouger Marie-Galante le week-end, à l'heure du coucher du soleil, avec ses concerts de jazz, soul, funk, blues ou reggae régulièrement programmés. (05 90 97 04 57 ; www.chezhenri.net ; 8 av. des Caraïbes)

Se loger

Le Coin tranquille PETITS BUDGETS €

27 CARTE P. 200, A6

Cette résidence tout proche du débarcadère possède 12 chambres et 3 studios, basiques, propres, et à prix réduits. Attention, pas d'accueil : il faut convenir de son heure d'arrivée avec le propriétaire. (06 90 59 25 76 ; www.residencelecointranquille.fr ; d 40 €, 3 nuits au minimum, studio 300 € la semaine ;)

Habitation Bioche BUNGALOWS DE CHARME €€

28 CARTE P. 200, B3

Ces 3 charmants bungalows en bois (de 2 à 6 pers), décorés avec soin et bien équipés, se dressent sur les hauteurs de Saint-Louis et jouissent d'une vue panoramique sur le nord de l'île. L'idéal pour un couple avec enfants, qui apprécieront la piscine, la douche extérieure et les hamacs. Également disponibles, 2 appartements avec piscine privée. (05 90 97 00 39/06 90 76 14 25 ; www.habitation-bioche.com ; rte des Sources ; bungalow d 55-120 €, app 75-95 € selon saison, + 10-20 €/pers supp ;)

Village de Ménard HÔTEL-RESTAURANT €€

29 CARTE P. 200, B1

À 8 km au nord de Saint-Louis, cet ensemble de 11 bungalows (2-7 pers) et studios colorés se répartit autour d'une piscine, dans un jardin fleuri. Une adresse tranquille, à l'accueil chaleureux et au bon rapport qualité/prix. Location de voitures (38 €/jour). Accès handicapés. (05 90 97 09 45 ; www.villagedemenard.fr ; Vieux-Fort ; studio 80-89 €, bungalow d/tr 90-99/129 € selon saison, + 20 €/pers supp, petit-déj adulte/enfant 12/10 € ;)

Capesterre

La zone, décoiffée par les alizés, abrite des sites amérindiens, une grotte ornée de pétroglyphes (fermée au public) et les vestiges d'indigoteries et de sucreries, que vous découvrirez dans le quartier des Galets. Le bourg est paisible,

Chez Henri (p. 211 et 212) un soir de concert

avec son lagon cristallin, son petit port protégé par une barrière de corail, sa mairie signée Ali Tur, ses vieilles cases et sa jolie église Sainte-Anne.

Voir

Plage de la Feuillère — PARADIS

30 CARTE P. 200, D4

Sublime, avec sa barrière de corail, ses palmiers et son sable immaculé, cette plage de carte postale est aussi un bon spot de kitesurf.

Plage de Petite-Anse — FARNIENTE

31 CARTE P. 200, C4

Également très belle mais plus petite, cette plage est à 1 km au sud-ouest de celle de la Feuillère. Un peu plus au nord, la très belle anse Feuillard ne se dévoile qu'à ceux qui ont le courage de la dénicher (voir p. 199).

Moulin de Bézard — MONUMENT HISTORIQUE

32 CARTE P. 200, C3

Marie-Galante doit son surnom d'"île aux cent moulins" aux nombreux moulins à vent construits ici dès la fin du XVIIIe siècle pour broyer la canne. Elle en possédait jusqu'à 106 au milieu du XIXe siècle. Leur nombre s'est depuis effondré avec l'abolition de l'esclavage et la chute de l'économie sucrière, et le moulin de Bézard, construit en 1814, fut l'un des derniers à rester en service. Restauré par

Moulin du domaine de Bellevue

les compagnons du Tour de France et classé monument historique, il a malheureusement été endommagé lors des derniers cyclones.

Distillerie du domaine de Bellevue

RHUM AGRICOLE

33 CARTE P. 200, C3

Née au XVIIe siècle, la sucrerie fonctionnait à l'aide d'un moulin à traction animale, puis à vent, encore visible près de la nouvelle distillerie. Fierté du domaine, 100% autonome énergétiquement, cette dernière fonctionne grâce à des panneaux solaires. Bellevue broie chaque jour 90 tonnes de cannes (6 000 litres d'alcool pur distillés). Son rhum blanc est aujourd'hui le plus médaillé et le plus exporté de Guadeloupe. Le cadre, magique, domine la campagne. La boutique (voir ci-contre) propose des dégustations. (05 90 97 26 50 ; www.distillerie-bellevue.com ; section Bellevue, accès par la D202, direction l'Étang-Noir ; entrée libre ; tlj 9h-13h fév-juil)

Se restaurer

La Source

CRÉOLE **€€**

34 CARTE P. 200, D4

En plein centre du bourg, voici le QG des locaux ! Dans sa salle colorée ou sur sa terrasse face à la mer ornée d'une joyeuse fresque, Rudy nourrit ses habitués, et les autres, d'une cuisine créole honnête et sans chichis. L'ambiance y est riante, voire festive, les soirs de concerts (voir plus bas). Grillades et salades également. (05 90 97 26 01 ; angle rue Bade et rue de la Marine ; plats 15-22 € ; tlj sauf mar et mer)

Dantana Café

MÉTRO-CRÉOLE **€€€**

35 CARTE P. 200, D4

Meubles en bois de palette, hamacs, planche de surf... Cette case aérée, posée sur la sublime plage de la Feuillère, face au lagon coiffé des ailes colorées des kitesurfers, propose des classiques bistrot légèrement créolisés. Le lieu est rempli de métros, le personnel, pas toujours très pro, et les prix sont un peu excessifs, mais l'ambiance chill-out est réussie. (06 90 48 05 67 ; plage de la Feuillère ; tapas 8-16 €, plats 18-24 €, langouste 38 € ; tlj, sauf dim soir et lun)

La Playa

SPÉCIALITÉS DE LA MER €€€

36 CARTE P. 200, D4

Cette mignonne case de pêcheur, tout en blanc et bleu, abrite l'un des meilleurs restaurants de l'île. On s'y délecte du poisson extrafrais, justement relevé d'épices et d'aromates, parfois mêlé aux saveurs d'ailleurs. Mais aussi de langoustes ! Réservation conseillée. (05 90 93 66 10 ; rte du littoral-la Feuillère ; plats 22-24 €, langouste 30 € ; tous les soirs, mer-dim hors saison)

Prendre un verre

La Source

CONCERTS ET FESTIVALS

VOIR 34 CARTE P. 200, D4

Concerts de blues, de jazz ou encore de gwo ka – parfois accompagnés de danseuses guadeloupéennes – font très régulièrement monter la température de ce restaurant où les gens du cru prennent plaisir à se retrouver (voir aussi plus haut). (05 90 97 26 01 ; angle rue Bade et rue de la Marine ; tlj sauf mar et mer)

Dantana Café

CONCERTS SUR LA PLAGE

VOIR 35 CARTE P. 200, D4

Restaurant (voir plus haut) et bar, le Dantana organise le week-end – et parfois aussi en semaine – DJ sets, soirées à thème, concerts de rock, de reggae, de funk, de gwo ka... (06 90 48 05 67 ; plage de la Feuillère)

Shopping

Le PtiKwi

ARTISANAT

37 CARTE P. 200, C3

Dans sa petite boutique située à l'entrée du domaine de Bellevue, Christophe Girondin vend le fruit de son travail de créateur passionné, et celui de quelques amis, notamment de très beaux crânes de bovins sculptés transformés en lampes. Également de jolies calebasses travaillées, des bijoux en graines ou en pâte de verre soufflé, des T-shirts originaux, des paréos imprimés à la main... (06 90 16 18 68 ; domaine de Bellevue ; mar-dim 9h-13h)

Ti-Boutik

RHUM AGRICOLE

VOIR 33 CARTE P. 200, C3

La Ti-Boutik se trouve dans une pimpante maison créole, située sur le domaine de Bellevue. L'accueil y est très sympathique, et l'on y déguste gratuitement le rhum maison (on adore le punch au chocolat). On y trouve aussi une sélection des meilleurs produits de l'île et quelques œuvres des plus brillants auteurs de la littérature caribéenne. (05 90 97 29 58 ; www.distillerie-bellevue.com ; distillerie Bellevue ; 9h30-13h tlj)

Se loger

Matamin

BUNGALOWS ÉCOLO €

38 CARTE P. 200, C3

Jean-Marc Thudor, un robinson un peu hippie sur les bords et féru d'astrologie, propose aux abords

Plage de la Feuillère (p. 213)

de sa maison 3 bungalows en bois, isolés dans la nature. Les chambres, éclairées à l'énergie solaire, sont rudimentaires, mais agréables. La TV est bien sûr proscrite. Dans la cuisine commune, on prépare uniquement des plats végétariens. Un carbet attend les adeptes de la méditation. (05 90 97 30 66 ; www.matamin.com ; Matamin ; d 45 €, 2 nuits au minimum)

La Kabane

BUNGALOWS NATURE €€

39 CARTE P. 200, C4

Dans un bois surplombant la mer, la Kabane (4 pers) et la Kahute (2 pers) sont deux bungalows hors du temps. Ni clé, ni clim, ni voisins. La vue est à se damner, surtout depuis le hamac sur la terrasse ou dans le petit spa. Un vrai coup de cœur ! Delphine possède des hébergements aux quatre coins de l'île, et notamment à Grand-Bourg (p. 201). L'entrée est située au niveau des pierres peintes en rouge sur la route. (05 90 97 43 22/ 06 90 62 03 38 ; www.lakabane.com ; ravine des Cayes ; d 90 € la nuit/504 € la semaine, qua 140 € la nuit/651 € la semaine, 2 nuits au minimum ;)

Gîtes Tit'Anse & Spa

GÎTES FAMILIAUX ET BIEN-ÊTRE €€

40 CARTE P. 200, C4

Légèrement sur les hauteurs, face à la plage de Petite-Anse, voici 3 bungalows mitoyens et colorés, attenants à la maison des propriétaires, ainsi qu'une petite cabane pour deux, nichée dans un arbre. Idéal pour les familles, chaque bungalow peut accueillir 2 adultes et 2 enfants.

Également depuis peu, un grand gîte indépendant de deux chambres, doté d'une terrasse intimiste percée d'une petite piscine et entourée d'un grand jardin. Autres atouts des lieux : l'accueil chaleureux de Frédo et de Sabéha, le spa, où profiter de soins, massages, Jacuzzi, sauna... et, une fois par semaine, les cours de yoga. Barbecue et machine à laver à disposition. (05 90 97 08 14/06 90 68 73 31 ; www.lesgitestitanse.com ; Petite-Anse, section Cadet ; gîtes/cabane 60-80/60 € la nuit, gîte indépendant 700-850 €/semaine selon saison ;)

Ti' Kaz

GÎTES AVEC PISCINE **€€**

41 CARTE P. 200, C4

Juste en dessous de l'adresse précédente, et bénéficiant, comme elle, de l'atmosphère naturellement ventilée du secteur, ces trois cases intimistes et confortables, dont une composée de deux chambres, sont chacune agrémentée d'un petit jardin avec piscine privée. (05 90 97 30 96/06 90 32 92 52 ; Petite-Anse, section Cadet ; d/qua 60-80/100-125 € selon confort et saison, 3 à 5 nuits au minimum selon saison ;)

Les Hibiscus

GÎTES **€€**

42 CARTE P. 200, C5

Dans le même quartier résidentiel que les hébergements précédents, voici 3 cases coquettes pour deux personnes, ouvertes sur l'extérieur et la fraîcheur des alizés. Originales, les deux plus petites, accolées l'une à l'autre, ont été construites à partir du conteneur ayant servi au déménagement des propriétaires. Notre préférence va cependant à la plus grande, à peine plus chère, dotée d'une belle terrasse avec vue sur la mer et totalement indépendante. Accueil sympathique de Jeanlo et Alexia. (06 99 33 41 41 ; Petite-Anse, section Cadet ; d 64-89 €/nuit selon confort et saison, + 40 € de frais de ménage ;)

Le Soleil levant

HÔTEL AVEC VUE **€€**

43 CARTE P. 200, D4

Cet hôtel sur les hauteurs, avec son joli jardin exotique et ses deux petites piscines, offre une vue imprenable sur les toits et le lagon de Capesterre. Les chambres toutes simples et les bungalows avec kitchenette sont les moins chers. Suivent les chambres avec terrasse, plus récentes, puis les appartements pour 5-8 personnes et les bungalows pour 4-6 personnes, plus équipés. Calme et propre. Fait aussi restaurant et spa. (05 90 97 31 55/06 90 50 34 76 ; www.lesoleillevant.fr ; morne des Pères ; d standard/standing 50-60/110 €, app 5/8 pers 140-150/170-180 €, bungalow d/qua 70-80/135-145 €, petit-déj 10 € ;)

Explorer

Les Saintes

"Découvert" par Christophe Colomb le jour de la Toussaint – d'où son nom –, cet archipel de 8 petites îles doit à ses eaux bleues son appartenance au club des plus belles baies du monde. Environ 3 000 personnes, descendants de colons bretons ou normands, se répartissent sur Terre-de-Haut et Terre-de-Bas, seules îles habitées de l'archipel. Si la première, très touristique, attire en nombre les visiteurs, la seconde est l'endroit rêvé pour goûter à la quiétude insulaire.

En descendant du bateau, louez un vélo électrique et filez au fort Napoléon (p. 220). Partez ensuite piquer une tête sur la jolie plage de Pompierre (p. 227), puis sillonnez l'île à votre rythme avant de vous poser sur la plage du Pain-du-Sucre (p. 227), pour une séance de snorkeling et un repas sur le sable livré par Escale Créole (p. 231). Retournez au bourg pour quelques emplettes et découvrir la baie en kayak (p. 228) ou en bateau électrique avec la Navette de l'îlet (p. 229). Finissez la journée par un dîner Au Bon Vivre (p. 231) et un verre au mythique Coconut's Bar (p. 232). Vous passez la nuit sur l'île ? Parfait : vous en profiterez pour explorer l'authentique Terre-de-Bas (p. 235).

Comment s'y rendre et circuler

Pour rejoindre Terre-de-Haut, voir l'encadré p. 226.

Pour rejoindre Terre-de-Bas, voir l'encadré p. 236.

Le vélo électrique est l'option la plus pratique (et ludique !) pour circuler à Terre-de-Haut.

Sur Terre-de-Bas, des taxis collectifs, postés à la descente du bateau, font la navette entre les villages (2 €/pers) et assurent la visite de l'île (1 heure ; 8 €/pers).

Carte des Saintes p. 224

La baie des Saintes © MARIE DUFAY

Les incontournables

Fort Napoléon

Au sommet du morne Mire, le fort domine la baie des Saintes. Il se dresse à l'emplacement des ruines du fort Louis, batterie érigée en 1777, sous Louis XVI, et détruite par les Anglais en 1809. Rebaptisé fort Napoléon en 1805, il fut renforcé pendant le Second Empire, devenant une imposante construction à la Vauban. Il abrita une garnison jusqu'en 1889 mais ne servit jamais, sauf de pénitencier jusqu'à la fin du XIXe siècle.

CARTE P. 224, G2

Terre-de-Haut

06 90 61 01 51

adulte/enfant 5/2,50 €

tlj 9h-12h30

Fort

On accède au fort par un pont-levis et une galerie protégée par des meurtrières. Une fois dans l'enceinte, on grimpe en haut de ses épaisses murailles (11 m de haut) qui possèdent 8 bastions. Les quatre casemates offrent alternativement un fantastique panorama sur le canal des Saintes, la Basse-Terre et la Soufrière, Marie-Galante, la Dominique, et même la Désirade si la visibilité est bonne. Les férus d'histoire pourront observer des emplacements pour les pièces d'artillerie, les rails en pierre destinés à orienter les canons et les socles de maçonnerie qui recevaient affûts et mécanismes de levage, mais aussi trois bouches à feu, des mortiers de mer qui servaient à lancer des boulets explosifs, et un canon de 1793.

Musée d'Histoire et des Traditions populaires

Dans la cour intérieure, la caserne abrite le musée. Sur deux étages, il raconte l'histoire des Saintes, son environnement naturel, et présente les produits et techniques de l'artisanat local. Une salle est consacrée à la bataille des Saintes qui opposa Français et Anglais en 1782 (belles maquettes), une autre à la pêche et la navigation (deux saintoises, des poissons naturalisés).

Jardin botanique

Le chemin de ronde permet de découvrir le jardin botanique, créé en 1984, et surtout composé de plantes grasses et de cactées, végétation naturelle de l'île : têtes à l'anglais, cactus cierges, raquettes, yuccas, agaves, aloès, euphorbes, acacias de Saint-Domingue, campêches, frangipaniers, pedilanthus, orchidées, ananas sauvages... Une pépinière accueille les semis d'espèces rares et des plantes non endémiques qui nécessitent un temps d'adaptation.

★ À savoir

- Le fort se trouve à 1,5 km au nord du centre-ville ; tournez à gauche en quittant le quai et suivez la route qui monte abruptement.
- Visitez le fort tôt le matin, car, dès l'arrivée des bateaux en provenance de Grande ou Basse-Terre, tout le monde s'y presse à la même heure.
- Ne tentez pas de monter à pied au fort si le soleil cogne déjà, vous arriveriez totalement épuisé.
- La visite guidée, incluse dans le prix d'entrée, vaut vraiment la peine !
- Le fort et ses remparts sont le lieu d'élection de nombreux iguanes.

Vaut le détour

Terre-de-Bas la secrète

Boudée des visiteurs, Terre-de-Bas semble vivre à l'ombre de sa touristique voisine et les rares voyageurs qui s'y rendent ne quittent guère Grande-Anse. Pourtant, cette île verdoyante recèle des trésors, à commencer par la gentillesse de ses habitants. Cet itinéraire vous mènera à des plages seulement fréquentées des pêcheurs et des tortues, au bourg le plus au sud de l'archipel, et dans le jardin d'un enfant du pays.

❶ Crique de Grande-Baie

Cette petite plage, à l'ouest du débarcadère de l'anse des Mûriers, est fréquentée par les pêcheurs qui y mouillent leurs saintoises. Superbe et déserte, la plage est ceinte de roches et l'eau y est très claire : en snorkeling, vous y croiserez de nombreux poissons.

❷ Support Terre

Difficile de manquer la petite maison blanche et bleue coiffée d'une éolienne où Ulric crée ses "céraïbes", les "céramiques caraïbes" vendues et exposées au débarcadère (10 €). S'il est là, il vous fera visiter son atelier et initiera même vos enfants à la poterie.

❸ Jardin Éloi-Germain

La production d'huiles essentielles à base de bois d'Inde est l'une des spécificités de l'île. C'est aussi la passion de Gérard Beaujour, ancien professeur, qui a créé ce **jardin pédagogique** (05 90 99 85 47/06 90 40 32 09 ; rte du Sud, face aux éoliennes ; gerard.beaujour-sebi@wanadoo.fr ; sur rdv) où se trouve l'unique distillerie des Antilles françaises. Ce parcours entre plantes aromatiques, médicinales et florales (1 heure 30, 5 €) vous apprendra tout sur la flore de l'île. La petite boutique (tlj 8h-12h et 14h-16h) vous permettra de tester les bienfaits des produits. Dans le cadre de son association **Le Mapou** (même contact), Gérard propose aussi des randonnées (3 heures 30 ; 10 €).

❹ Petites-Anses

Les rues en pente – certaines pavées – du village principal de l'île, sur la côte ouest, sont bordées de jolies maisons créoles. C'est ici que l'on fabrique le *salako*, ce chapeau rond recouvert de tissu en madras, typique des Saintes. Vous pourrez en acheter un dans le bar-quincaillerie de **Paquerette Morvan-Valvert** (05 90 99 83 33/06 90 64 25 07/06 90 62 51 28) : c'est son fils Patrick qui les fabrique. Vous n'en trouverez pas à Terre-de-Haut !

❺ Plage de Bord de mer

Un petit port de pêche se trouve en contrebas de Petites-Anses, près de la plage au sable brun appelée "plage de Bord de mer" : on y voit des iguanes et des conques de lambis vides, laissées là par les pêcheurs au pied des falaises. Un lieu émouvant, au parfum de bout du monde, surtout dans la lumière dorée de fin de journée...

❻ Anse à Dos

Depuis Petites-Anses, une belle route forestière descend à pic vers cette plage confidentielle, abritée des alizés, où l'on nage au milieu des orphies, voire, avec de la chance, des tortues (il s'agit d'un site de ponte). Vous pourrez ensuite rejoindre Grande-Anse par la route du Nord et faire halte à la table d'orientation pour apprécier le panorama.

A
B
C
D
1
2
3
4
5
6
Basse-Terre
0
500 m
N
Pointe à Vaches
Le Pâté
Anse à Chaux
Trace des Falaises
Trace du Dessus de l'Étang
Pointe Noire
Passe du Sud
Pointe du Gouvernail
Anse Pajot
Morne Sec (288 m)
39
38
49
44
48
Trace du Pied de l'Étang
Grande-Anse
Morne Abymes (293 m)
40
43
42
Trace des Falaises
Embarcadère
Anse à Dos
46
45
37
Plage de Grande Baie
Route du Nord
Table d'orientation
Anse des Muriers
Petites-Anses
47
41
Morne Paquette (274 m)
Ruines de la poterie Fidelin
Trace du Morne
TERRE-DE-BAS
Gros-Cap
Route du Sud
Pointe du Cap
La Vierge
Pointe Sud
Les Augustins
La Coche
Passe du Sud-Ouest

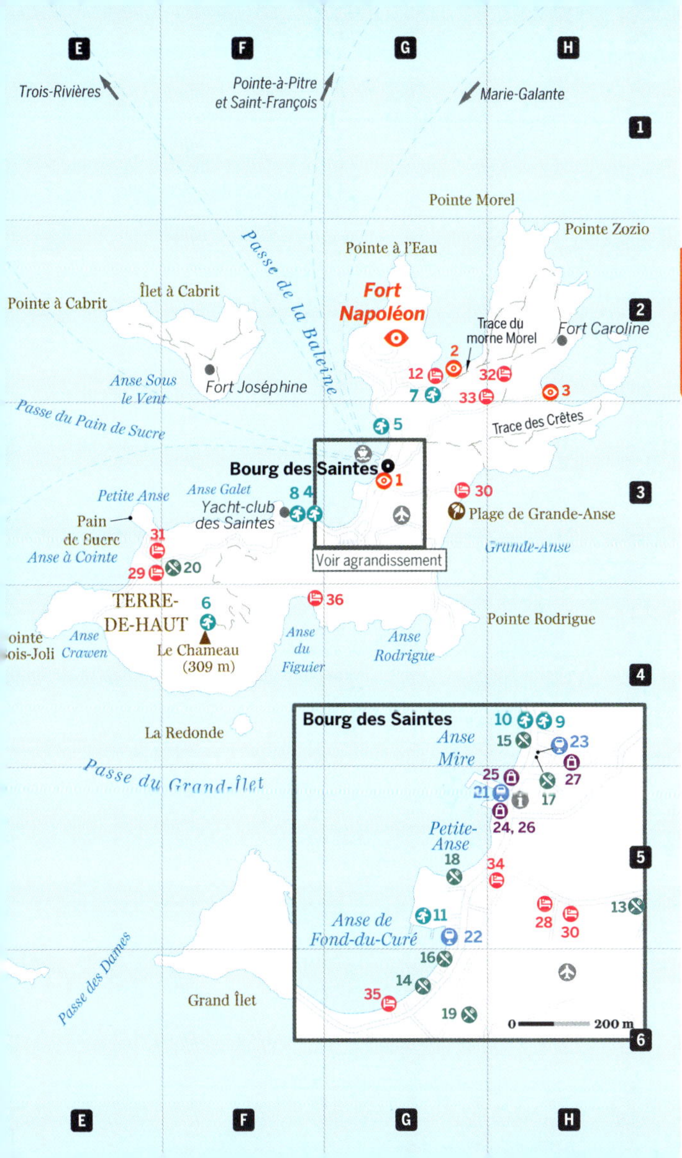
E
F
G
H
Trois-Rivières
Pointe-à-Pitre et Saint-François
Marie-Galante
1
Pointe Morel
Pointe Zozio
Pointe à l'Eau
Passe de la Baleine
Fort Napoléon
Îlet à Cabrit
Pointe à Cabrit
2
Trace du morne Morel
Fort Caroline
Fort Joséphine
Anse Sous le Vent
Passe du Pain de Sucre
Trace des Crêtes
Bourg des Saintes
Anse Galet
Petite Anse
Yacht-club des Saintes
Pain de Sucre
Anse à Cointe
Plage de Grande-Anse
Grande-Anse
3
Voir agrandissement
TERRE-DE-HAUT
Le Chameau (309 m)
Anse Crawen
Anse du Figuier
Anse Rodrigue
Pointe Rodrigue
4
La Redonde
Passe du Grand-Îlet
Bourg des Saintes
Anse Mire
Petite-Anse
Anse de Fond-du-Curé
5
Passe des Dames
Grand Îlet
0 200 m
6

Terre-de-Haut

Trop aride pour la culture de la canne à sucre, l'île la plus visitée des Saintes est une terre de pêcheurs dont la réputation a dépassé les frontières de la Guadeloupe. Ici sont nées les célèbres "saintoises", embarcations emblématiques de l'archipel. Avec ses 5,2 km² de superficie, Terre-de-Haut la nonchalante invite au farniente. Seule ombre au tableau : l'affluence touristique, qui traîne dans son sillage les pétarades des scooters. Heureusement, le vélo électrique a depuis peu le vent en poupe ! Une manière très agréable de visiter l'île (voir p. 254)... Si vous le pouvez, passez au moins une nuit sur place, afin de profiter de l'atmosphère paisible, après le départ du dernier bateau.

Voir

Le bourg

CŒUR DE L'ÎLE

1 CARTE P. 224, G3

Le bourg, où résident la plupart des habitants, est la porte d'entrée des Saintes. Il fait bon flâner au hasard de ses ruelles étroites et coquettes, bordées de cases colorées et fleuries. Au bout de l'embarcadère,

Depuis/vers Terre-de-Haut

Les horaires des navettes étant sujets à modifications, renseignez-vous avant votre départ. Pensez à réserver pour éviter l'attente, notamment en haute saison. Tarifs souvent avantageux sur Internet.

- **Depuis Pointe-à-Pitre. L'Express des îles** (05 90 91 95 20 ; www.express-des-iles.com ; aller-retour adulte à partir de 35 € ; départ 8h, retour 17h30) assure une liaison le samedi.
- **Depuis Trois-Rivières. CTM Deher** (05 90 92 06 39 ; www.ctmdeher.com ; aller-retour adulte/enfant 23/16 € ; départ lun-sam 8h15 et 9h, 15h45 et 16h30, dim 8h15 et 9h, 16h30 et 17h30, retour lun-sam 6h15, 6h45, 13h15 et 15h45, dim 6h45, 15h45 et 17h), **Val'Ferry** (05 90 94 97 09 ; www.valferry.fr ; aller-retour adulte/enfant 23/14 € ; départ 9h et/ou 17h, retour 6h et/ou 16h30 selon les jours) et la navette **Beatrix** (05 90 25 08 06 ; aller-retour adulte/enfant 22/13 € ; départ 8h, 9h30, 15h15 (sauf dim) et 18h, retour 6h30, 9h, 13h (sauf dim) et 17h15) effectuent des traversées quotidiennes.
- **Depuis Basse-Terre. CTM Deher** (05 90 92 06 39 ; www.ctmdeher.com ; aller-retour adulte/enfant 29/22 € ; départ 12h15, retour 5h45) effectue des traversées les lundis, mercredis et vendredis.
- **Depuis Saint-François. La Comatrile** (05 90 22 26 31/06 90 50 05 10 ; aller-retour adulte/enfant 40,70/33,40 € ; semaine/week-end départ 7h05/8h15, retour 15h25/15h45) propose des rotations pour les Saintes en passant par Marie-Galante. Les jours de traversée changent chaque mois : renseignez-vous au préalable.

une colonne dorée commémore la Révolution française. À droite, la grand-place ombragée, flanquée de la pimpante mairie et de l'église en pierre volcanique. En prenant la route depuis Grande-Anse, vous verrez la chapelle des Marins, dédiée à la Vierge ; de là se dévoile un panorama sur toute la rade.

Baie du Marigot FIEF DES PÊCHEURS

2 CARTE P. 224, G2

Bien qu'elle ne soit qu'à 15 minutes du village, cette petite baie aux eaux calmes, à 1 km au nord du bourg, est peu fréquentée, hormis des pêcheurs. On y trouve un chantier de saintoises et les hébergements du centre UCPA. Tournez à gauche en bas de la route d'accès au fort et bifurquez encore à gauche en approchant de la baie.

Baie de Pompierre FRÉQUENTÉE

3 CARTE P. 224, H2

À 1,5 km au nord-est du bourg, cette baie déroule une belle plage brun clair, frangée de raisiniers et protégée par un récif, idéale pour le snorkeling. Lieu de prédilection des touristes et des locaux, elle est plus calme en début de matinée. On peut pique-niquer sous des carbets, au milieu des cabris. Douches publiques gratuites.

Plages de la côte est SAUVAGES

La longue **plage de Grande-Anse** (carte p. 224, G3), tout de suite à l'ouest de la piste de l'aéroport, est battue par de fortes vagues : elle est interdite à la baignade, mais recommandée à tous les passionnés de cerfs-volants. Pour la rejoindre, on passe devant le cimetière, aux tombes décorées de conques de lambis.

Au sud de Grande-Anse, à 2 km du Bourg, l'**anse Rodrigue** (carte p. 224, G4) est enchâssée entre les falaises. Cette petite plage de sable, de galets et d'herbe, est le lieu de rendez-vous des chèvres et de quelques pêcheurs. On y a une très belle vue sur Grand Îlet.

Plages du Sud-Ouest SNORKELING

L'**anse à Cointe** (carte p. 224, E3) est parfaite pour combiner baignade et snorkeling, surtout sur le côté nord de la plage. On y accède par l'hôtel Bois Joli. À 500 m de là, l'**anse Crawen** (carte p. 224, E4) est une étendue de sable gris assez retirée ; un balisage après le Chameau (p. 228) en facilite l'accès. Bordée d'arbres, elle offre un beau panorama sur Terre-de-Bas. Veillez toutefois à ne pas rester sous les mancenilliers (voir p. 23), marqués en rouge.

Il est possible de plonger autour des "Orgues de basalte" du **Pain de Sucre** (carte p. 224, E3) – une miniature de celui de Rio ! – où l'eau est très claire : on le rejoint par un sentier de gros cailloux (700 m après le croisement du Chameau, direction anse Crawen). Baignez-vous aussi dans la ravissante crique de **Petite-Anse** (carte p. 224, E3), dont les eaux calmes font un mouillage idéal pour les voiliers, tout comme l'**anse Sous le Vent** (carte p. 224, E2-F2) sur l'îlet à Cabrit.

Plonger à Terre-de-Haut

La plongée autour des Saintes ravira les amateurs aguerris comme les néophytes. Des espèces variées de poissons et de coraux sont immédiatement visibles dès 2 m de profondeur. Deux très bons clubs de plongée, aux prestations équivalentes, vous attendent :

- **La Dive Bouteille** (4 carte p. 224, F3 ; 05 90 99 54 25/06 90 49 80 91/06 90 46 29 19 ; www.dive-bouteille.com ; plage de la Colline, sous la batterie du Morne-Rouge ; tlj). Didier et Amélie vous emmèneront en petit groupe à la découverte des richesses aquatiques de la baie des Saintes, des parcours labyrinthiques du **sec Pâté** (plongée inouïe réservée aux détenteurs du niveau 2) à l'îlet à Cabrit. Baptême 70 €, 2 explos 110 €. Également plongées de nuit et formations.

- **Pisquettes** (5 carte p. 224, G3 ; 05 90 99 88 80 ; www.pisquettes.com ; le Mouillage, à côté de la maison-bateau ; tlj). Cette équipe chaleureuse propose 2 plongées par jour : baptême (adulte/enfant 58/43 €), explos (adulte/enfant 53/38 €), stages de formation, plongées de nuit (58 €). Peut-être, de mars à mai, aurez-vous la chance d'entendre les baleines chanter dans le canal des Saintes !

Activités

Le Chameau — PANORAMA

6 CARTE P. 224, F4

En suivant la D214, une route sinueuse en ciment (interdite aux motos et voitures), sur la gauche, conduit au Chameau, point culminant de l'île (309 m) d'où se découvre un magnifique panorama sur l'archipel des Saintes, Marie-Galante, Basse-Terre et la Dominique. Comptez 1 heure à pied. Ascension assez raide.

Trace du morne Morel — RANDONNÉE

7 CARTE P. 224, G2

Au départ de la baie du Marigot, derrière le restaurant la Paillote, une boucle de 1 heure 30 permet de découvrir les paysages de la forêt sèche. Suivez la direction de l'ancienne batterie du fort Caroline. De là, le panorama sur la baie de Pompierre est superbe.

Caraïbes Escapade — KAYAK ET SUP

8 CARTE P. 224, F3

Le très sympathique Gilles loue des kayaks de mer (1-4 pers) homologués 6 milles, qui permettent de rejoindre l'îlet à Cabrit, ainsi que des stand-up paddles (SUP). Prêt de palmes, masques et tubas. (05 90 95 13 38/06 90 33 30 02 ; imp. Batterie, plage de Morne-Rouge ; kayak et SUP adulte/-12 ans 10 €/gratuit la demi-journée ; tlj 9h-18h)

Clear Blue Caraïbes

KAYAKS

9 CARTE P. 224, H4

En quelques coups de pagaie, vous explorerez la baie de Terre-de-Haut et sa vie subaquatique : ces kayaks sont à fond transparent ! Leur version gonflable et insubmersible permet de pousser jusqu'à l'îlet à Cabrit. (06 90 65 79 81 ; www.clearbluecaraibes.fr ; adulte/10-17 ans 23/18 €, 3 heures, et 30/25 €, journée, gratuit -10 ans ; mar-sam 9h-17h30, dernier départ 14h30)

La Navette de l'îlet

CROISIÈRE

10 CARTE P. 224, H4

À bord de son petit bateau à énergie solaire, Christophe vous fera découvrir la magnifique baie de Terre-de-Haut. Vous glisserez sans bruit, et sans polluer, pendant une petite heure de balade commentée. (06 90 57 97 70 ; la-navette-de-l-ilet.monsite-orange.fr ; adulte/-12 ans 12/10 € ; tlj départs 10h, 11h, 13h et 14h, sur réservation)

UCPA

ACTIVITÉS NAUTIQUES

11 CARTE P. 224, G5

Le célèbre centre dispose d'une base nautique dans le bourg et de **60 chambres** (12 carte p. 224, G2) pour ses stagiaires, dans la baie de Marigot. Il dispense aux particuliers, en fonction des places disponibles, des cours de catamaran (37 €/séance), de kayak de mer (20 €), de windsurf (37 €) et de SUP (20 €). (05 90 99 54 94 ; saintes@ucpa.asso.fr ; dans le bourg, près du Coconut's ; tlj 9h-12h et 14h-17h, fermé le jeu-ven)

Se restaurer

La Toumbana

CRÉOLE €

13 CARTE P. 224, H5

Face au cimetière sur la route de Grande-Anse, cette maison jouit d'une solide réputation. Les plats sont assez classiques : coquille de poisson, boudin créole, poisson ou poulet grillé, gratin de légumes-pays, flan coco... Mieux vaut réserver. (05 90 99 57 56/05 90 99 51 96 ; rue de l'Aérodrome ; menus 14-19 € ; midi mar-sam)

Le Triangle

CRÉOLE €€

14 CARTE P. 224, G6

À mi-chemin entre l'église et le Fond-du Curé, cette adresse possède bien des atouts : un service sympathique, une assiette

Saintoise sur la plage du Marigot

goûteuse et une terrasse sur la plage. Tout est frais : acras de malanga, filet de thazard fondant et son gratin de christophines, fricassée de calamars ou de chatrou... Rhum arrangé offert en fin de repas ! (☎ 05 90 99 50 50 ; rue Benoît-Cassin ; plats 17-30 € ; menu midi 22 € ; lun-sam midi et ven-sam soir)

Couleurs du Monde D'AILLEURS €€

15 CARTE P. 224, H4

Les locaux raffolent de ce restaurant coloré, à la belle terrasse au bord de l'eau. Dans des assiettes bien dressées, une cuisine du monde très fraîche, dont un délicieux tataki de thon. En apéro, goûtez le "punch du monde" : recette secrète mais effet garanti ! Service très souriant. Réservation conseillée. (☎ 07 69 45 04 95 ; 33 rue Jean-Calot ; plats 15-22 € ; lun-dim midi et ven-sam soir, fermé jeu ;)

Ti Bô Doudou MÉTRO-CRÉOLE €€

16 CARTE P. 224, F6

Cette petite case blanche mouchetée de bouches colorées, posée sur le sable de l'anse du Fond-du-Curé, compte parmi les institutions saintoises. En cause, sa cuisine fine et savoureuse, son poisson ultrafrais, sa vue turquoise et son personnel adorable. Réservez. (☎ 05 90 98 56 67/06 90 65 01 64 ; rue Benoît-Cassin, menu midi/soir 26/28 € ; mar-sam)

Au Bon Vivre BISTRONOMIE CRÉOLE €€€

17 CARTE P. 224, H4

Une cuisine créative qui marie subtilement les saveurs et

Le Pain de Sucre (p. 227) et la plage à laquelle il donne son nom

privilégie le circuit court, un cadre cosy très agréable – vieux murs en pierre de taille, mobilier en bois exotique et cour intérieure où l'on dîne à la lumière des bougies –, un personnel aux petits soins, une belle sélection de vins et de rhums... Sans aucun doute l'une des meilleures tables des Saintes – voire de toute la Guadeloupe. (05 90 94 19 84/06 90 07 06 16 ; www.aubonvivre.net ; 31 rue Jean-Calot ; formule/menu midi 21/25 €, plats 24-36 €, menus surprise 3/5 services 43-62 € ; mi-déc à avr tlj, fermé midi hors saison, fermé mi-août à mi-oct)

Ti Kaz' La

GASTRONOMIQUE €€€

18 CARTE P. 224, G5

Sur cette terrasse ouverte sur la mer, on savoure la cuisine de Philippe Dadé. Le midi, un menu à 25 € permet de découvrir des spécialités antillaises comme le poulet coco au citron vert. À la carte, raviolis de langouste au jus de légumes, saint-jacques sur petit boudin antillais et purée de patate douce... La carte des vins est à la hauteur des mets ! (05 90 99 57 63/06 90 74 22 21 ; tikazla.com ; 10 rue Benoît-Cassin ; plats 21-30 €, menu langouste 45 € ; fermé mar-mer)

Le 480

CADRE ET GASTRONOMIE €€€

19 CARTE P. 224, G6

Le restaurant de l'hôtel des Petits-Saints, sur les hauteurs du bourg avec vue sur la Soufrière, a bonne réputation. Mireille, la propriétaire, a repris depuis peu les rênes de la cuisine, avec comme mots d'ordre produits locaux et fait maison : ouassous et gnocchis de fruits à pain, burger de thon aux épices et lait de coco, ou un Paris-Brest créolisé – et allégé –, à la crème de maracuja... Réservation conseillée. (05 90 99 50 99 ; www.petitssaints.com ; La Savane ; menus 30-34 €, formules 25-29 € ; soir, mar-sam)

Prendre un verre

Chez les filles

CAFÉ

21 CARTE P. 224, H5

Le bon spot pour petit-déjeuner – ou goûter – face

Créole à domicile

Sur la route menant au Pain de Sucre, le restaurant **Escale Créole** (20 carte p. 224, F3 ; 05 90 99 59 87/06 90 62 11 25 ; mc.maisonneuve@orange.fr ; 419 rte du Bois-Joli ; plats 4,80-17,80 € ; jeu-mar midi, fermé un dim par mois) propose un service de livraison gratuite sur la plage ou à votre hébergement : acras, boudins, bokits, salades, poisson fumé, crêpes de poisson... Très frais, préparés à la minute. Ainsi que des plats plus élaborés (brandade, colombo, fricassée de chatrou, ouassous au lait de coco...) à réserver au moins 24h à l'avance. La cuisine de Marie-Christine est, à juste titre, réputée dans toute l'île.

© MARIE DUFAY

Le mythique Coconut's Bar

au débarcadère : une équipe souriante, des jus frais (4,50-6,80 €), une citronnade maison (3 €), des gaufres sucrées ou salées (3,50-12 €) et des omelettes dodues (9-14 €). (06 90 61 21 34 ; place du Débarcadère ; petit-déj 7-9 € ; tlj 8h-17h30, jusqu'à 19h30 sam-lun, fermé ven ;)

Coconut's Bar-Chez Cécile

QG DES SAINTOIS

22 CARTE P. 224, G5

Bordée de guirlandes lumineuses, cette terrasse s'anime à la tombée de la nuit. On s'installe carrément sur la route quand la soirée bat son plein, au point que même les scooters ne passent plus ! (05 90 86 31 13 ; 41 rue Benoît-Cassin, face au marché au poisson ; tlj à partir de 18h ;)

Citrus Lounge Bar

BAR À COCKTAILS

23 CARTE P. 224, H4

Au cœur du bourg, voici où s'arrêter pour l'apéro : cocktails originaux et tapas – dont de bonnes frites de patates douces – dans une belle ambiance, à défaut de vue sur mer. (06 90 34 40 15 ; 34 rue Jean Calot ; mar-sam à partir de 17h)

Shopping

Atelier TDH

CRÉATIONS LOCALES

24 CARTE P. 224, H5

Le neveu de Monique, qui tenait les Jours bleus, boutique réputée pour ses jolis madras, un peu plus bas dans la rue, a repris le créneau des créations textiles locales, quelque peu mises au goût du jour. Vêtements adultes et enfants aux tissus chatoyants, T-shirts imprimés… (ateliertdh@gmail.com ; 3 rue Jean-Calot ; tlj 8h-20h)

Galerie Martine Cotten

AQUARELLES

25 CARTE P. 224, H5

La galerie de Martine Cotten se trouve au bout du débarcadère. Cette aquarelliste partage sa vie entre les Saintes et la Bretagne, où elle possède une autre galerie. Sur vélins et posters, mais aussi T-shirts ou débardeurs au coton soigné, ses œuvres racontent les lumières, les paysages et les traditions des Antilles. (02 98 97 99 69 ; www.martinecotten.com ; Le Mouillage, à côté de l'office du tourisme ; tlj 8h-20h)

Le Comptoir du Nouveau Monde ÉPICERIE FINE ET CAVE À RHUM

26 CARTE P. 224, H5

Cafés grands crus, miel artisanal, huile de coco, sirop de curcuma ou de gingembre… : cette jolie boutique recèle les meilleurs produits de terroir guadeloupéens. Elle fera le bonheur des amateurs de rhum, qui y trouveront un beau choix, dont quelques blancs de dégustation en édition limitée. (06 90 26 19 50 ; 3 rue Jean-Calot ; tlj 8h-20h)

Chez Louisette ALCOOLS ET DOUCEURS

27 CARTE P. 224, H4

Dans cette maison blanche et orange, Louisette vend la spécialité de l'île : les tourments d'amour (3 € les 4), délicieux gâteaux fourrés à la coco, à la goyave, à l'ananas ou à la banane. Également des punchs (cacahuète, maracuja, citron…) et du shrubb (liqueur d'orange macérée dans du rhum) faits maison, à 10 € le litre. Pensez aussi aux vendeuses postées autour du débarcadère. (36 rue Théodore-Samson ; tlj)

Se loger

À condition de réserver assez tôt, la plupart des hôtels situés loin du bourg viennent chercher leurs clients au débarcadère.

Chez Anderson APPARTEMENTS €

28 CARTE P. 224, H5

Entre la plage de Grande-Anse et le bourg, la charmante Line Belnius loue, derrière sa maison, deux studios et deux appartements (4-5 pers) tout équipés. On y est au calme, au milieu de ses manguiers, avocatiers et papayers. (05 90 99 50 93 ; rte de Grande-Anse ; studio 60 €, app 4 pers 90 €, 20 €/pers supp ;)

Escale Créole STUDIOS €

29 CARTE P. 224, F3

À côté de leur restaurant (p. 231), Marie-Christine et son sympathique mari louent deux studios joyeux et colorés, tout équipés et bien tenus. Ils peuvent accueillir deux adultes et deux enfants et jouissent d'une très agréable terrasse avec vue sur le Pain de Sucre. Vous y serez chouchouté. Demi-pension et pension complète possibles (25/40 €/pers). (05 90 99 59 87/ 06 90 62 11 25 ; d 65 €/nuit, + 15 €/ pers supp, petit-déj 6 € ;)

Chez Tonton Fernand STUDIOS CHEZ L'HABITANT €

30 CARTE P. 224, G3

L'une des meilleures adresses de l'île, juste avant d'arriver à Grande-Anse. Spacieux, ces 2 studios avec mezzanine sont très bien équipés, et jouissent d'un grand jardin avec barbecue commun. Lave-linge à disposition (5 €). Accueil charmant de Maryvonne. (05 90 99 56 73/ 06 90 60 23 84 ; lise-emilie.belenus@laposte.net ; 78 imp. de la Plage ; d 85 €, 20 €/pers supp ;)

Boone Vacances GÎTES VARIÉS €

31 CARTE P. 224, E3

Ces deux maisons créoles, à 100 m de la plage du Pain-de-Sucre, sont souvent plébiscitées. Conçues par le regretté navigateur Jacques Boone, elles se divisent, à la demande, en studio et appartements pour 2 à 8 personnes, et se complètent d'un bungalow de plain-pied (2 pers) et d'un petit carbet (2 pers), ouvert sur la nature. Le confort est sommaire, mais la vue est sublime. Petite restauration sur place. (05 90 60 52 85/06 90 50 08 67 ; www.boone-vacances.com ; 66 allée du Pain-de-Sucre ; d/q 60-90/105-120 € selon confort et saison ; petit-déj 8 € ;)

Chez Gisèle et Philippe GÎTES ET CHAMBRES D'HÔTES €€

32 CARTE P. 224, H2

Au calme sur les hauteurs de Pompierre, Gisèle et son pêcheur de mari, Philippe, proposent 3 studios, 2 duplex et un bungalow, tous charmants, très propres et bien équipés. Un Jacuzzi avec vue sur mer trône dans le jardin fleuri. Repas possible, en fonction de la pêche du jour (23-25 € ; langouste 45 €). (05 90 99 55 52/06 90 50 58 18 ; www.chezgiseleetphilippe.com ; 75 imp. Jean-Auguste-Molinié ; studio 77-90 €, bungalow 87 €, duplex 100 €, app 190-230 € ;)

Eden Mango BUNGALOWS DE CHARME €€

33 CARTE P. 224, H2

Sur la route qui mène à la plage de Pompierre, 2 bungalows en bois exotique – dont un doté d'une chambre indépendante et accueillant jusqu'à 6 personnes – sont plantés dans un jardin tropical. On s'y sent tout de suite dépaysé. Cuisine équipée, ventilateur, clim et même des matelas orthopédiques, rien ne manque ! Le soir, on voit Phil coudre ses voiles dans son atelier ouvert ; il organise aussi des balades en bateau. (05 90 99 58 69/06 90 53 76 16/06 90 81 43 28 ; www.eden-mango.fr ; rue du Marigot ; bungalow d/qua 80-120/100-130 € ;)

Résidence Anse Caraïbes HÉBERGEMENTS VARIÉS €€

34 CARTE P. 224, G6

À deux pas du débarcadère, dans une villa avec vue sur la baie des Saintes, voici 2 beaux studios mansardés et 3 appartements bien équipés, pour 1 à 4 personnes. Les propriétaires possèdent également d'autres hébergements sur l'île. (06 83 05 63 67 ; www.grandbaie.com ; studio 58-62 €, F1 75-80 €, F2 88-94 € selon saison ;)

Lô Bleu Hôtel HÔTEL SUR LA PLAGE €€€

35 CARTE P. 224, F6

Un hôtel "les pieds dans l'eau", qui diffuse son esprit contemporain jusque dans ses 11 chambres – dont 2 avec vue sur l'îlet à Cabrit –, décorées par des artistes locaux. Agréable, un bar sur la plage ouvert toute la journée. (05 90 92 40 00/06 90 63 80 36 ; www.lobleuhotel.com ; Fond-du-Curé ; d 99-126 €, vue mer 129-148 € selon saison, petit-déj 10 € ; bar tlj jusqu'à 19h30 ;)

Gîtes de l'anse du Figuier

ÉCO-VILLAS **€€€**

36 CARTE P. 224, F4

Pourvues d'une belle charpente et de planchers en bois exotique, ces deux maisons sont spacieuses (4 à 6 pers), aérées et confortables. Le jardin tropical, la vue sur mer depuis les galeries et la proximité de la petite plage du Figuier séduiront les familles en quête de calme. Accueil chaleureux. (05 90 99 88 10 ; www.anse-figuier.com ; 415 plage du Figuier ; villa 4 pers 100-180 € la nuit selon saison, 25 €/pers supp ;)

Pêcher à la ligne

Même si vous n'êtes pas logé dans ses gîtes (**32** p. 234), **Philippe Maisonneuve** peut vous emmener pêcher à la ligne dans la baie des Saintes. Selon l'état de la mer, la sortie peut durer jusqu'à 3 heures. Comptez 80 €/pers, et 20 € par accompagnant (2 personnes au maximum). Sa femme Gisèle cuisinera votre prise au court-bouillon… mais cette fois uniquement si vous êtes client des gîtes !

Terre-de-Bas

Séparée de Terre-de-Haut par un chenal de 1 km et plusieurs siècles d'antagonisme respectueux, Terre-de-Bas, plus massive, plus haute et deux fois plus grande que sa voisine, réserve une belle surprise à ceux qui aiment sortir des sentiers battus. Ses 1 000 habitants veillent – avec le sourire ! – à préserver leur petit paradis, et la plupart des touristes ne songent même pas à s'y rendre. Couverte de forêt, l'île est une destination "nature" où se succèdent plages, criques tranquilles, falaises plongeant dans une eau turquoise et sentiers de randonnée. Ses nombreux vestiges, comme à l'anse à Chaux, rappellent son passé colonial : au XVIIIe siècle, Français et Hollandais firent venir des esclaves pour travailler dans les habitations (cultures vivrières, indigotiers…), ce qui explique le métissage plus important des habitants.

Voir

Grande-Anse

BOURG

C'est dans le petit port de ce hameau doté d'une chapelle du XVIIe siècle que débarque la navette de Terre-de-Haut. Il vous faudra marcher 10 minutes ou prendre un minibus à l'embarcadère (voir encadré p. 236) pour vous y rendre. Deux routes le relient à Petites-Anses (voir p. 223) : l'une traverse la montagne et la forêt au nord, l'autre longe le littoral au sud. La belle plage de Grande-Anse, longue, sauvage, et bordée de cocotiers, invite au farniente.

Poterie Fidelin

VESTIGES HISTORIQUES

37 CARTE P. 224, C4

Un peu plus loin sur la route qui mène à Grande-Baie se trouvent les ruines de cette habitation potière créée en 1760 pour

Depuis/vers Terre-de-Bas

Lors de notre passage, la navette de la compagnie **Soleil des Îles** faisant habituellement la rotation entre Terre-de-Haut et Terre-de-Bas était en arrêt technique, sans date de remise en service. Les compagnies **CTM-Deher** (05 90 92 06 39 ; www.ctmdeher.com ; aller-retour adulte/enfant 12/9 € ; départ tlj 9h30, retour lun-sam 6h, 13h sauf mar et jeu, 15h15), **Val Ferry** (05 90 94 97 09 ; www.valferry.fr ; aller-retour adulte/enfant 10/8 € ; départ 9h40 et/ou 18h05 selon les jours, retour 16h30) et **Beatrix** (05 90 25 08 06 ; aller-retour adulte/enfant 10,50/5,50 € ; départ 15h45 ou 16h, retour 8h20 et 16h10) assuraient néanmoins les liaisons interîles (10 min de traversée). Leurs horaires étant sujets à modifications, renseignez-vous avant votre départ.

fabriquer des "formes" destinées à mouler les pains de sucre. Le site dégage une poésie certaine.

Activités

Randonnées

SENTIERS BALISÉS

Le plus beau point de vue de Terre-de-Bas, avec sa **table d'orientation** (carte p. 224, C4), se trouve sur la route du Nord à côté du château d'eau. Quatre sentiers balisés (tous de difficulté moyenne) pénètrent au cœur de l'île, et permettent de découvrir de superbes panoramas, le réseau d'étangs du plateau et de l'habitation l'Étang, ancienne plantation où travaillaient plus d'une centaine d'esclaves. Vous trouverez une carte gratuite détaillant ces itinéraires dans la petite boutique située sur le débarcadère, face au restaurant les Mûriers (p. 237).

La **trace des Falaises** (38 carte p. 224, C3 ; 6,8 km, 3 heures) va de Grande-Anse à l'anse à Dos. De nombreux points de vue sont répartis tout au long du sentier et permettent des panoramas depuis la Soufrière jusqu'à la Dominique.

La **trace du Dessus de l'Étang** (39 carte p. 224, C3 ; 2,1 km, 1 heure) et la **trace du Pied de l'Étang** (40 carte p. 224, C4 ; 1,8 km, 45 min) vont de Grande-Anse à la route du Nord. La **trace du Morne** (41 carte p. 224, B4 ; 1,7 km, 45 min) va de Petites-Anses à la route du Nord. Elle était impraticable lors de nos recherches.

Se restaurer

Contrairement à Terre-de-Haut, le choix en termes de restauration est assez réduit à Terre-de-Bas, et il est souvent impératif de réserver une table (et parfois de choisir son plat) le matin même, voire la veille pour le lendemain... Si vous comptez y passer plusieurs nuits, pensez à faire quelques courses avant d'arriver : les épiceries y sont peu approvisionnées.

Les Mûriers

CAFÉ-BRASSERIE €

42 CARTE P. 224, D4

Vous ne pourrez manquer cette terrasse au bout de l'embarcadère, tenue par un couple belge adorable, qui propose, notamment... moules-frites et bières pression ! On s'y attable à la descente du bateau pour mordre dans un sandwich ou siroter un jus de fruit frais. On en profite pour y louer une voiture ou un scooter (voir p. 255) et on y retourne plus tard pour une bavette ou un poisson grillé. Fait également dépôt de pain et viennoiseries. (05 90 81 69 28 ; 555 anse des Mûriers ; sandwichs 3 €, plats 12,50-20 € sur réservation ; mar-sam 7h-13h et 17h-21h, fermé dim soir et lun ;)

Le Débarcadère 136

SNACK-BAR €

43 CARTE P. 224, D4

Sur le port, juste en face de la station-service, le bar-restaurant-épicerie de Marie-Claude rend bien service, le midi, lorsque la faim se fait sentir et que vous n'avez pas réservé ailleurs... Sandwich, croque-monsieur ou madame, hamburger et plat du jour, et, tous les samedis soir, un choix de grillades, servies avec frites et crudités. (05 90 99 84 72 ; anse des Mûriers ; snack 2,50-4 €, grillades 15-22 € ; tlj aux horaires des bateaux et sam soir)

Chez Eugénette

FAMEUX ACRAS ! €€

44 CARTE P. 224, C4

Ce restaurant familial installé face à la plage a la réputation de cuisiner les meilleurs acras de la Guadeloupe ! Et c'est vrai qu'ils sont bons, car généreux en poisson, les petits beignets d'Eugénette... Rançon de ce succès : le lieu est souvent complet. Il est donc indispensable de réserver, de préférence la veille pour le lendemain, surtout en haute saison. Plats de poisson ou de fruits de mer. Langouste sur commande. (05 90 99 81 83 ; plage de Grande-Anse ; menu 15 € ; tlj le midi)

Shopping

Au débarcadère, vous trouverez des produits artisanaux de Terre-de-Bas : les pots de fleurs aux mille visages du potier Ulric (p. 223), vendus en libre-service à l'**Iguana Bar** (05 90 60 51 33/06 90 63 65 54 ; 310 anse des Mûriers), graines, poudre, feuille, huile essentielle de bois d'Inde et autres produits cosmétiques naturels fabriqués par Gérard Beaujour (p. 223), ou encore, dans la petite baraque face au restaurant les Mûriers : liqueurs, confitures et gelées *péyi*, ainsi que des casiers de pêche miniatures en bambou et des *salakos*. Les horaires d'ouverture se calent sur ceux des arrivées et départs des navettes.

Se loger

Rêve de Robinson

ÉCOGÎTES €

45 CARTE P. 224, C4

Pour ceux qui aiment l'idée de dormir dans les arbres, avec vue panoramique sur la baie des Saintes. Deux cases en

Faune et flore de Terre-de-Bas

La particularité de Terre-de-Bas réside notamment dans sa végétation, sèche au sud et à l'est, humide au nord et à l'ouest. Vous y verrez cactus, merisiers, courbarils ou le fameux *mapou*, l'arbre sous lequel les anciens venaient palabrer. Le bois d'Inde, réputé pour ses feuilles à l'odeur de girofle, de cannelle, d'anis ou de citronnelle, ainsi que son bois imputrescible utilisé dans les travaux de charpente, est aussi répandu. Les nombreuses mares sont le refuge d'échassiers comme le kio, des poules d'eau et des canards. Le faucon crécerelle chasse les perdrix et les tourterelles. Enfin, la quantité de reptiles est impressionnante. En traversant l'île à pied, on croise sans cesse des lézards, des serpents (l'endémique couleuvre des Saintes est inoffensive) et des iguanes.

bois écolo – dont une avec jeu de passerelles –, et une "hutte caraïbe" avec douche extérieure, blottis au cœur de la végétation tropicale. Espace balnéo, barbecue, lave-linge, machine à pain, four solaire. Un studio est disponible au rez-de-chaussée de la maison des propriétaires. (07 89 28 15 29 ; www.reve-de-robinson.com ; Grande-Anse ; d/qua 80/140 €, + 15 €/pers supp, studio 70 €)

Soleil-La et Le Saintois

CHAMBRES D'HÔTES ET BUNGALOW **€**

46 CARTE P. 224, C4

Sur la route de Grande-Baie, Jean et Vivien vous accueillent dans leur villa à la grande terrasse avec vue sur mer, percée d'une petite piscine. S'y nichent deux chambres d'hôtes (pour 2 et 4 pers) au confort simple et aux couleurs acidulées, avec salle de bains commune et brasseurs d'air. Accolée à la maison, un gîte lumineux pouvant accueillir 4 personnes, avec chambre en mezzanine, terrasse privée et entrée indépendante. Le plus ? L'accès direct à la plage en contrebas. Possibilité de panier pique-nique le midi (12 €) et de table d'hôtes le soir (18 €). (05 90 60 18 51 ; rte du Sud ; ch/bungalow 2 pers 35/60 €, 10 €/pers supp ; petit-déj 8 € ;)

Le Soleil d'Eméry

BUNGALOWS **€€**

47 CARTE P. 224, B4

À l'entrée du charmant bourg de Petites-Anses, cette résidence aux bungalows colorés et fonctionnels, agencés autour d'une petite piscine, est stratégique pour qui veut passer quelques jours loin de tout ou se consacrer à l'observation des tortues marines de la jolie anse à Dos, chaussé de palmes, masque et tuba (voir p. 223). (05 90 60 11 01 ; bungalow 2 pers 80 €/nuit ; petit-déj 8 € ; P)

Grande-Anse (p. 236)

Résidence Coco d'îles

GÎTES **€€**

48 CARTE P. 224, C4

Sur les hauteurs de Grande-Anse, ces gîtes très bien tenus et à l'accueil excellent jouissent d'une vue imprenable sur la baie des Saintes. Les plus grands – Coco Fesse (T4) et Coco à l'Eau (T3) – possèdent d'autres atouts : grande terrasse, meubles en bois exotique... Ti Coco, avec ses 50 m², accueille 2 adultes et 2 enfants, tandis que Ti Bambou, blotti dans la verdure, est un cocon pour amoureux. (06 90 98 98 39/04 99 63 06 39/06 63 82 37 01 ; www.locationlessaintes.fr ; T1 75 €, T2 60-70 €, T3 90-100 €, T4 110-120 €, 20-30 €/pers supp selon saison ;)

LaCase

GÎTE DE CHARME **€€**

49 CARTE P. 224, C3

Cette case créole en bois, lovée dans un écrin tropical et décorée avec goût (lit à baldaquin, draps en lin, objets et meubles chinés), donnerait presque envie de quitter la "civilisation" pour de bon... Pour deux personnes, elle dispose d'une chambre pour enfants, aménagée dans une dépendance. Jolie galerie où paresser dans un hamac et agréable terrasse percée d'un petit bassin pour se rafraîchir... Accueil chaleureux de Frédéric. Livraison de plats créoles possible le soir. (06 90 73 55 00 ; www.kaz-de-charme-les-saintes.blogspot.com ; Grande-Anse ; d 130-195 €/nuit, 2 nuits au minimum, 810-1 265 €/semaine, + 50 € frais de ménage ; P)

La Guadeloupe hier et aujourd'hui

Basilique Saint-Pierre-et-Saint-Paul, Pointe-à-Pitre (p. 42)

Histoire

Découverte de l'archipel

Christophe Colomb "découvre" la Guadeloupe en novembre 1493 ; elle est alors peuplée, comme les autres îles des Petites Antilles, d'Indiens Caraïbes originaires de la vallée de l'Orénoque. Simple escale de ravitaillement des expéditions espagnoles durant le XVIe siècle, l'archipel prendra aux yeux des Européens une importance tout autre au siècle suivant.

Colonisation française

La colonisation française aux Antilles commence au XVIIe siècle sous l'impulsion de Richelieu, qui souhaite développer le commerce dans les Caraïbes et mettre fin au monopole espagnol. Il fonde la Compagnie des îles d'Amérique en 1635, date à laquelle débute, sous la direction de Jean du Plessis d'Ossonville et de Charles Liénard de l'Olive, la conquête de la Guadeloupe. Des colons "volontaires" d'origine normande, bretonne ou charentaise – pour la plupart des paysans pauvres ou des vagabonds racolés dans les ports par des rabatteurs à la solde des négociants ou des armateurs – débarquent dans l'archipel afin de tirer profit de ses richesses et entrent en conflit avec les Indiens Caraïbes. Cette guerre meurtrière (1635-1639) aboutira à la disparition presque totale des Amérindiens sur la Basse-Terre.

Canne à sucre et commerce triangulaire

Vers 1650, Charles Houël, gouverneur des îles de Guadeloupe, lance la culture de la canne à sucre à grande échelle. L'esclavage ayant été autorisé dans les Antilles françaises dès 1636, les planteurs font venir en grand nombre des esclaves africains, inaugurant le fameux "commerce triangulaire" : des navires partis d'Europe font escale sur les côtes africaines, prennent possession d'hommes et de femmes razziés, continuent vers les Antilles et les Amériques avant de revenir vers l'Europe les cales pleines de produits tropicaux. En 1664, Louis XIV décide le rachat de la Guadeloupe et de la Martinique via la Compagnie des Indes occidentales, fondée par Colbert et dont l'autorité s'étend à toute l'Amérique française. En 1674 cependant, cette Compagnie est dissoute et les possessions dans les Petites Antilles deviennent officiellement des colonies françaises. S'y applique le Code noir (1685), qui régit les rapports entre maîtres et esclaves et garantit la suprématie de la minorité blanche tout en "limitant" le caractère arbitraire du pouvoir du maître. Un "pacte colonial" est instauré : les colonies doivent commercer exclusivement avec la métropole. La France acquiert ainsi, grâce aux Antilles, le monopole des sucres en Europe.

Victor Schœlcher

On doit à Victor Schœlcher (1804-1893) le décret officiel qui abolit l'esclavage dans les colonies françaises. Envoyé par son riche père en voyage de commerce en 1829, le jeune Victor découvre à Cuba l'horreur du système esclavagiste. Ce personnage singulier consacra ainsi sa vie à l'émancipation des esclaves et à la république. Évoquant une rébellion imminente aux Antilles et le risque de perdre ces colonies, il obtint d'être nommé sous-secrétaire d'État aux Colonies le 5 mars 1848 et fit adopter le décret d'abolition de l'esclavage, le 27 avril de la même année. En 1883, Victor Schœlcher fait don de sa collection d'œuvres d'art et d'objets personnels à la Guadeloupe ; un musée est inauguré en 1887 afin que le plus grand nombre en profite (voir p. 41). Le transfert de ses cendres au Panthéon, en 1949, tout comme les cérémonies que la Guadeloupe organise chaque 21 juillet, rendent hommage à cette figure de l'histoire des Antilles.

Émancipation et abolition(s)

En 1790, la Guadeloupe compte 391 habitations sucrières : mais les continuelles ruptures d'approvisionnement dues aux guerres franco-anglaises commencent à miner le marché. L'influence des riches planteurs blancs décline. Après la Révolution française, le décret du 4 février 1794 abolit l'esclavage et le gouvernement de Victor Hugues inaugure une période de terreur : de nombreux planteurs émigrent ou sont exécutés, laissant la place à une classe de négociants enrichis par la course (piraterie institutionnalisée), seul recours de l'île coupée de la métropole. En 1802, Napoléon restaure le gouvernement prérévolutionnaire et rétablit l'esclavage. La Guadeloupe passe aux mains des Anglais de 1808 à 1815, puis redevient française. L'âge d'or de la canne à sucre s'achève, concurrencé par le sucre de betterave cultivé en Europe, tandis que le mouvement d'émancipation des Noirs, mené par Victor Schœlcher (voir ci-dessus), progresse. L'abolition de l'esclavage est définitivement proclamée le 27 avril 1848. On estime à 3 millions le nombre d'esclaves africains déportés dans les Caraïbes françaises et anglaises entre le XVIIe et le XVIIIe siècle... Désormais, la canne à sucre est cultivée par des travailleurs libres, principalement venus d'Inde.

De la Grande Guerre à la départementalisation

Soumise à la conscription par la IIIe République, la Guadeloupe paie un lourd tribut, humain et financier, à la Première Guerre mondiale. Le régime colonial, où l'essentiel du pouvoir demeure aux mains du gouverneur, perdure jusqu'au lendemain de la Seconde Guerre mondiale. En 1946, l'île devient un département français d'outre-mer (DOM), puis une région en 1974. La forte tendance séparatiste, née autour des années 1960, se modère. Depuis 1983, au conseil général s'ajoute un conseil régional ; en 2003, la proposition de fusion des deux institutions a été rejetée par la population, par le biais d'un référendum.

Le chômage et le coût de la vie

Aujourd'hui, le contexte économique et social de la Guadeloupe est mitigé. Outre la crise de la banane – coûts très élevés et cours en chute –, les conflits sociaux ont longtemps refroidi les touristes. En 2009, une grève "contre la vie chère" a totalement paralysé l'île durant 44 jours, et ravivé les plaies encore ouvertes de l'esclavage et de la colonisation. Un taux de chômage de 23% (Insee 2018) exacerbe les relations complexes avec la métropole. Dans une région où le secteur privé est peu développé, la fonction publique reste une voie incontournable de réussite sociale. Cependant, 2018 a été une année record du point de vue touristique, avec plus de un million de visiteurs.

Identité et populations

La Guadeloupe compte un peu moins de 400 000 habitants (Insee 2017). Deuxième région la plus peuplée d'outre-mer, l'île est une mosaïque ethnique : 80% – dont une grosse majorité de métis, ou mulâtres – descendent des esclaves africains, 15% sont indiens (descendants des engagés volontaires tamouls arrivés au XIXe siècle), et 5% sont blancs (métros ou *Blancs-France* nés en métropole, békés ou *Blancs-pays* nés sur les îles). On compte également quelques milliers de Libanais, Syriens et Chinois, ainsi que des immigrés parfois illégaux (Dominicains, Haïtiens...).

La vie quotidienne des Guadeloupéens varie en fonction d'un élément crucial : le côté du "papillon" sur lequel ils se trouvent. Sur Grande-Terre, moderne et touristique, on profite des grands centres commerciaux et des plages, mais on souffre des embouteillages. Sur Basse-Terre et les Saintes, la vie est davantage tournée vers la nature. Si la Désirade et Marie-Galante échappent à l'assaut des infrastructures touristiques, elles souffrent néanmoins d'un éloignement inévitable.

Religion

Le catholicisme est la religion la plus répandue en Guadeloupe ; la ferveur avec laquelle on y pratique le culte est une exception dans le paysage religieux français. Les adventistes du septième jour ou les témoins de Jéhovah se taillent un relatif succès sur l'île. Les familles indiennes, bien que devenues chrétiennes, ont conservé des rites hindouistes. Le rastafarisme est suivi par de nombreux disciples, et les pratiques vaudoues ont toujours cours.

Médias

Journaux

Disponible partout, *France-Antilles* est le seul quotidien régional des Antilles françaises (www.franceantilles.fr). Parmi les magazines de voyage trimestriels traitant exclusivement de la Guadeloupe, citons *Destination Guadeloupe*, très fourni en informations touristiques et en photographies. De nouveaux supports comme le *Courrier de Guadeloupe* ont également fait leur apparition.

Télévision

Depuis l'arrivée de la TNT en 2010, les chaînes privées nationales sont disponibles en Guadeloupe, tout comme les six chaînes publiques nationales et les quatre chaînes publiques locales : Guadeloupe 1re, Canal+ Caraïbes, Canal 10 et Éclair TV.

Radios

Guadeloupe 1re et Radio Caraïbes International (RCI) diffusent informations, débats, émissions culturelles, politiques et économiques. Parmi les radios privées, citons Trace FM, NRJ Antilles, Zouk Radio...

Arts et littérature

Les lettres créoles

Malgré quelques efforts, en particulier poétiques, pour exprimer (parfois en créole) la saveur de la vie insulaire, la littérature a jusque dans les années 1930 beaucoup sacrifié à l'exotisme facile (ce qu'on a appelé le "doudouisme"). Le sursaut fut d'abord politique, quand de jeunes intellectuels, inspirés par le marxisme et le surréalisme, se mirent à rejeter les Antilles de pacotille de leurs aînés. La publication en 1939 du *Cahier d'un retour au pays natal*, du Martiniquais **Aimé Césaire** (1913-2008) fournit à la contestation la force d'une expression poétique flamboyante. Ami de Léopold Sédar Senghor, Césaire sera le chantre de la "négritude". Les Antillais sont conviés à se montrer fiers de leurs origines africaines et à rejeter les complexes induits par les colonisateurs.

Les poèmes de **Saint-John Perse** (1887-1975), natif de Pointe-à-Pitre, offrent une réflexion sur les civilisations et les destinées humaines, et sonnent comme le chant du cygne d'une société créole surannée ; il reçoit en 1960 le prix Nobel de littérature. **Frantz Fanon** (1925-1961),

Architecture guadeloupéenne

L'architecture guadeloupéenne soumet la tradition européenne à l'influence tropicale. Les villes, ordonnancées en "grilles", montrent des maisons de deux étages en bois et en pierre, bien alignées. Les cases créoles, en bois ou en béton, sont souvent peintes de couleurs vives et couvertes d'une toiture en tôle ondulée. Portes et fenêtres sont ornées de moulures ouvragées, de jalousies et de volets de bois. Les habitations de planteurs et les bâtisses coloniales plus récentes sont construites selon des modèles et matériaux importés d'Europe. Les vestiges de l'industrie sucrière sont nombreux : vieux moulins et anciennes sucreries ou distilleries, en particulier dans le nord de la Grande-Terre et à Marie-Galante. L'architecte Ali Tur (1889-1977) a construit de très nombreux bâtiments en béton armé dans les années 1930, après les ravages infligés par le cyclone de septembre 1928. Ses églises, mairies et édifices publics, aux formes courbes et rectangulaires, sont facilement reconnaissables.

ethno-psychologue et essayiste, et **Édouard Glissant** (1928-2011) – apôtre de la "créolisation" et du "Tout-monde" (l'hybridation des cultures) et lauréat du prix Renaudot en 1958 pour *La Lézarde* – analysent les pathologies des sociétés fondées sur l'esclavage. Pour ce dernier, la guérison passe par une réappropriation des terres spoliées et de la mémoire rompue par la déportation et l'esclavage.

Aujourd'hui, les romans antillais célèbrent la "créolité", mouvement littéraire initié par les Martiniquais **Raphaël Confiant**, **Jean Bernabé** et **Patrick Chamoiseau**. L'audience internationale de ces auteurs, ainsi que celle des Guadeloupéennes **Gisèle Pineau**, **Simone Schwarz-Bart** ou **Maryse Condé**, témoigne de l'intérêt grandissant pour les lettres antillaises. Cette dernière, femme d'engagement, est à l'initiative de la Journée de la commémoration de l'abolition de l'esclavage. Parue en 2012, son autobiographie, *La Vie sans fards*, a connu un immense succès. Au registre des auteurs guadeloupéens reconnus, citons également **Ernest Pépin**, dont *L'Homme au bâton*, paru en 1990, décrit avec humour le folklore antillais.

Le cinéma antillais

Né dans les années 1970, le cinéma antillais puise lui aussi ses inspirations dans une recherche d'identité et une référence constante aux racines africaines. **Christian Lara** ouvre la voie à un cinéma d'auteur avec *Coco la Fleur candidat*, long-métrage en créole sous-titré en français, puis *Vivre libre ou mourir* (1980). *Rue Cases-Nègres* (1983) d'**Euzhan Palcy**, *L'Exil du roi Behanzin* (1994) de **Guy Deslauriers**, *Neg' Marron* (2005) de **Jean-Claude Flamand-Barny** évoquent les thèmes de l'immigration, du déracinement ou de la colonisation. Bien qu'original et engagé, le cinéma antillais continue à manquer de moyens ; mais de plus en plus d'émissions, séries télévisées et longs-métrages sont tournés en Guadeloupe. Depuis 20 ans, un festival de cinéma, le **FEMI** (www.lefemi.com), se déroule entre janvier et février sur Basse-Terre (voir p. 26).

Musiques caribéennes

La musique guadeloupéenne est issue du brassage d'influences africaines et européennes. Si elle possède des instruments typiques (tel le tambour traditionnel ka, qui servait de moyen de communication aux esclaves), elle reprend également rythmes et sons de toute la Caraïbe, comme le calypso et le steel band de Trinidad, le compas d'Haïti, le reggae et le dub jamaïcains. Le zouk, démocratisé par **Kassav'** (un combo martinico-guadeloupéen), **Francky Vincent**, **Zouk Machine** ou **Malavoi**, est une musique endiablée qui se danse à deux. Côté rythmes traditionnels, **Dédé Saint-Prix** a relancé tambours et flûtes de bambou du *chouval bwa*, et le groupe de gwo ka **Akiyo** affiche plus d'une centaine de tambours lors du carnaval. Le *léwoz* est l'un des rythmes les plus connus du gwo ka, et s'accompagne de chants et de danses. Le fils de l'écrivaine Simone Schwarz-Bart, **Jacques Schwarz-Bart**, est un célèbre saxophoniste à l'aura internationale : sa musique, fusion entre le gwo ka et le jazz, est unanimement saluée par la critique. La Guadeloupe organise chaque année des festivals réputés : le **festival de Gwo Ka** et le **festival Terre de blues** (voir p. 26).

Arts plastiques

L'art pictural guadeloupéen a surtout pris de l'importance à partir des années 1960. Le peintre **Michel Rovelas**, mondialement connu, décrit "la condition de l'être guadeloupéen" en peignant avec les couleurs locales (ocre et brun) des scènes déstructurées. Le peintre et sculpteur **Jacky Poulier** s'est consacré à la mise en valeur de matières premières. L'art naïf représente également une part importante de l'art contemporain guadeloupéen. Depuis quelques années, la foire d'art contemporain **Pool Art Fair** (www.poolartfair.com) permet au public et aux collectionneurs de découvrir des artistes guadeloupéens (voir p. 26). L'**habitation Beausoleil** (p. 139) à Saint-Claude expose une partie de la collection du Fonds d'art contemporain de Guadeloupe, le **musée des Beaux-Arts de Saint-François** (p. 75) possède une salle dédiée aux artistes contemporains.

Carnet pratique

Une maison colorée à Pointe-Noire (p. 156) © STOCK.ADOBE.COM

Avant de partir

Hébergement

- L'offre d'hébergement est large en Guadeloupe, du gîte bon marché aux villas luxueuses.
- En hiver, la plupart des hébergements demandent une durée de séjour minimale ; la réservation et le versement d'arrhes sont recommandés.
- Le camping sauvage est interdit, bien que toléré sur les plages à Pâques et à la Pentecôte. La Guadeloupe ne dispose d'aucun camping ; certains hébergeurs proposent toutefois sur leur propriété des campements type bivouac, tentes lodges ou carbets aménagés.
- Beaucoup d'hébergements ferment en septembre-octobre.

Gîtes et villas

- L'hébergement le plus avantageux reste la chambre, le studio ou l'appartement chez l'habitant. Certains logements se trouvent dans l'habitation du propriétaire, d'autres sont des bungalows indépendants.
- Les **Gîtes de France** (☎05 90 91 64 33 ; www.gitesdefrance-guadeloupe.com) proposent un large choix de locations qui se réservent généralement à la semaine (à partir de 250 € pour 2 pers), ainsi que quelques chambres d'hôtes à la nuitée.
- Pour les locations, vous pouvez aussi consultez **Airbnb** (www.airbnb.com) ou **Homelidays** (www.homelidays.com).

Hôtels

- La plupart sont concentrés sur la côte sud de Grande-Terre, entre Le Gosier et Saint-François.
- À titre indicatif, en haute saison, une chambre double revient, au minimum, à 80 € la nuit dans un hôtel petit budget, et à 120 € la nuit dans un hôtel de catégorie moyenne, à proximité de la plage.

Quand partir

- **Haute saison** (déc-avr) Les fêtes de fin d'année et la saison d'hiver sont synonymes de vols à tarifs élevés, même en réservant tôt. Ces périodes et celle du carnaval sont privilégiées par les Antillais vivant en métropole pour rentrer au pays.
- **Moyenne saison** (mai-juin). Le climat peut y être très clément et tout devient beaucoup moins cher (on trouve des vols aller-retour à moins de 400 €).
- **Basse saison** (juil-oct). De nombreux hébergements et prestataires ferment pendant le mois de septembre.

Arriver en Guadeloupe

Avion

Aéroport Guadeloupe Pôle Caraïbes

- L'**aéroport de Pointe-à-Pitre** (☎05 90 21 14 72/05 90 21 14 00 ; www.guadeloupe.aeroport.fr)

est situé sur la commune des Abymes, à 3 km au nord de Pointe-à-Pitre. Liaisons locales, nationales et internationales.

- Seuls deux bus du réseau de transport **Karu'lis** (05 90 24 26 06 ; www.karulis.com) desservent l'aéroport en direction du Gosier (de 6h à 19h du lundi au vendredi et jusqu'à 12h30 le samedi). Un bus en direction de la gare de Bergevin prend le relais le week-end (de 12h à 17h30 le samedi, jusqu'à 12h le dimanche). Vous pouvez aussi prendre un taxi (p. 253) pour rejoindre la gare routière puis un bus pour vous rendre à destination.
- La plupart des touristes récupèrent une voiture à l'aéroport, réservée auprès des agences de location (voir p. 255).
- De Trois-Rivières, à Basse-Terre, des navettes conduisent à la gare maritime de Pointe-à-Pitre et à l'aéroport (sur réservation).
- **KaribTours** (05 90 99 73 80/06 90 30 46 48 ; www.karibtours.com ; embarcadère de Trois-Rivières ; 1/2 pers à partir de 60/80 €, enfant 10 €, gratuit -12 ans ; tlj)
- **Translib** (06 90 35 32 93/06 90 70 74 23 ; Trois-Rivières ; 1-4 pers à partir de 60 €, enfant 10 € ; tlj)

Depuis la métropole

- L'aller-retour Paris - Pointe-à-Pitre débute à 400 €. En haute saison, les tarifs varient de 700 à 1 000 €. Les préacheminements depuis les villes de province font sensiblement augmenter les prix. Depuis Paris, compter 8 à 9 heures de vol.

Air Caraïbes (0 820 835 835 ; www.aircaraibes.com). Jusqu'à 15 vols directs par semaine.

Air France (3654 ; www.airfrance.fr). Jusqu'à 3 vols directs quotidiens.

Corsair International (3917 ; www.corsair.fr). Vol direct et quotidien.

Depuis la Belgique

- Les vols depuis Bruxelles transitent généralement par Paris. Comptez environ 10 heures de vol.
- Un aller-retour Bruxelles - Pointe-à-Pitre coûte entre 500 et 1 500 € selon la période.

Air France (02 620 01 84 ; www.airfrance.be)

Brussels Airlines (02 723 23 62 ; www.brusselsairlines.com)

Connections (070 23 33 13 ; www.connections.be)

Avertissement

Les informations contenues dans ce chapitre sont particulièrement susceptibles de changements et sont données à titre indicatif.

Depuis la Suisse

- Les vols au départ de Genève transitent par Paris (environ 11 heures de vol). Comptez à partir de 550/1 300 CHF en basse/haute saison.

Air France (0848 747 100 ; www.airfrance.ch)

Depuis le Canada

Air Canada (1 888 247 2262 ; www.aircanada.com) propose un vol direct pour Pointe-à-Pitre depuis Montréal chaque dimanche en un peu moins de 5 heures. Billets à partir de 580 $CA.

Depuis la Martinique et Saint-Martin

Air Caraïbes (☎0 820 835 835 ; www.aircaraibes.com) assure la liaison (jusqu'à 6 vols quotidiens depuis Fort-de-France, à partir de 61 €, 3 vols quotidiens depuis Saint-Martin, à partir de 73 €) à destination de Pointe-à-Pitre. Comptez 45 à 50 minutes de vol.

Depuis la Dominique et Saint-Barthélemy

Air Antilles Express (☎0890 648 648 ; www.airantilles.com) effectue plusieurs rotations hebdomadaires (à partir de 102 €) entre l'aéroport de Pointe-à-Pitre et l'aéroport Melville Hall de la Dominique. Cette compagnie assure également des liaisons quotidiennes vers Saint-Barthélemy (à partir de 171 €).

Bateau

Ferries interîles

L'Express des Îles (☎590 919 520 ; www.express-des-iles.com) assure plusieurs liaisons par semaine avec la Martinique (4 heures), la Dominique (2 heures) et Sainte-Lucie.

Voyages organisés

De nombreux voyagistes et centrales de réservation proposent des voyages à la carte. Les packages "avion + hôtel" sont surtout intéressants en haute saison.

Chamina Voyages (☎04 66 69 00 44 ; www.chamina-voyages.com). Circuits de randonnée en autonomie, hébergement et location de véhicule inclus.

Club Med (☎01 73 24 94 99 ; www.clubmed.fr). Club La Caravelle, à Sainte-Anne.

Exotismes (☎0 826 96 5000 ; www.exotismes.fr). Séjours avec hôtel et location de voiture.

Huwans (☎01 44 32 09 30 ; www.huwans.com). Rando, kayak et plongée.

Terre d'aventures (☎01 70 82 90 00 ; www.terdav.com). Circuits de randonnées autonomes comprenant hébergement, voiture et quelques activités.

Tropicalement Vôtre (Paris ☎01 43 70 99 55, Lyon ☎04 72 32 26 89 ; www.tropicalement-votre.com). Séjours avec hôtel et circuits.

UCPA (☎0 825 880 800 ; www.ucpa-vacances.com). Stages de plongée, voile, kitesurf, kayak... aux Saintes, avec hébergement en pension complète.

Ultramarina (☎0 825 02 98 02 ; www.ultramarina.com). Spécialiste de la plongée.

Voyageurs du Monde (☎01 88 32 69 91 ; www.voyageursdumonde.fr). Spécialiste du voyage individuel sur mesure.

Comment circuler

Les transports en commun sont peu fréquents, surtout le week-end, et leurs horaires parfois aléatoires. Louer une voiture se révèle indispensable pour profiter pleinement de l'archipel.

Auto-stop

- Les Guadeloupéens se déplacent souvent

en stop, surtout quand les bus font la grève. Ce mode de déplacement n'est jamais très sûr : si vous y tenez vraiment, pratiquez-le à deux et prévenez la personne – ou l'hôtel – qui vous attend. Dans les petites îles proches, les risques sont moindres, mais le stop reste très déconseillé aux femmes seules.

Bateau

- Plusieurs compagnies maritimes assurent des liaisons vers les Saintes, Marie-Galante et la Désirade depuis Grande-Terre et Basse-Terre. Reportez-vous aux encadrés *Depuis/vers...* de leurs chapitres respectifs.

Bus

- Hormis ceux du réseau Karu'lis, qui couvrent Pointe-à-Pitre et le Sud de la Grande-Terre, les bus ont des horaires restreints, surtout le week-end, et appartiennent à des compagnies privées.
- Les bus à destination du sud de Grande-Terre sont les plus réguliers et les plus fréquents. Depuis Pointe-à-Pitre jusqu'à Sainte-Anne ou Saint-François, ils partent de la gare routière de Dubouchage, du lundi au samedi, de 5h à 19h30 environ.
- Les bus en direction du nord de Grande-Terre et de Basse-Terre partent de la gare routière de Bergevin. Comptez 1,20 € pour un trajet entre deux villes.
- Bien qu'il y ait de plus en plus d'arrêts matérialisés, il est encore possible de demander à un bus de s'arrêter en levant la main au bord de la route.

Plaisance

- La mer des Antilles est l'une des plus belles régions du globe pour la navigation de plaisance et fournit une exceptionnelle diversité de paysages sous un climat idéal.
- Les 3 marinas de l'archipel permettent de louer un voilier ou un catamaran de croisière.

Marina de Bas-du-Fort (voir p. 47 ; ✆ 05 90 93 66 20 ; www.marinaguadeloupe.com ; VHF canal 09). Capacité de 1 200 places (dont 50 au mouillage) et facile d'accès, de jour comme de nuit. Une zone technique est disponible si votre bateau nécessite quelques travaux de réparation. Bon abri en cas de cyclone.

Marina de Saint-François (voir p. 75 ; ✆ 05 90 88 47 28/06 90 50 85 15 ; www.marina-saint-francois.com ; VHF canal 09). Capacité d'accueil de 220 places ; local technique et zone de carénage disponibles.

Marina de Rivière-Sens (✆ 05 90 86 79 43 ; www.marina-rivieresens.com ; VHF canal 09), en Basse-Terre. Elle offre 340 places, un accès PMR et tous les services aux plaisanciers.

- Les services de douane et d'immigration à Pointe-à-Pitre, Basse-Terre et Deshaies sont ouverts en semaine de 8h à 16h.

Taxi et VTC

- On trouve des stations de taxis à l'aéroport Pôle-Caraïbes (p. 250), à Pointe-à-Pitre, et dans presque chaque ville de Guadeloupe.

- Comptez environ 20 € de l'aéroport à Pointe-à-Pitre, 30 € jusqu'au Gosier, 35 € pour Sainte-Anne, et 60 € jusqu'à Saint-François. Une majoration de 40% s'applique les dimanches et jours fériés, ainsi que la nuit (20h-7h).

CDL (05 90 20 74 74). Assure un bon service.

Coco (www.cocoappli.com) est une application permettant de localiser et de réserver VTC et taxis (les tarifs peuvent se révéler plus élevés).

Vélo

- Le vélo n'est pas très adapté au climat guadeloupéen, qui rend tout trajet difficile. Dans les îles périphériques, cependant, il peut être utile pour de courts déplacements, surtout lorsqu'il est doté d'une assistance électrique. Comptez alors entre 15 et 25 €/jour. N'hésitez pas à faire un tour dans le périmètre de l'agence de location afin de vérifier son état avant de partir...

Marie-Galante

Cyclo Batterie (06 90 32 90 12 ; centre du Carrefour de l'Étoile, Grand-Bourg ; tlj sauf mar 9h-17h)

Bleu Location (06 90 30 69 29 ; www.bleu-location.com ; pl. Félix-Éboué, Grand-Bourg ; tlj 8h-18h30)

La Désirade

Ti Paradi Location (06 90 09 58 92 ; Désert ; sur réservation). Livraison des vélos possible à l'arrivée du bateau.

Terre-de-Haut

Green Bike & Car (06 90 71 32 10 ; 3 rue Jean-Calot ; tlj 8h-12h et 15h-17h)

Tropico Vélo (06 90 76 60 13 ; rue Théodore-Samson ; tlj 8h-12h et 14h-16h)

Terre-de-Bas

Iguana Location (05 90 60 51 33/ 06 90 63 65 54 ; 310 rue de l'Anse-des-Mûriers, en face du débarcadère ; en fonction des navettes)

Saint-François

Karulib (06 90 95 32 52 ; www.karulib.com ; marina de Saint-François ; tlj 9h-17h)

Voiture

- Le permis de conduire national est bien sûr valable.
- Les routes sont bonnes et presque toutes goudronnées ; en revanche, les routes de montagne ou secondaires se révèlent souvent étroites et parsemées de nids-de-poule.
- Les limitations de vitesse sont les mêmes qu'en métropole. Soyez tout de même prudent, car beaucoup de conducteurs ont la fâcheuse habitude de se prendre pour des pilotes de rallye, notamment les vendredis et samedis soir.
- Sur Grande-Terre, les routes sont larges et en ligne droite, mais sur Basse-Terre, elles sont plus sinueuses et étroites.
- Souvent, vous n'aurez aucune visibilité dans les virages et, malgré cela, certains n'hésiteront pas à vous doubler. Mieux vaut donc klaxonner à outrance et ralentir lorsque la route devient dangereuse. Sachez aussi que les Guadeloupéens marchent souvent la

nuit en bord de route ; ne vous faites pas surprendre !

- La circulation est très dense en périphérie de Pointe-à-Pitre, et le stationnement y est problématique.

Location de véhicules

- On trouve toutes sortes d'agences de location de voitures, réparties entre l'aéroport Pôle Caraïbes, Jarry, Le Gosier et les autres grandes villes.
- En haute saison, prévoyez de réserver depuis la métropole pour éviter de vous retrouver avec un modèle haut de gamme, plus coûteux.
- Dans toutes les agences, on obtient des tarifs dégressifs à partir d'une semaine de location. Comptez environ 160-300 €/ semaine selon la saison, ou 25-45 €/jour.
- L'offre est plus restreinte sur les îles périphériques.

Principaux loueurs

ADA (aéroport Pôle Caraïbes ☎ 05 90 25 30 27 ; www.ada.fr)

AVIS (aéroport Pôle Caraïbes ; ☎ 05 90 83 69 00 ; www.avis-antilles.fr)

Budget (☎ 05 90 83 69 00 ; www.budget-guadeloupe.com)

Europcar (☎ 05 90 93 18 15 ; www.europcar-guadeloupe.com)

Hertz (☎ 05 90 89 28 05 ; www.hertzantilles.com)

Jumbo Car (☎ 05 90 91 55 66 ; www.jumbocar-guadeloupe.com)

Pro Rent (☎ 05 90 26 73 44 ; www.pro-rent.com)

Rent-a-Car (☎ 05 90 47 59 05/ 06 90 83 48 02 ; www.rentacarguadeloupe.fr)

Loueurs locaux

- À Marie-Galante et à la Désirade, ils sont situés au niveau du débarcadère et se calent sur les horaires d'arrivée et de départ des bateaux.
- À Marie-Galante :

Location + (☎ 06 90 90 27 27 ; www.location-plus.fr ; Grand-Bourg). Voitures en bon état à des tarifs intéressants.

Magaloc (☎ 05 90 97 01 70/06 90 75 48 78/06 90 61 62 42 ; Grand-Bourg et Saint-Louis). Voitures et minibus.

- À la Désirade :

IDM locations (☎ 05 90 85 05 88 ; Beauséjour). Le parc de véhicules le plus important de l'île.

Idéal location (☎ 06 90 30 40 15 ; Beauséjour). Citadines, 4x4 et scooters.

- Aux Saintes, à Terre-de-Haut, si le vélo électrique supplante peu à peu le scooter, il est aussi possible de louer des voiturettes électriques. Notez toutefois qu'elles peuvent se révéler difficiles à manœuvrer, en raison de l'étroitesse des routes.

Capthéo 2 (☎ 05 90 81 49 82/06 90 63 58 13 ; 23 rue Jean-Calot, Terre-de-Haut ; ⌚ tlj 8h30-12h et 14h30-16h30). Voiturettes électriques à partir de 50 €/jour. Scooters électriques également.

Autolagon Relay (☎ 06 90 00 17 53/05 90 81 69 28 ; 555 rue de l'Anse-des-Mûriers, restaurant Les Mûriers, Terre-de-Bas ; ⌚ tlj aux horaires des navettes, sur réservation)

Iguana Location (☎ 05 90 60 51 33/06 90 63 65 54 ; 310 rue de l'Anse-des-Mûriers, Terre-de-Bas ; ⌚ tlj aux horaires des navettes, sur réservation)

Infos pratiques

Achats

- Les épices font d'excellents souvenirs. Vous trouverez des produits originaux, comme les condiments aux épices locales (achards, moutarde au curcuma). Pensez aussi aux confitures de goyave, de corossol, de coco, à la marmelade de citron vert, et au sucre roux pure canne qui parfume si bien le ti-punch.
- Le souvenir le plus populaire reste la bouteille de rhum guadeloupéen ou, plus recherché, celui de Marie-Galante.
- N'oubliez pas les objets en fibre de coco, en calebasse, et le célèbre madras.

Argent

- La Guadeloupe étant un département français, la monnaie est l'euro.
- Les grandes banques de métropole sont bien représentées en Guadeloupe.
- Les cartes bancaires sont en général acceptées à partir de 1 €. Certains petits restaurants et hébergements n'ont toutefois pas de terminal et n'acceptent que les espèces.
- Les chèques "hors place" (venant de métropole) ne sont pas toujours acceptés, notamment dans les restaurants et les stations-service.
- Le coût de la vie en Guadeloupe est assez élevé, en raison de l'importation de la plupart des produits de consommation courante (voir le budget quotidien p. 30).

Climat

- La Guadeloupe étant située sous les tropiques, les alizés (vents du nord-est, forts de janvier à avril) viennent modérer une température et une humidité constamment élevées. Ce climat agréable est toutefois à la merci des cyclones qui menacent la zone de juin à novembre.
- La moyenne des températures annuelles est d'environ 26°C. Elles oscillent globalement entre 24 et 32°C en juillet-août, et entre 21 et 30°C de janvier à avril.
- On distingue la saison fraîche ou sèche (ou "carême", de fin décembre à avril) et la saison chaude ou pluvieuse (ou "hivernage", de mi-avril à mi-décembre).
- Février, mars et avril sont les mois les plus secs ; les mois les plus humides vont de juillet à novembre. Capricieuses

Un fil d'Ariane en voyage

Vous êtes ressortissant français ? Pensez à vous enregistrer sur le **portail Ariane** (pastel.diplomatie.gouv.fr/fildariane) du ministère des Affaires étrangères. Ce service gratuit vous permet de recevoir des alertes si la situation le justifie. Crise politique, catastrophe naturelle, attentat... recevez en temps réel des consignes de sécurité lors de votre voyage.

et irrégulières, les pluies sont aussi violentes que brusques.

- Les régions montagneuses connaissent un climat plus frais et pluvieux que celui de la côte.

Désagréments et dangers

- Les seuls insectes nuisibles sont les scolopendres et les moustiques (voir p. 260).
- Le suc laiteux du mancenillier peut provoquer des brûlures cutanées (voir p. 23). Faites aussi attention aux chutes de noix de coco sur les plages !
- Manger du barracuda peut provoquer la *ciguatera* (intoxication alimentaire due à la consommation de poissons contaminés par un micro-organisme), tout comme la fausse carangue ou la murène verte (congre).
- Les coupures de corail sont particulièrement longues à cicatriser. Portez des chaussures pour marcher sur des récifs et désinfectez chaque blessure à fond. Ne ramassez pas les coquillages vivants. Les cônes sont par exemple connus pour leurs piqûres douloureuses et dangereuses.
- En cas de séisme, prenez place sous les structures portantes de votre logement, ou éloignez-vous des bâtiments si vous êtes à l'extérieur.
- Concernant les agressions, les zones à risques se situent principalement sur la Grande-Terre : autour et dans Pointe-à-Pitre (surtout la nuit), Le Gosier et Sainte-Anne. Ne laissez rien dans votre voiture lorsque vous êtes à la plage ou que vous partez en randonnée.

Douane

- Selon les lois d'exportation en vigueur, un citoyen français n'a pas le droit de rapporter en France plus de 2 litres d'alcool titrant à 22° ou moins ou 1 litre au-delà de 22°, une cartouche de cigarettes et une bouteille de parfum.
- Pour connaître les principaux articles prohibés (coquille de lambi...), contactez la **Direction régionale des douanes** (☎ 05 90 99 45 30 ; www.douane.gouv.fr ; chemin du stade Félix-Éboué, Basse-Terre).

Électricité

- Le courant électrique est en 220 V, 50 Hz, comme en métropole, et les prises identiques.

Écotourisme

- La Guadeloupe s'oriente de plus en plus vers le tourisme durable. Le parc national valorise les initiatives allant dans ce sens via sa marque **Esprit Parc National** (www.espritparcnational.com/parcs-nationaux/parc-national-de-guadeloupe). Le site recense hébergements, restaurants, activités, producteurs et artisans respectueux de la culture et de l'environnement.

Formalités et visas

- Une carte d'identité ou un passeport en cours de validité suffisent pour les citoyens français. En revanche, ceux qui ont l'intention de se rendre dans les îles voisines, telles que la Dominique (Commonwealth britannique), doivent emporter leur passeport.

- Pour les ressortissants de Belgique et de Suisse, un passeport ou une carte d'identité en cours de validité sont demandés.
- Les ressortissants canadiens devront se munir d'un passeport en cours de validité. Ils n'ont pas besoin de visa pour un séjour de moins de 3 mois.

Handicapés

- Les gîtes de Guadeloupe sont de mieux en mieux équipés pour accueillir les personnes à mobilité réduite. Ils comptent, en général, un logement aménagé.
- Les grands hôtels possèdent également ce genre d'infrastructure et des efforts conséquents ont été fournis ces dernières années dans les restaurants et équipements sportifs.
- Sur les sites touristiques et dans les villes, vous trouverez des places de stationnement et des sanitaires réservés.
- L'**APF** (Association des paralysés de France ; ☎ 01 53 80 92 97 ; www.apf.asso.fr ; 13 pl. de Rungis, 75013 Paris) et **Tourisme et Handicaps** (☎ 01 44 11 10 41 ; www.tourisme-handicaps.org ; 15 av. Carnot, 75017 Paris) pourront vous aider dans votre recherche d'informations.
- Signalons également le site **Handicap** (www.handicap.fr) qui comporte une rubrique consacrée au voyage.

Heure locale

- Les Antilles françaises sont à l'heure de l'Atlantique (en retard de 4 heures sur l'heure GMT) et ne pratiquent pas l'heure d'été. Ainsi, quand il est 12h à Pointe-à-Pitre, il est 17h à Paris en hiver et 18h en été.

Heures d'ouverture

- Quoique variables, les horaires habituels des magasins sont de 9h à 12h30 et de 14h30 à 18h du lundi au vendredi, et souvent jusqu'à 13h le samedi – exception faite des centres commerciaux qui ouvrent du lundi au samedi, parfois jusqu'à 20h. Le dimanche, hormis certains supermarchés ouverts le matin, tout est fermé.
- Les banques sont ouvertes de 8h à 12h et de 14h à 16h en semaine, et parfois le samedi matin. Elles ferment à 12h la veille d'un jour férié.

Internet

- La majorité des hébergements possèdent une connexion Wi-Fi gratuite ; il en va de même pour de plus en plus de cafés, restaurants et espaces publics.

Jours fériés

Nouvel An – 1er janvier

Carnaval (défilé final) – février ou mars ; 4 jours, du Dimanche gras au mercredi des Cendres (les préparatifs débutent dès l'Épiphanie, le 1er dimanche de janvier)

Mercredi des Cendres – février ou mars ; grand défilé (*vidé*) en noir et blanc ; funérailles de Vaval, le roi du carnaval

Dimanche et lundi de Pâques – mars ou avril

Fête du Travail – 1er mai

Jour de la Victoire 1945 – 8 mai

Ascension – 40e jour après Pâques

Dimanche et lundi de Pentecôte – 8e lundi après Pâques

Fête de l'Abolition de l'esclavage – 27 mai

Fête nationale – 14 juillet

Assomption – 15 août

Toussaint – 1er novembre

Armistice – 11 novembre

Noël – 25 décembre

Offices du tourisme

En métropole

Comité du tourisme des îles de Guadeloupe (☎ 01 40 62 99 07 ; www.lesilesdeguadeloupe.com ; 8-10 rue Buffault 75009 Paris)

À l'étranger

- La Guadeloupe est représentée dans la plupart des pays par **Atout France** (www.france.fr) :

Belgique (☎ 02 505 38 01 ; be.france.fr ; info.be@atout-france.fr)

Canada (☎ 514-288-2026 ; ca.france.fr ; canada@atout-france.fr)

Suisse (☎ 44 217 46 01 ; ch.france.fr ; info.ch@atout-France.fr)

Sur place

Comité du tourisme des îles de Guadeloupe (☎ 05 90 82 09 30 ; www.lesilesdeguadeloupe.com ; 5 square de la Banque, Pointe-à-Pitre ; 🕗 8h-16h lun-ven, jusqu'à 13h le mer et ven). Également, en haute saison, un point d'accueil à l'aéroport.

Office du tourisme de Saint-François (☎ 05 90 68 66 81 ; www.rivieraguadeloupe.com ; av. de l'Europe ; 🕗 8h-17h lun-ven et 8h-13h sam-dim en haute saison, 8h-13h lun-ven, 14h-17h par téléphone, en basse saison)

Syndicat d'initiatives de Deshaies (☎ mairie 05 90 28 44 44 ; www.tourisme-deshaies.com ; rue de la Liberté ; 🕗 lun-ven 8h-12h30)

Office du tourisme des Saintes (☎ 05 90 94 30 61 ; rue Jean-Calot, face au débarcadère ; 🕗 lun-sam 9h-12h et 14h-16h30, dim 8h-12h)

Office du tourisme de la Désirade (☎ 05 90 84 61 39/06 90 52 40 74 ; www.rivieraguadeloupe.com ; 🕗 lun-sam 8h30-11h30 et 15h-18h30, dim 8h30-11h30 en haute saison, lun-ven 8h-12h et 14h-17h, sam-dim 8h-12h hors saison). Dans la capitainerie.

Office du tourisme de Marie-Galante (☎ 05 90 97 56 51 ; www.ot-mariegalante.com ; rue Pierre-Leroy, Grand-Bourg ; 🕗 lun-ven 9h-12h et 13h-16h haute saison, lun, mar, jeu 8h-12h et 13h-16h, mer 8h-14h, ven 8h-16h hors saison, également sam 8h-12h en juil-août)

Santé

Le coût des soins et les modalités de remboursement sont les mêmes qu'en métropole.

Maladies et précautions

- Aucun vaccin n'est obligatoire.
- Notez que la bilharziose est endémique à la Guadeloupe, notamment sur la plus grande partie de Basse-Terre. Demandez conseil aux habitants : s'ils vous disent qu'il ne faut pas se baigner, suivez leur avis.

- La dengue, elle aussi endémique et propagée par les moustiques, peut être hémorragique : ne prenez pas d'aspirine 8 jours avant votre départ, et durant toute la durée du séjour.
- Le chikungunya est présent dans les Antilles françaises : cette maladie virale, transmise par le moustique-tigre, se traduit par une fièvre élevée à début brutal et des douleurs vives aux articulations des membres. Protégez-vous contre les piqûres (voir encadré p. 261) et consultez rapidement un médecin en cas de symptômes.
- Le taux de positivité au VIH est élevé en Guadeloupe.
- Plus d'infos à l'**Agence de santé** (05 90 80 94 94 ; www.guadeloupe.ars.sante.fr).

Urgences

- Le plus grand hôpital de Guadeloupe est celui de Pointe-à-Pitre, mais il en existe une dizaine d'autres sur l'île, ainsi que des cliniques privées.
- En cas d'urgence, on peut également se rendre au **centre médical de l'aéroport Guadeloupe-Pôle Caraïbes** (05 90 21 71 41 ; au rez-de-chaussée près de la pharmacie ; tlj 9h-23h) mais il peut y avoir de l'attente.

Centre hospitalier régional universitaire (05 90 89 10 10 ; bd de l'Hôpital, Pointe-à-Pitre). Régulièrement saturé : en cas de problème mineur, orientez-vous de préférence vers une clinique privée (voir ci-dessous).

Clinique Les Eaux Claires (05 90 97 62 62 ; Baie-Mahault)

Centre hospitalier de la Basse-Terre (05 90 80 54 54 ; Basse-Terre)

Centre hospitalier de Marie-Galante (05 90 97 65 00 ; Grand-Bourg)

Les sargasses vont-elles gâcher vos vacances ?

- Depuis 2011, l'arc antillais subit régulièrement l'échouage de sargasses sur ses côtes. En plus de bloquer l'accès aux plages, ces microalgues brunes, en provenance du littoral du nord du Brésil (au niveau de l'embouchure de l'Amazone), dégagent, lorsqu'elles se décomposent, des gaz neurotoxiques (hydrogène sulfuré et ammoniac).
- Les sargasses arrivent de manière cyclique (entre décembre et avril), en fonction des courants, et ne touchent qu'une partie de l'archipel guadeloupéen (principalement son versant sud). Lors de votre séjour, il est donc possible que vous ne soyez pas confronté au problème.
- Dans le cas contraire, en attendant que la municipalité les ramasse (ce qui, sur les sites très touristiques, est assez rapide), évitez les secteurs touchés (déconseillés aux personnes sensibles)… et profitez-en pour explorer de nouvelles plages !
- Les prévisions des échouages sont consultables sur le site de la DEAL (Direction de l'environnement, de l'aménagement et du logement) de Guadeloupe : www.guadeloupe.developpement-durable.gouv.fr.

Cabinet médical de la Désirade (05 90 20 01 93 ; dans le centre du bourg, près de la mairie)

Dispensaire de Terre-de-Haut (05 90 99 50 39). Aux Saintes.

Téléphone

- On téléphone depuis/vers la Guadeloupe comme depuis/vers n'importe quel département français.
- L'indicatif de la Guadeloupe est le 05 90. Depuis l'étranger, composez le code d'accès international, puis le 590 pour la Guadeloupe, suivi des 6 chiffres de votre correspondant.
- Depuis la Guadeloupe, composez le 00, puis le code du pays (32 pour la Belgique, 41 pour la Suisse, 1 pour le Canada), suivi du correspondant.
- Les numéros commençant par 06 90 sont des portables.
- Les réseaux de téléphonie mobile couvrent la quasi-totalité de l'archipel.
- La plupart des forfaits des opérateurs de métropole incluent appels, SMS et données mobiles dans les DROM. Des limitations peuvent toutefois s'appliquer : renseignez-vous avant de partir.
- Attention, sur certaines plages des îles proches de la Dominique, vous pouvez basculer temporairement sur le réseau "monde".
- Bureaux de tabac et points presse vendent des cartes prépayées utilisables depuis tous types de téléphone

Se protéger des moustiques

- À la tombée du jour, portez des vêtements longs imprégnés d'insecticide pour tissus. Évitez les couleurs foncées.
- Appliquez une crème ou un spray répulsif sur la peau découverte.
- Utilisez une moustiquaire imprégnée d'insecticide pour tissus pour dormir.
- Les larves de moustique se développent dans l'eau. Évitez les zones de marais et videz tout récipient rempli d'eau stagnante.

En coulisses

Vos réactions ?

Vos commentaires nous sont très précieux pour améliorer nos guides. Notre équipe lit vos lettres avec la plus grande attention et prend en compte vos remarques pour les prochaines mises à jour. Pour nous faire part de vos réactions, prendre connaissance de notre catalogue et vous abonner à notre newsletter, consultez notre site Internet : **www.lonelyplanet.fr**

Nous reprenons parfois des extraits de notre courrier pour les publier dans nos guides ou sites Web. Si vous ne souhaitez pas que vos commentaires soient repris ou que votre nom apparaisse, merci de nous le préciser. Notre politique en matière de confidentialité est disponible sur notre site Internet.

À nos lecteurs

Merci à tous les lecteurs qui ont utilisé la précédente édition de ce guide et ont pris la peine de nous écrire pour nous communiquer informations, commentaires et anecdotes.

Un mot de l'auteure

Merci à Didier Férat de m'avoir à nouveau donné l'opportunité d'explorer ce bout de Caraïbe qui m'est cher, à Dominique Spaety pour sa réactivité à toute épreuve et à Régis Couturier pour son ouverture d'esprit, c'est un réel plaisir de travailler avec toi ! Un immense merci à William Lauzeat du Comité du tourisme des îles de Guadeloupe pour son soutien sans faille lors du bouclage de ce guide. Une pensée pour les jolies rencontres qui ont chaleureusement fluidifié ma route : Viviane, Renée, Ghislain, Christine, à la Désirade ; Stephan et Isabelle à Terre-de-Bas. Merci également aux ami.e.s pour leur générosité et les moments partagés ensemble, dans l'eau ou dans les airs, devant un poisson grillé ou un verre de jus de canne, sur un rocher un soir de pleine lune ou sous les coups de feu du Nouvel An : Fabienne, Valérie, Françoise, Patricia, Chantal, Bernadette, Joël, Éric, Patrick, Philippe, Roland, Thierry... À très bientôt, je m'y emploie. Un clin d'œil aussi à Denis, qui a accepté de m'ouvrir son "lieu" (j'y pense encore). Et à Tristan, il comprendra pourquoi. Sans oublier bien sûr ma petite Syl, aide on ne peut plus précieuse, qui a suivi mon périple depuis les antipodes... Et toujours, Marie-Galante.

Crédits photographiques

Couverture : Point de vue du Fort Napoléon, Terre-de-Haut, Îles des Saintes, Guadeloupe © Jakob Fischer/Alamy/Photo12

À propos de cet ouvrage

Cette 4e édition de *Guadeloupe* est une création française. Elle a été entièrement actualisée par Émilie Thièse, comme la précédente édition. Émilie avait repris le flambeau après Marie Dufay, auteure des deux premières éditions.

Direction éditoriale Didier Férat

Coordination éditoriale Régis Couturier

Responsable prépresse Jean-Noël Doan

Maquette Denis Montagner

Cartographie Martine Marmouget (Afdec)

Couverture Laurent Briard

Merci à Maud Bruguière pour sa relecture attentive du texte et à Hugo Gadroy, pour son intervention efficace dans la dernière ligne droite. Merci également à Dominique Spaety et à toute l'équipe parisienne de Lonely Planet.

Index

Consultez aussi les sous-index suivants :

Activités p. 268
Se restaurer p. 269
Prendre un verre p. 270
Sortir p. 270
Shopping p. 270
Se loger p. 270

Référence des **cartes**

M

N

O

P

Se restaurer

Référence des **cartes**

Prendre un verre

Sortir

Shopping

Se loger

Petit budget

Catégorie moyenne

Catégorie supérieure

Les auteures

Émilie Thièse

Émilie pose le pied en Guadeloupe une nuit de février, à l'âge de 13 ans. Densité de la forêt tropicale, chant des hylodes... Premier contact avec la Caraïbe, premier voyage au long cours. Une expérience organique. Est-ce là qu'elle attrape la fièvre – réputée incurable – de l'Ailleurs ? Quelques années plus tard, armée d'une maîtrise de lettres modernes et d'un double master en communication interculturelle et ingénierie de projets, elle prend le large, d'abord au sein du réseau culturel français à l'étranger, puis comme journaliste indépendante. Lorsqu'elle ne sillonne pas les routes pour Lonely Planet, Émilie se mêle également de voyage en presse magazine et sur Internet.

Marie Dufay

Des vacances bretonnes, à 8 ans, bouleversent la vie de Marie : la mer devient son obsession. Ses diplômes de langues et d'ethnologie en poche, elle écume l'Atlantique, les Caraïbes et l'océan Indien. À 29 ans, elle part sur son voilier sillonner la Méditerranée pendant plus de 3 ans. Journaliste et photographe, aujourd'hui basée à Rennes, elle écrit régulièrement pour la presse nautique et touristique... et pour Lonely Planet, pour qui elle a collaboré à plusieurs guides (*Bretagne, Côte d'Azur, Pays basque et Béarn...*).

La Guadeloupe en quelques jours
4e édition

92 avenue de France - 75013 Paris

Dépôt légal Février 2021
ISBN 978-2-81618-547-8

Imprimé par Estimprim, Autechaux, France
Réimpression 03, juin 2022

En Voyage Éditions | un département édi8